MICHEL CHARTRAND
LES DIRES D'UN HOMME DE PAROLE

MICHEL
CHARTRAND
LES DIRES D'UN HOMME DE PAROLE

Édition préparée et présentée par
FERNAND FOISY

Préface de
PIERRE VADEBONCOEUR

LANCTÔT
ÉDITEUR

LANCTÔT ÉDITEUR
1660A, avenue Ducharme
Outremont, Québec
H2V 1G7
Tél.: (514) 270.6303
Téléc.: (514) 273.9608
Adresse électronique: lanedit@total.net

Photo de la couverture:
Jean-François Bérubé

Composition et montage:
Édiscript enr.

Distribution:
Prologue
Tél.: (514) 434.0306 / 1.800.363.2864
Téléc.: (514) 434.2627 / 1.800.361.8088

Distribution en Europe:
Librairie du Québec
30, rue Gay-Lussac
75005 Paris
France
Téléc.: 43 54 39 15

On ne raconte pas Michel Chartrand, c'est lui qui parle.

LOUIS MARTIN,
Magazine Maclean, mars 1965

Interviewer Michel Chartrand de retour de voyage, ce n'est pas facile. D'abord parce qu'il semble toujours avoir fait le plein d'énergie révolutionnaire et qu'il fourmille d'idées, d'observations et de comparaisons qui ne sortent pas toujours en ordre. Il faut donc accepter de le laisser parler, de l'écouter passer d'une chose à l'autre en se disant qu'il faudra bien rassembler tout cela ensemble, comme les pièces d'un puzzle, pour en tirer un tout cohérent.

Ensuite, et c'est bien connu, Chartrand part assez facilement dans de grandes envolées oratoires et vous avez soudainement l'impression que ce n'est plus à vous qu'il parle, mais à une foule de quelques milliers de personnes qui seraient assises derrière.

MICHEL SABOURIN,
Québec-Presse, 28 janvier 1973

En réalité, c'est qu'il caricature tout! C'est qu'il brosse constamment des fresques pour mieux faire ressortir les détails.

NORMAND GIRARD,
Le Journal de Montréal, 23 novembre 1978

Un anarchiste

M ichel Chartrand est un anarchiste. J'en compte deux ou trois parmi mes amis et je m'entends fort bien avec eux, en tout cas mieux qu'avec ceux qui, infiniment logiques, ou plutôt indéfiniment tels, ne peuvent souffrir ce genre de types et disent les dédaigner, probablement en grande partie parce qu'ils n'aiment pas être jugés.

L'histoire de Chartrand est celle d'un long conflit non seulement avec les ennemis jurés des causes qui ont toujours été les siennes — syndicalisme, socialisme, nationalisme, indépendantisme —, mais avec des syndicalistes, des socialistes, des nationalistes, des indépendantistes… Ses foudres, parfois, sont à peine moins redoutables pour les seconds que pour les premiers. Ne déclare-t-il pas qu'il lui arrive de s'«ennuyer de Duplessis»? C'est une façon pour lui de s'en prendre non seulement aux suppôts des causes qu'il hait, mais à des représentants des causes qu'il aime…

Il est très abondant en ces aménités. Ce sont ses paradoxes à lui. Car il est tout autant dans son rôle lorsqu'il retourne en effet sa force contre une aile (droite?…) de son propre camp.

Il n'avait pas de pareilles «gentillesses» envers l'extrême-gauche, remarquez, voire envers l'aile suspecte

de celle-ci. Dans les années soixante-dix, n'invitait-il pas
« tous les contestataires, tous les protestataires, tous les
révolutionnaires » à entrer à pleine porte au Conseil central des syndicats nationaux de Montréal, dont il était le
président ? Cela faisait une vaste ouverture par où
s'engouffrèrent des éléments divers, dont quelques individus aux physionomies étranges et pleines de mystère... Le persifleur qu'était Michel n'agressait pas cette
espèce d'extrême-droite d'extrême-gauche. Probablement estimait-il qu'à gauche, on ne peut être que dans la
droite ligne... À ses yeux, semble-t-il, cet extrémisme,
même faux, ne pouvait qu'être vrai.

Je n'ai jamais été d'extrême-gauche et suis plutôt rai-
sonnable, plutôt logique et globalement assez réaliste. Je
m'étonne donc qu'il m'ait à peu près épargné depuis que
je le connais, c'est-à-dire depuis fort longtemps. Le pire
qu'il m'ait dit, un jour, à propos de je ne me rappelle plus
quoi, c'est que j'étais «rendu à droite de Marchand»!
Mais, vu qu'il me clamait ça et que j'étais tout de même
son ami, j'ai conclu qu'il ne me considérait pas comme
complètement perdu. Bref, il ne pensait pas ce qu'il criait.

Qu'il m'ait conservé sa faveur, au fait, ne me sur-
prend pas. C'est un trait de Michel : son amitié est solide
et c'est peut-être le seul domaine où il ne soit pas un
anarchiste. Ses amitiés sont très constantes et généreu-
ses. Il est vrai que ses inimitiés sont tout aussi impéris-
sables et tout aussi magnifiques.

Il y a ceci d'assez spécial chez les unes et chez les
autres : elles remontent loin et durent un siècle. Cela
tient à deux raisons : Chartrand, du point de vue d'un
certain absolu conforme à sa nature, juge les gens
presque tout de suite et il n'en démord plus.

À ce propos, je vois deux exemples particulièrement
probants : Picard, président de la CTCC de 1946 à 1958,
et Jean Marchand. À l'endroit de Picard, une amitié et un
respect droits comme une lame, du début jusqu'à la fin ;

à l'égard de Marchand, qu'il a pesé et jugé avant tout le monde, une sévérité conçue dès 1952 ou 1953 et qui s'est révélée prophétique.

Michel Chartrand a cependant ses nuances. Envers ses amis, agréés une fois pour toutes selon ses intuitifs critères, l'anarchiste Chartrand peut comprendre la complexité des opinions, des choix, des difficultés, et il fait souvent preuve de mansuétude. Il a de la fidélité et par conséquent celle-ci modère son intransigeance, qui est pourtant proverbiale. D'ailleurs il est tenu par la loi de continuité qui garde ses amitiés comme ses mépris. Par exemple il a toujours compris, aimé et agréé Jacques Perreault ou André Laurendeau, quelles qu'aient été les perplexités personnelles ou publiques où ils se sont trouvés.

Certains de ces amis, contrairement à Michel, avaient un sens égal de l'absolu et du relatif, l'un et l'autre situés pareillement à un niveau très élevé de leur conscience. Deux exemples là-dessus : Jean-Paul Geoffroy, Théodore Lespérance. Le premier, conseiller syndical à la CSN jusque vers le milieu des années soixante, fut mon vrai maître en syndicalisme. Le second, juriste et grand avocat, avait quitté l'étude renommée où il travaillait depuis quinze ans pour devenir, vers 1949, par pure conviction et pour une rétribution ridicule, permanent et conseiller juridique de la CTCC. L'anarchisme de Michel ne les atteignait ni dans leur pensée, ni dans leur amitié, mais cette amitié n'exigeait pas que leur ami soit moins emporté, ni moins imprévisible.

C'est dans et contre le relatif que l'anarchisme de Michel Chartrand se déployait tout à son aise. Mais les gens savaient que l'absolu qui lui faisait faire souvent si bon marché du relatif avait un centre de gravité : le peuple, qu'il n'a jamais traité comme une valeur relative. Son engagement pour le peuple est total. Du reste, en sa faveur, il a payé de sa personne chaque fois qu'il le fallait, plus quelques autres fois. Aussi sa femme Simonne et lui-même ont vécu longtemps fort pauvres et toujours imprévoyants.

On ne peut pas être anarchiste contre le peuple. Le peuple, pour Michel, c'est la raison de sa raison. C'est également le pivot de sa morale publique. Chartrand a peut-être été parfois en contradiction avec des intérêts populaires réels, mais jamais on n'aurait pu l'accuser d'être contre le peuple, ni favorable à quelque chose qui lui aurait importé plus que le peuple.

L'anarchisme est une sorte de doctrine, mais celui de Michel est une question de tempérament. Son anarchisme veut construire, même l'État. Mais il n'admet guère les conditions obligées de cette construction, surtout celles qui ont quelque cbose à voir avec le pouvoir et avec son exercice réel.

Comment exercer le pouvoir sans renoncer à une pensée anarchiste? Je crois tout bonnement que notre ami ne s'est jamais posé pareille question. Mais c'est peut-être aussi qu'il ne s'est jamais demandé rigoureusement s'il était lui-même un anarchiste.

Il doit tout simplement se tenir pour un acteur social et politique parmi les autres et jouant la même partie que les autres, en sens contraire le plus souvent mais la même. Qu'est-ce à dire? Un original, certes, remuant, impossible, mais enfin quelqu'un qui, à l'instar de tout autre, tendrait à gouverner directement ou non la cité. Selon les mêmes conditions objectives, pense-t-il. En tenant compte de toute la réalité. Eh bien! c'est singulier, la réalité a voulu et continue de vouloir qu'il soit d'une manière permanente et irrévocable un personnage de pure opposition.

Cet anarchiste qui s'ignore est aussi conséquent qu'un anarchiste qui se connaît. Conséquent de deux manières, pour sa part: dans ses attitudes anarchistes mais pour des buts qui ne le seraient pas.

Chartrand possède une forte personnalité. Voici une comparaison insolite. Il me fait étrangement penser à Dali : pour l'imagination, la vitalité, les saillies, l'intelligence, la drôlerie, le sens théâtral, le don du persiflage, le sens de son propre personnage, les mots.

Mais ma drôle de comparaison cloche beaucoup. Car dans la carrière publique de Chartrand, il y a le peuple, comme je l'ai dit, et il y a aussi une qualité profonde, constante, secrète et évidente qu'on appelle la fidélité. C'est précisément le contraire de la comédie. *Misereor super turbam.* Je n'ai jamais douté de cette dévotion-là chez Michel. Elle n'a pas eu de commencement, elle n'aura pas de fin. Nous sommes ici dans le registre de la gravité.

Cet orateur est le défenseur inconditionnel du peuple et des travailleurs. Au reste, ses éclats, si nombreux par leurs objets ou par les individus qu'ils veulent atteindre, se ramènent à une dénonciation unique, liée à la défense, à la protection du peuple.

C'est pourquoi ils sont irréfutables, bien que leur opportunité ou leur objet immédiat ne le soient pas toujours.

D'aucuns ne lui pardonnent pas cette irréfutabilité. Le sentiment qui est au fond de son discours fait reproche à pas mal de gens qui sont loin d'avoir cette dévotion passionnée. Ils se défendent mal, à leurs propres yeux, contre quelqu'un qui l'a à ce degré. On écarte le vociférateur en invoquant soit des raisons, soit des prétextes pour le faire. C'est le seul moyen qu'on trouve pour éviter d'être visé. Car, il n'y a pas à dire, on se sent visé.

D'autres, nombreux et dont je suis, gardent toute leur amitié à ce tribun. À cause de sa fidélité sans doute, qui attire la pareille de leur part, et aussi durablement.

Qu'il m'en croie.

PIERRE VADEBONCŒUR

Michel Chartrand de A à Z

À Simonne Monet Chartrand

Politiser les masses, c'est s'acharner avec rage à faire comprendre aux masses que tout dépend d'elles, que si nous stagnons, c'est de leur faute et que si nous avançons, c'est aussi de leur faute, qu'il n'y a pas de démiurge responsable de tout mais que le démiurge, c'est le peuple et que les mains magiciennes ne sont en définitive que les mains du peuple.

FRANZ FANON,
Les damnés de la terre

C'est en novembre 1991 que mon ami syndicaliste Florent Audette me suggérait d'écrire la biographie de Michel Chartrand. Pas une biographie comme les biographies traditionnelles, mais plutôt un récit du genre « ce que je connais de Michel Chartrand ». Après avoir hésité, presque pour la forme, j'ai conclu que l'idée n'était pas si bête.

Quelques personnes ont déjà tenté de se lancer dans cette aventure. Et toutes s'y sont « pété » la gueule. Elles croyaient pouvoir tasser Michel dans un coin et le faire parler. Mal leur en prit. Elles auraient dû savoir que Michel ne se laisse pas tasser par qui que ce soit.

Fort de ces expériences, j'ai eu l'idée de procéder à l'envers. J'ai été secrétaire général du Conseil central des syndicats nationaux de Montréal (CCSNM) de 1968 à 1974, alors que Michel en était le président. C'étaient des «grosses» années du syndicalisme québécois. J'ai conservé tous mes agendas et tous mes carnets d'adresses. Mon premier réflexe a donc été de dresser une liste des personnes qui ont connu ou encore qui fréquentent Michel.

Mais d'abord, je fais part à Michel de mon projet. Il n'est pas emballé, c'est le moins que l'on puisse dire. Mais il accepte à deux conditions : «Demande-moi pas d'argent!» «Fais-moi pas travailler!»

«*It's a deal*», comme disent les Romains.

J'entreprends alors ma recherche : entrevues, coupures de journaux, documentation syndicale ou autre, tout y passe.

Mais il y a un hic. Le principal intéressé… est plus ou moins intéressé. À plusieurs reprises, j'essaie d'obtenir de Michel, en recourant à divers stratagèmes, des détails sur sa vie, des détails que j'ignore sur son enfance, ses études, ses parents, sur la vie familiale du clan Chartrand. Chaque fois, Michel, encore plus astucieux que moi, me voit venir avec mes gros sabots, et j'en suis quitte pour une fin de non-recevoir, amicale, polie, mais ferme. Décidément, il n'est pas intéressé à ce que l'on parle de lui.

Ce qui l'intéresse au plus haut point depuis toujours, c'est de passer son message. Enseigner, instruire, convaincre. Michel Chartrand n'est pas intéressé par son propre personnage. Michel parle. Michel est «un homme de parole».

Bang! Et la lumière se fit! Je ferai une anthologie de cette «parole» en recueillant et en colligeant ses discours. La biographie peut toujours attendre. Aussitôt pensé, aussitôt fait. Tout s'est enclenché : pendant plus de six mois, j'ai fouillé toute ma volumineuse documentation écrite, vidéo et audio, soutenu et encouragé par ma compagne Suzanne, mon frère Lucien et Yves Lacroix, archiviste à la CSN.

Jacques Lanctôt, éditeur et vieille connaissance de Michel, m'avait déjà approché pour publier la biographie de Michel Chartrand. Il est emballé par ce nouveau projet et me propose un contrat d'édition. Je soumets quelques pages du projet à Michel qui manifeste aussi son enthousiasme. Le 8 novembre 1996, une entente est conclue avec Lanctôt éditeur. Michel la signe, comme... témoin.

Alea jacta est.

❏

Michel m'a appris les *vraies* valeurs. Les valeurs matérielles et spirituelles. Il m'a appris comment fonctionne le système capitaliste qui ne tend qu'à la maximisation du profit, à n'importe quel prix, quoi qu'on en dise. Il m'a appris les valeurs morales : le respect de l'être humain avec tous ses défauts et toutes ses qualités. Il m'a appris que la justice ne se négocie pas. Elle existe et elle doit être la seule règle. Il m'a appris à partager et à donner sans rien demander.

Non, il ne m'a pas appris à sacrer. Ça, je le savais déjà, comme tout bon Québécois ordinaire élevé dans le catholicisme.

Il m'a aussi appris à bien boire et à bien manger (pas son prochain). Ce n'est pas parce qu'on défend le socialisme qu'il nous est interdit de faire bonne chère et d'apprécier le bon vin. On peut croire en une philosophie altruiste sans pour autant se soumettre quotidiennement au supplice du fouet.

❑

Plusieurs ont déjà traité Michel Chartrand de démagogue. 1. C'est très mal ou c'est ne pas connaître le personnage Michel Chartrand. 2. C'est ne pas connaître le français et la définition des mots *démagogue* et *démagogie*. En fouillant dans le *Larousse*, même dans l'édition de poche, on peut trouver à « démagogie », la définition suivante : « Politique qui flatte la multitude. » Dans notre langage de tous les jours, un démagogue pourrait se définir ainsi : « Une personne qui dit aux autres ce qu'ils veulent entendre tout en les flattant dans " le sens du poil ". »

Des exemples de « flatteurs-dans-le-sens-du-poil » ?

Trudeau, quand il parle des Québécois aux *Canadians*. Bill Clinton du Parti démocrate, dit libéral, quand il agit comme un représentant du Parti républicain. Mike Harris, quand il fesse sur les assistés sociaux et que la population applaudit. Jean Chrétien... laissons tomber, ce serait lui accorder trop d'importance.

Alors, le portrait est facile à faire, à saisir. Chartrand est-il un démagogue ? Peut-on l'associer à ces Trudeau, Clinton, Harris et Chose ?

De tout temps, Michel Chartrand a défendu les opprimés, les exploités, tapant sur le dos du grand capitalisme, de la bourgeoisie (qu'elle soit de langue anglaise ou de langue française), de l'Église catholique, des petits politiciens (et non des hommes politiques), des sionistes et, à l'occasion, sur les chefs syndicaux. Si c'est cela, la démagogie, j'en perds mon français et mon latin.

Ainsi, Michel a été étiqueté communiste, activiste, socialiste, ce qu'il n'a jamais nié ni confirmé, laissant aux autres le soin de poser des étiquettes. Mais, franchement, dire de lui qu'il est démagogue, c'est pousser un peu fort.

❏

Michel Chartrand parle, et beaucoup, c'est bien connu. Il lui est presque impossible d'écrire un texte ; pour lui, c'est fastidieux, il n'est pas vraiment lui-même, pas aussi « naturel » que lorsqu'il parle ; ses seuls écrits qu'il m'a été donné de lire ont été rédigés alors qu'il était en prison. Il est un véritable verbo-moteur. Avec lui, l'expression *three is a crowd* prend tout son sens. En tête à tête avec lui, vous aurez une discussion. S'il s'ajoute une troisième personne, vous avez droit à un discours en bonne et due forme.

Dans le couple Simonne Monet et Michel Chartrand, Simonne écrivait, et Michel parlait et parle encore. Traduire par écrit sa fougue, son énergie, son humour et son insolence relève du grand risque, même si les écrits rapportent fidèlement ses paroles. L'idéal aurait été de simplement enregistrer ses discours.

❏

Sans être un « petit livre rouge » ou un « catéchisme », ce recueil pourra devenir un instrument de référence pour les générations à venir. Les paroles s'envolent, mais « ses » écrits demeureront.

Certains diront que Michel Chartrand n'a jamais prononcé qu'un discours de toute sa vie « publique ». Et ils auront parfaitement raison. Michel a toujours prôné le respect de l'homme par l'homme et pourfendu le capitalisme, il est toujours demeuré chrétien (pas nécessairement catholique). D'autres auront dit exactement les mêmes choses que lui et, pourtant, ils auront sombré dans l'oubli.

Son langage est accessible, facile à saisir, tout en gardant sa profondeur. Il se fait comprendre par le monde ordinaire. Il est imagé ; son humour et son style rendent ses discours captivants. Il dit avec des mots ordinaires, des mots de tous les jours, ce que d'autres disent avec «des mots à cinq piastres», mais qui ne sont saisis que par quelques érudits.

Michel a déjà déclaré: «Je n'ai jamais joué d'autre rôle dans le mouvement syndical que celui du coryphée dans les tragédies grecques: le gars qui est dans le milieu de la place et qui dit tout haut ce que le monde pense.»

Michel Chartrand parle au peuple, comme le peuple, pour le peuple. On l'aime… on le déteste… Mais on l'entend et on l'écoute. Même si cela se fait en cachette à l'occasion. Snobisme oblige.

D'un violent Michel aura quelquefois le langage… mais c'est pour mieux vous faire comprendre, mon enfant.

Dans le numéro de *Maintenant* d'octobre 1971, Pierre Vadeboncœur dit de lui:

> Ce pamphlétaire, dont plusieurs ont du mal à saisir l'unité et la vérité du message sous son torrent verbal, il faut savoir entendre ce qu'il dit.
>
> Il y a une vérité de paix sous son langage agressif. Il y a une vérité de liberté sous sa parole intransigeante. Il y a une excellente nature sous son verbe offensant. Ce malcommode énorme est un superbe ami de l'humanité, quoi qu'on dise. Il n'a jamais cessé en tout cas de la défendre. Il faut bien en prendre acte.

La devise de Michel: Aime ton frère et ta sœur… comme tu aimerais qu'ils t'aiment!

FERNAND FOISY
Fort Lauderdale, Floride
8 décembre 1996

LISTE DES SIGLES

*ABDMA : *Au bout de mon âge*, émission animée par Pierre Paquette, diffusée à la télévision de Radio-Canada en 1968.
ACJC :   Action catholique de la jeunesse canadienne
ALN :   Action libérale nationale
BP :   Bloc populaire
BPC :   Bloc populaire canadien
*CCSNM : Conseil central des syndicats nationaux de Montréal (CSN)
CEQ :   Centrale de l'enseignement du Québec
CIA :   Central Intelligence Agency
CIC :   Commission de l'industrie de la construction
CISO :   Conférence internationale de solidarité ouvrière
COTC :   Canadian Officer Training Corps
CRIM :   Comité régional intersyndical de Montréal
CSD :   Centrale des syndicats démocratiques
*CSN :   Confédération des syndicats nationaux
CSST :   Commission de santé et de sécurité au travail
CTC :   Centrale des travailleurs cubains
CTCC :   Confédération des travailleurs catholiques du Canada
CUT :   Organisation syndicale chilienne
FATA :   Fondation pour l'aide aux travailleuses et

---

* Sigle utilisé aussi dans les sources.

	travailleurs accidentés.
FLQ :	Front de libération du Québec
FNSBB :	Fédération nationale des syndicats du bâtiment et du bois
FQF :	Front du Québec français
FRAP :	Front d'action politique
FTQ :	Fédération des travailleurs et des travailleuses du Québec
IBM :	International Business Machine
IRAT :	Institut de recherche appliquée au travail
ITT :	International Telephone and Telegraph
JIC :	Jeunesse indépendante catholique
MDPPQ :	Mouvement pour la défense des prisonniers politiques québécois
MLT :	Mouvement de libération du taxi
NPD :	Nouveau Parti démocratique
ONU :	Organisation des Nations unies
OTAN :	Organisation du Traité de l'Atlantique nord
PME :	Petites et moyennes entreprises
PP :	Police provinciale
PQ :	Parti québécois
PSD :	Parti social-démocrate
PSQ :	Parti socialiste du Québec
SAQ :	Société des alcools du Québec
*TDP :	Pierre Godin, *La révolte des traîneux de pieds. Histoire du syndicat des employés de magasin et de bureau de la SAQ (SEMB-SAQ)*, Montréal, Boréal, 1991.
TGV :	Train à grande vitesse
UAW :	United Automobile Workers
UPA :	Union des producteurs agricoles

* Sigle utilisé aussi dans les sources.

PREMIÈRE PARTIE

Économie et travail

> Les affaires, c'est bien simple :
> c'est l'argent des autres.
>
> ALEXANDRE DUMAS FILS

ABRUTISSEMENT (L')

L'émiettement du travail, l'abrutissement du travailleur, tout le système capitaliste est basé là-dessus. Marx l'avait dit. Même la gauche ne s'est pas préoccupée du fait que pendant longtemps, depuis 1913, avec les premiers psychologues et les premiers ingénieurs industriels, le système soit organisé pour former des gars qui ne penseront pas. Le gars va juste faire ce qu'on va lui dire, il n'opposera pas de résistance à ce qu'on veut lui faire faire. Toute l'industrie s'est organisée comme ça. Puis, ça fonctionne ainsi jusque dans les écoles, les hôpitaux et les universités.

Il y a des chargés de cours dans les universités. C'est pas des professeurs, ce sont des gens qui vont vendre une heure ou deux de travail. Il y a des ingénieurs qui font uniquement du dessin après avoir fait l'université. Tout le travail a été morcelé pour abrutir le monde. Plus il est abruti, plus ça fait leur affaire. Autrement, ils ne font pas autant de profit.

Comme on a vu au cours des dernières grèves qu'il y a eu aux États-Unis, chez les UAW [United Automobile Workers] en 1972, à la General Motors, les gars ne voulaient plus endurer les cadences. Notre camarade Pierre Marin, qui a travaillé chez Citroën à Paris, raconte que les gars avaient des chaînes dans les mains pour ne pas s'accrocher dans les machines qui passaient. La vraie image : le travailleur avec deux chaînes pour travailler. Sa sécurité tenait à deux chaînes !

Quand Ford a industrialisé et a mis des chaînes dans ses usines, ses usines se sont vidées. Après ça, il leur a offert 5 $ par jour. À ce moment, ça s'est ramené, les paysans et puis tout le monde, c'est depuis ce temps-là qu'on négocie comme ça, à la CSN comme ailleurs. Quand on obtient une augmentation de salaire, on va se comparer à une autre union, à une autre fédération ou à un autre syndicat. Et on ne se préoccupe pas des conditions de travail, d'hygiène et de sécurité. Le mouvement ouvrier nord-américain ne s'en est pas préoccupé.

Je ne sais pas comment c'est en Europe, je ne suis pas allé voir. Mais j'ai vu toute la province de Québec. Des fois, ils disent que j'exagère, que j'ai une grande gueule, que j'insulte du monde, que j'en mets trop, mais je n'ai pas vu une maudite usine, un seul établissement de travail qui soit respectueux de la santé et de l'intégrité physique des travailleurs ; qu'ils nous en nomment donc une, on va aller la visiter.

Congrès du CCSNM, 1977.

Cela n'a jamais été différent. Il faudrait s'arrêter. Ils commencent à abrutir le monde dès l'école : 50 minutes de cours, 10 minutes à la toilette, le seul temps qu'ils ont pour réfléchir et parler. C'est exactement ce que l'on fait avec les travailleurs dans les usines autant que dans le système scolaire. On prépare des abrutis et des robots. Et il y en a encore qui disent qu'ils veulent tirer leur épingle du jeu !

Congrès du CCSNM, 1978.

ACQUIS (LES)

Les travailleurs ne peuvent compter que sur eux-mêmes et sur une lutte constante, car leurs acquis sont constamment menacés. Je pense par exemple à ce que nous avons bâti dans la ligne de coopératives de consommation, les Cooprix. Il y avait plusieurs coopératives qui marchaient bien, à Montréal, à Jonquière, à Rimouski et ailleurs aussi. Eh bien, en un rien de temps, tout ça a été jeté à terre à la suite de manœuvres où les coopérateurs se sont fait avoir. Il n'est resté que quelques coopératives ici ou là. Et ça faisait 40 ans qu'on bâtissait ça. Quarante ans! Une vie! Quand je dis que les acquis des travailleurs sont fragiles, je sais de quoi je parle. En fait, c'est qu'il n'est pas facile d'aller à l'encontre du capitalisme qui, chez nous, régit tout de façon brutale, depuis le monde de la production, jusqu'à celui de la consommation.

Revue Notre-Dame, n° 7, juillet-août 1986.

BANDITS (DES)

Dans la grosse *Presse* d'hier, Jean de Grandpré, président du Bell Téléphone, disait que dans quelques années, 300 compagnies domineront l'économie mondiale. Il y en a actuellement 108 qui la dominent, c'est-à-dire à peu près 75 % de l'économie mondiale. On les appelle, à tort, des compagnies multinationales mais ce sont généralement des compagnies américaines, des bandits internationaux.

Quand on dit que ce sont des bandits à Washington, ce n'est pas une figure de style, ce n'est pas de la rhétorique ni des images, mais la réalité propre, en autant que le mot propre puisse être employé pour ça.

[...]

Au Canada et au Québec, c'est exactement le même système qu'aux États-Unis, en plus petit. Trudeau et son gouvernement, le gouvernement Bourassa, ce sont deux gouvernements de bandits à la solde des bandits internationaux qui dominent complètement tout le pays. Les mêmes qui ont massacré les Vietnamiens, ceux qui ont massacré les gens au Moyen-Orient et qui continuent de les massacrer par millions en Amérique latine. Ceux-là mêmes qui créent le chômage : 65 % des investissements actuels sont destinés à remplacer des travailleurs. Le gouvernement lui-même souscrit à ces investissements-là qui créent du chômage et de l'insécurité pour l'ensemble des travailleurs au Québec et au Canada. Les travailleurs qui sont à la Défense nationale se font mettre à pied les uns après les autres ; il y en a qui sont venus nous voir. Les généraux les mettent à pied et les hommes d'affaires d'Ottawa les mettent à pied pour donner le travail à l'entreprise privée inorganisée.

Congrès du CCSNM, 1973.

On importe des bandits

La Société Générale des Eaux et la Lyonnaise des Eaux sont bien actives actuellement, ici à Montréal. Comme des rapaces, elles surveillent la privatisation du système d'eau. Elles ont fait un party dernièrement au musée de Pointe-à-Callières. Un certain M. Buygues, un gros entrepreneur cimentier, qui marche main dans la main avec la Lyonnaise des Eaux, a dernièrement été condamné à 150 millions de francs d'amende pour s'être entendu sur des contrats de TGV, d'un palais de justice et du pont de Normandie. Il y a également le maire de Grenoble qui a été condamné à la prison ; lui aussi marchait avec eux. La Société Générale des Eaux et la Lyonnaise des Eaux gèrent tout le système d'aqueducs en France. Ils ont acheté tous les conseils de villes. Buygues a déjà la suite des maisons d'accueil Champlain ici au Québec et il a des ententes avec Lavalin ; il marche sous différents noms. On a assez de bandits au Québec, on n'a pas besoin d'en importer.

Le maire Bourque s'est fait demander par une dame si les taxes allaient baisser à la suite de la privatisation du système d'aqueducs. Il lui a répondu que oui. Bien sûr, à Montréal, le prix de l'eau est compris dans les taxes et c'est pour ça qu'elles vont baisser. Mais il ne lui a pas dit qu'elle recevrait aussi une facture. Montréal, c'est vieux, ça prend des gars qui connaissent ça parmi les ingénieurs et les cols bleus. C'est pas le temps de donner ça à n'importe qui. Je me fie aux cols bleus pour brasser ça.

L'Aut' Journal, n° 147, 27 février au 19 mars 1996.

COLÈRE (LA)

La colère, ça me vient quand je pense à des choses scandaleuses. la compagnie Noranda, qui vient de se faire donner 36 millions de dollars, envoie six cent mille tonnes d'anhydrides sulfureux sur la tête du monde depuis je ne sais pas combien d'années! La Société des alcools qui refuse de reprendre ses bouteilles! Les Français le font bien, eux. Les entreprises forestières qui se vantent de planter des arbres comme jamais, qui pleurent sur le gros feu de Baie-Comeau. Qui est-ce qui l'a allumé, ce feu? Les mauvais moteurs de ces entreprises qui ont chauffé!... Le saccage de nos forêts!... Et les tribunaux! Une femme de soixante ans en chaise roulante s'est fait dire par une avocate qu'elle n'était pas si mal prise que ça. Elle pouvait aller travailler en garderie. Faut-tu être assez dégénérée! Un autre malheureux accidenté s'est fait dire par un médecin que sa douleur n'était pas objective! Moi, j'ai le respect de l'homme, puis je ne respecte pas les juges, les avocats, les médecins qui sont pouilleux. J'ai jamais pu endurer que le monde se fasse baver par eux!

Guide Ressources, janvier-février 1992.

DÉFICIT (LE)

L es gouvernements vont nous parler de déficit. C'est une maudite farce. Avant, ils parlaient de l'inflation. Je n'ai jamais vu personne mourir d'inflation, mais j'en ai vu mourir dans les mines et les hôpitaux. Maintenant, ils nous disent qu'on va mourir du déficit. Il y a des hommes d'affaires et des financiers « canadiens », qui prêtent au gouvernement, qui ont dit à l'agence Moody's de baisser la cote du gouvernement pour l'obliger à emprunter à un taux d'intérêt plus élevé.

Ce sont les mêmes hommes d'affaires qui nous disent que le coût des services sociaux est démesuré. Pourtant, ça fait 16 ans que, toutes proportions gardées, il n'a pas augmenté au Québec et au Canada.

Il faut aller chercher l'argent là où il est : il y a des compagnies qui font 25 millions $ de profit par année et qui ne paient pas d'impôt. Il y a 40 000 personnes qui font 100 000 $ par année et qui n'en paient pas non plus. La fiscalité est pour les riches et contre les pauvres.

L'Aut' Journal, n° 139, été 1995, p. 2. Manifestation de 3000 personnes réunies par la CSN, le 12 juin 1995.

DICTATURE ÉCONOMIQUE (LA)

L 'arbitrage des salaires, ça fait longtemps qu'on l'a. La classe ouvrière n'a pas toute la force qu'elle devrait avoir dans ce pays dominé par une dictature économique, avec une façade de démocratie politique. Oui, nous avons le droit de voter, mais il reste que les décisions importantes sont prises par une infime minorité. C'est ce que disait Marcel Pepin, président de la CSN, dans « Positions » et dans son « Deuxième front » et ça reste encore vrai. Il n'y a rien de changé. Depuis la grève d'Asbestos en 1949, j'en prends à témoin le président du temps, Gérard Picard, rien n'a changé : Jean Marchand vient de faire un cadeau à la Johns Manville — la pauvre compagnie qui exploite l'amiante à Asbestos —, ainsi qu'à la Domtar, et un cadeau à l'aluminium sous prétexte de créer des emplois. Le Parti libéral provincial va aussi créer des emplois en faisant des cadeaux à des compagnies capitalistes qui garderont quand même le privilège de mettre la clef dans la porte n'importe quand et de renvoyer des gens sur le pavé. C'est la tendance qui s'accentue, même chez nos gouvernements.

Congrès du CCSNM, 1970.

DIRIGISME ÉCONOMIQUE (LE)

Je crois au dirigisme économique que des congrès et des conseils confédéraux de la CSN ont adopté. Je crois à l'utilisation optimale des ressources humaines et des ressources naturelles, à l'utilisation des connaissances scientifiques et techniques, en fonction d'un programme qui tient compte d'une hiérarchie des valeurs :

   a) la satisfaction des besoins primaires : manger, se loger, se faire soigner, s'instruire, travailler ;
   b) la satisfaction des besoins secondaires ;
   c) la satisfaction des besoins tertiaires.

Exemples : des logements pour le peuple, pour les personnes âgées et des garderies avant des édifices à bureaux et des appartements luxueux, avant des palaces à Québec, à Paris, à Bruxelles ou ailleurs pour M. L'Allier, et avant les ambassades, comme la nouvelle ambassade du Canada à New York qui va coûter au-delà de 30 millions. C'est pour des Nègres blancs qui veulent épater.

Des transports en commun avant des boulevards et des autoroutes déficitaires ; des terrains de jeux, des piscines et des patinoires de quartier avant un stade olympique et une expo universelle perpétuellement déficitaire de dizaines de millions de dollars par année.

Congrès de la CSN, mai 1982.

EAU (L')

D es truands, on en a assez au Québec sans qu'on ait besoin d'en importer. Les trois grandes compagnies françaises intéressées à gérer l'eau de Montréal ont été impliquées dans une série de scandales de corruption en France. Elles ont aussi été condamnées à des amendes équivalant à 100 millions de dollars pour s'être partagé les marchés en cachette.

Les dirigeants de ces compagnies-là se prétendent experts : ce sont des experts-voleurs ! Ils tripotent les contrats entre eux pour vendre l'eau plus cher. Ce sont des corrupteurs publics : les politiciens qui négocient avec eux sont leurs complices ! En vertu de quoi nos ingénieurs du secteur public ne seraient pas de vrais experts, eux ?

À l'occasion du débat public sur la privatisation de l'eau à Montréal, tenu à la Biosphère de l'île Sainte-Hélène, le 12 juin 1996.

ÉCONOMIE (L')

L e mouvement ouvrier, et puis le CCSNM en particulier, n'a presque rien fait pour aider les travailleurs. Nous n'avons pas encore commencé à nous battre sérieusement, non seulement pour protéger nos emplois, mais pour faire respecter ceux qui sont mis à pied. On voit dans les usines des femmes et des hommes avec 18 et 20 ans d'ancienneté qui sont mis à pied à 35, 40 et 45 ans. Ils n'ont pas de diplôme, ceux-là. Ceux qui en ont, où vont-ils les placer cet été? Ceux qui en ont des diplômes et puis qui sont sortis l'année dernière… c'est bilingue à part ça. On leur a dit, au gouvernement fédéral: « On a 250 000 chômeurs au Québec; on va vous en donner 100 000 bilingues, où allez-vous les placer?» Ce n'est pas leur problème. Leur problème, c'est de combattre l'inflation, c'est de permettre à des compagnies de garder le contrôle de l'économie, de décider quelle usine va ouvrir ou va fermer, quelle ressource naturelle va être exploitée ou ne le sera pas, parce qu'ils ont des droits dessus, où vendra-t-on et où ne vendra-t-on pas.

Qu'est-ce qu'ils mènent, les gouvernements de Montréal, de Québec et d'Ottawa? À Ottawa, il y avait la Police montée et les Postes. Vous savez comment ça va, aux Postes? À Québec, il y avait la Police provinciale et les routes. Ils étaient tous supposés s'occuper de la population, des problèmes du transport. On s'est occupé des problèmes des automobiles… pas des transports pour la population laborieuse.

On fait venir des compagnies et on les exempte de tous les coûts sociaux. La compagnie s'installe, elle profite d'un réservoir extraordinaire de main-d'œuvre dans la métropole du Canada, elle profite d'un marché considérable, mais n'a rien à voir avec l'assistance sociale ni avec les malades, les transports, l'habitation, la retraite des travailleurs. Ça, c'est le système capitaliste: la recherche unique du profit maximum sans aucune espèce de considération sociale, nationale ou de frontière.

Congrès du CCSNM, 1970.

ÉLECTRICITÉ (L')

J'ai reçu mon compte d'électricité aujourd'hui : 17 $ de taxes. Je suis un maudit gaspilleux, je prends de l'électricité en hiver pour me chauffer. C'est un luxe ! L'année dernière, 70 $ de taxes pour me chauffer. Moi, un fou ! Je me fais installer de l'électricité au lieu du pétrole. Je me disais : « Je vais prendre l'électricité de mon pays. » Bang ! 8 %, tant pis pour toi.

Congrès du CCSNM, 1977.

ENTREPRISE PRIVÉE (L')

Des entretiens que j'ai eus avec des marchands me confirment dans mon opinion que plusieurs d'entre eux sont parfois des crétins bornés et égoïstes. Ils se soucient peu du patrimoine national et ont souvent perdu, en affaires, tout sens de l'initiative, du risque et de l'imagination. Pris dans leur routine, ils n'ont plus d'audace. Certains mènent un « gros train de vie » et dilapident vite les biens d'une petite entreprise familiale ou ils la laissent vivoter sans y réinvestir.

Les commerçants et les fabricants dans l'industrie du vêtement sont très individualistes et rejettent le principe coopératif. Ces « chefs » de petites entreprises tomberont tôt ou tard dans l'ombre et la décrépitude. On manque vraiment de fierté nationale ; il faut bâtir à neuf.

Lettre à Simonne, Québec, le 11 juin 1941. Voir *Ma vie comme rivière*, autobiographie de Simonne Monet Chartrand, Montréal, Éditions du remue-ménage, t. II, 1982, p. 82.

C'est pas Ottawa qui mène, c'est pas Québec non plus. Dans un régime capitaliste, c'est l'entreprise privée qui décide quand elle va ouvrir et quand elle va fermer.

Le gouvernement n'a strictement rien à voir avec ça...
même si Jean Marchand leur distribue des chèques de
nos taxes qu'elles vont souvent investir ailleurs. À IBM,
une pauvre petite compagnie internationale, il a donné
quelques millions... À l'aluminium, à la Johns Manville
à Asbestos, à la Noranda Mines aussi... ces pauvres petites compagnies!... ça ne fait presque rien par année.

[...]

À l'époque du libéralisme économique le plus fou,
on n'a jamais vu le gouvernement aller porter directement les taxes des travailleurs à des entrepreneurs. Ils
leur donnaient des exemptions de taxes, comme ils font
encore pour les mines, des *deplation allowances*, parce
que, quand il s'agit d'exploiter une ressource naturelle,
les forêts, les mines ou les cours d'eau, c'est comme si
c'était eux autres qui avaient planté la forêt, ou mis la
mine là, ou bien le cours d'eau. Alors, ils leur permettent
de mettre de l'argent de côté... Mais jamais leur donner
des chèques comme ça! Il y a des compagnies qui ont
reçu des chèques et qui ont fait faillite, d'autres qui ont
engagé des ingénieurs pour augmenter la productivité.
C'était une bonne idée: en augmentant la productivité,
ça fait un peu plus de chômeurs.

Congrès du CCSNM, 1971.

Le gouvernement est directement au service de l'entreprise privée et crée des tendances pour retarder
l'amélioration des conditions de salaire et des conditions
de travail de la population. Il est là pour disposer du patrimoine national au profit des compagnies privées.

Congrès du CCSNM, 1972.

Les batailles qu'il y a dans l'entreprise privée, c'est
pour essayer de briser la classe ouvrière, pour que le
gouvernement n'ait pas trop d'efforts à faire pour

écraser le secteur public. Les capitalistes et les employeurs disent au gouvernement de les « toffer » et de les mettre dans la rue, de dompter cette population d'employés d'hôpitaux qui sont trop fringants.

Il faut les dompter ou c'est la misère noire, disent-ils.

Congrès du CCSNM, 1975.

Une autre cause de la pauvreté pour les salariés, ce sont les PME elles-mêmes, comme on les appelle maintenant. On répète partout que les PME font des miracles. Ce qu'on dit moins, c'est que, au Québec, 50 % des PME meurent au cours de leur première année et 80 %, en dedans de deux ans. Et quand une entreprise fait faillite, le travailleur y perd non seulement son emploi, mais aussi une partie de son salaire et les sécurités qui lui revenaient. Le gouvernement aussi perd de l'argent qu'il doit aller chercher dans la poche des travailleurs.

C'est la même chose dans la construction avec les petits entrepreneurs. Au fond, la liberté d'entreprise, c'est aussi la liberté de voler le monde. Et cela est vrai pour les gros comme pour les petits.

Tu vois ça dans la Beauce, les petites entreprises qui font travailler du monde chez eux. Ces travailleurs-là paient donc eux-mêmes leur loyer, leur électricité, leurs assurances, etc., et ils travaillent du matin jusqu'au soir pour des petites payes de rien. Et si un bon matin le patron n'est pas content du travail, ou s'il trouve quelqu'un qui veut faire le même travail pour moins cher, bonsoir la compagnie ! C'est ça que j'appelle la liberté de voler les gens, de les appauvrir et de se moquer d'eux en pleine face.

Revue Notre-Dame, n° 7, juillet-août 1986.

FATA (LA)

C'est la Fondation pour aider les travailleurs et travailleuses accidentés. Elle a été créée en 1983, lorsque nous avons trouvé un médecin compétent, le Dr Roch Banville, qui pratiquait depuis 25 ans et qui a bien voulu s'occuper des patients à Montréal.

Le Lundi, 17 août 1991.

FERMETURES D'USINES (LES)

N'importe quelle compagnie peut fermer ses portes n'importe quand. On a vu la fermeture d'un des plus vieux chantiers maritimes du Canada, la Vickers, l'un des mieux organisés, à la porte de la voie maritime du Saint-Laurent, dans un pays entre deux trous d'eau et qui a trois mers intérieures, un chantier couvert qu'on a fermé en jetant sur le pavé 1600 employés hautement qualifiés. On a un pays exportateur, puis on n'a pas un seul bateau pour aller porter notre marchandise, on la fait transporter par les autres.

[...]

Il y a partout des moulins de textile qui ferment après avoir exploité la population en leur vendant les produits deux et trois fois plus cher et en se protégeant contre les importations américaines et les importations du Japon. Ils importent du Japon et inscrivent « *Made in Canada* » sur leurs produits. Les travailleurs du textile constituent une main-d'œuvre abondante et laborieuse qu'on a exploitée depuis tout le temps. Je demandais au président de la Fédération du textile, l'autre jour au Bureau confédéral : « Qu'est-ce qu'il y a de changé dans le textile depuis 1941 ? » Il m'a dit qu'il n'y a rien de changé, et que, au contraire, c'est de mal en pis et que, maintenant, c'est fermé à Saint-Hyacinthe, à Coaticook, à Magog et un peu partout dans la province. Et alors, on se réveille avec 550 000 chômeurs au Canada, dont 250 000 au Québec et au-delà de 100 000 à Montréal.

Congrès du CCSNM, 1970.

Que tu travailles dans le papier, dans les mines, dans le vêtement, dans un hôpital, dans une école ou n'importe où, n'importe quel jour ils peuvent te sortir et tu te ramasses dehors. C'est ça, la situation. Maintenant, qu'est-ce qu'on fait avec ça? On va faire des mémoires, des plaidoyers d'avocats. On va s'occuper de la magistrature, la charogne, la lie de la société? Il n'y a rien à faire là.

Congrès du CCSNM, 1978.

Les fermetures d'entreprises à l'heure du libre-échange? Mais ce n'est pas nouveau! On connaît ça, au Québec, les fermetures d'usines sans préavis ni même réparation auprès des travailleurs et des travailleuses sauvagement mis à pied; il nous faudrait ici au moins une loi pour les indemniser. Il nous faudrait aussi développer une politique de «recyclage» des employés, et là encore, ce sont les compagnies qui devraient payer...

Mais le capitalisme, c'est la jungle! Et dans cette jungle, ce sont les compagnies qui font la loi. Aucun respect pour l'homme ou la femme, pour le travail. C'est inhumain! On prend littéralement la population en otage. C'est la menace et le chantage permanents. Les porte-parole officiels des compagnies nous disent: «Si vous êtes trop exigeants, on va fermer.» Puis nos politiciens enchaînent en chœur: «À force de demander ceci, cela... vous allez faire mourir les compagnies.» C'est le monde à l'envers! Et ils prétendent que c'est ça la prospérité? En fait, c'est le *What's good for General Motors is good for the country...* Mais entre-temps, ils nous traitent à peu près tous comme des pouilleux.

«Le travail», *Ciel variable*, propos recueillis par Jean-Pierre Boyer, 11 mai 1990.

IMPÔTS (LES)

J'étais à la Baie-James l'année dernière. Les gars qui y travaillent versent de 1500 $ à 2000 $ par mois d'impôt parce qu'ils ont le malheur de travailler sept jours par semaine, 12 heures par jour. Un minimum de 400 $ à 500 $, à 1000 $ par paye de 15 jours, s'en va au gouvernement. Les gars ont une paye de 14 jours et une paye de 15 jours. Pour la paye de 15 jours, la quinzième journée leur rapporte à peu près 6 $ pour 12 heures, en plus de se faire cracher dans la figure et de voir nier l'existence des syndicats. Les représentants syndicaux n'ont pas le droit d'être là, ils n'ont pas de bureau. Leur bureau est dans leur automobile. Avec 50 employeurs et 400 milles de territoire à parcourir, les syndicats n'existent pas. Si un gars s'ouvre la trappe, un délégué de département ou un autre, ce qui l'attend, c'est l'oiseau bleu qui s'appelle Nordair ou Québec Air.

Congrès spécial du CCSNM, 1975.

Avec le PQ, ça n'a pas changé

Le gouvernement n'a pas changé, et à bien des points de vue. Il nous avait promis l'indexation. Le président de la CSN a fait une déclaration pour affirmer sa volonté de se financer à même l'indexation. Le gouvernement a dit qu'il n'était pas capable. Et quand on lui parle de chômage, il répond qu'il ne peut pas faire de miracles. Il a seulement un peu d'argent pour la petite entreprise.

Quand on regarde le revenu que ce gouvernement-là veut aller chercher, le gouvernement qui gouverne pour toutes les classes avec un préjugé favorable pour les travailleurs, regardez bien comment il veut aller faire vos poches. D'abord, l'impôt sur le revenu des particuliers : 3,7 milliards. L'impôt sur les profits des opérations : 400 millions.

Mais pour les avocats, les médecins, les comptables — c'est pas tout écrit leurs affaires —, personne ne vient chercher d'argent sur leurs payes. Ils sont assez grands pour envoyer ça tout seuls, eux autres. On suppose simplement qu'ils font ça comme il faut.

Les taxes à la consommation, le petit 8 % par-ci, le petit 8 % par-là, 2,7 milliards. Qui paie les taxes à la consommation ? Qui fait le volume de la consommation si c'est pas nous autres et nos pareils ? Westmount, ça ne fait pas vivre la province. Sainte-Foy non plus. Puis, tous les petits quartiers des villes où la bourgeoisie se ramasse à 45, 50 personnes, c'est pas eux autres qui paient la taxe de vente dans la municipalité.

Les taxes sur les véhicules : quand tu es rendu à posséder trois automobiles par famille, tu ne peux pas en avoir bien plus. Tu n'as plus personne pour les conduire, du moins dans ces familles-là. Alors, pour la majorité des autos, c'est nous autres, les travailleurs, qui payons : 233 millions. Pour l'alcool, c'est encore nous autres, ils nous le disent assez : 59 millions. Les amendes aussi, c'est nous autres. On est toujours de travers : 23 millions. La Société des alcools, notre magasin : 180 millions. Les loteries, eh bien, c'est encore nous autres, on est pauvres ! On s'achète des billets pour voir ce que c'est la richesse. Pour Hydro-Québec, 20 millions. Un autre petit 400 millions pour la santé. Un autre petit 23 millions pour le pari mutuel, puis encore 109 millions pour les caisses de retraite.

Ça fait 3 milliards 899 millions : des taxes prises chez le peuple. Et ils vont encore en ajouter. Les « gros enfants» payaient la taxe de vente sur les vêtements. Parizeau a trouvé que c'était une injustice. Il faut que les petits enfants payent la taxe de vente aussi. Alors on règle le problème : tout le monde subit l'injustice également.

Congrès du CCSNM, 1977.

JEUNES (LES)

L es jeunes ont beaucoup de difficultés. Bien sûr, j'ai aussi chômé en mon temps et je puis vous assurer que le chômage n'est pas drôle lorsqu'on a 16 ou 17 ans ; on a l'impression d'être inutile. Ce n'est pas drôle à 45 ans non plus ; on a l'impression d'être une loque.

Le Lundi, 17 août 1991.

PERFECTIONNEMENT (LE)

L a classe ouvrière et le mouvement syndical ne sont pas contre le perfectionnement des méthodes de travail, contre la mécanisation et le soulagement de la peine des hommes, mais la classe ouvrière et le mouvement syndical en particulier ont le devoir de faire en sorte que les hommes ne soient pas constamment menacés à n'importe quel âge de leur vie, quelles que soient leur compétence ou leur expérience.

Congrès du CCSNM, 1970.

POUVOIR ÉCONOMIQUE (LE)

L a domination du pouvoir économique sur le pouvoir politique pour accaparer les ressources naturelles, on a assez vécu ça, et ce n'est pas fini : 25 000 milles carrés de forêt en bois debout. Il y a 30 milles de routes en forêt à partir de Sept-Îles. Ça ne va pas vers les villages où il n'y a jamais eu de routes depuis 300 ans, ça s'en va pour vider la forêt.

La construction de l'usine est commencée à Port-Cartier. Le gouvernement fournit les millions, va fournir l'aqueduc via Havre-Saint-Pierre qui va avoir l'argent, et l'aqueduc sera privé pour ITT, la compagnie de bandits qui est prise dans l'affaire du Watergate et qui organisait un *putsch* contre un gouvernement et des élections démocratiques au Chili. Nous, on leur donne du territoire et on leur fournit des millions. Mais on ne peut pas fournir les bateaux parce qu'on a détruit les chantiers maritimes.

Congrès du CCSNM, 1973.

PRIX (LES)

I l y a le problème du coût de la vie, des campagnes d'éditorialistes et des campagnes du gouvernement fédéral. M. Trudeau a accordé à M. Young, le président de la Commission des prix et revenus, 40 000 $ par année, à M. Gérin-Lajoie, le vice-président de la Commission, 38 000 $ par année. Et ils disent aux travailleurs à 2000 $, 3000 $ et 5000 $ par année : « Serrez-vous la ceinture, un peu, vous exagérez ! » Or nous nous rendons compte que dans une période d'inflation comme celle que nous traversons, les prix continuent de monter en ascenseur et les salaires continuent de monter par l'escalier.

[...]

Nos amis de la coopérative Cooprix nous ont révélé les prix courants des différentes compagnies qui vendent des aliments : elles avaient toutes augmenté considérablement leurs prix — « au cas où les profits seraient gelés » — au moment de l'annonce qu'il fallait qu'elles restreignent leurs profits. Des gels de prix, on n'a jamais vu ça ! Des gels de salaire, par exemple, des « offres » de baisse de salaire, ça on en voit. Mais des gels de prix ? Les prix sont contrôlés par des particuliers et le gouvernement ne veut pas intervenir là-dedans. On lui a demandé depuis longtemps, depuis la fin de la Guerre, de maintenir des tribunaux d'arbitrage pour les prix, qui ne seraient pas des tribunaux coercitifs mais qui auraient pour fonction de justifier auprès de la population la raison des augmentations. Parce que les cultivateurs chargent plus cher ? Ils sont plus pauvres et ils reçoivent moins qu'ils n'ont jamais reçu. En Amérique latine, ils se font voler davantage qu'avant sur le café, le sucre, etc. La proportion des salaires dans le coût de production diminue constamment à cause de la mécanisation. Seulement, le gouvernement n'a jamais voulu que les entrepreneurs, les commerçants, les industriels passent à l'arbitrage, comme il exige que les travailleurs passent à l'arbitrage pendant des mois et des années.

Congrès du CCSNM, 1970.

PRODUCTIVITÉ (LA)

Il y a assez de monde ici, tu n'as pas besoin d'en prendre soin. Tu les laisses crever et comme il y a des chômeurs en masse, l'usine va marcher quand même. Tu vas trouver la prospérité. Le produit national brut va augmenter. Mais ils ne nous parlent jamais des pertes et du gaspillage engendrés par toutes les paperasseries des administrations publiques et privées, par tous les services de recherche et les gamiques qu'ils ont organisées pour tromper les ouvriers, pour en faire de parfaits abrutis. Tout ça pris à même le travail des ouvriers, le travail productif des travailleurs.

Congrès du CCSNM, 1977.

PROFITS (LES)

Quand la discussion à propos des prix a commencé et que M. Trudeau a demandé aux compagnies de se modérer dans leurs profits, on a regardé les pages financières et on a vu que les profits continuaient d'augmenter: 25, 30, 32% dans les ventes et partout, dans toutes les sortes de compagnies. Ouvrez encore aujourd'hui n'importe quel journal et vous allez vous apercevoir qu'il n'y a pas beaucoup de compagnies dont les profits sont restés stagnants, ce serait de la mauvaise administration. Les profits continuent de monter.

Congrès du CCSNM, 1970.

Jamais les travailleurs ne seront trop unis. Tout le système est organisé contre eux. Les profits sont contre la rémunération, et l'accroissement des profits, contre le respect des travailleurs. Tout le système est bâti comme ça. Il n'y a pas moyen de s'en sortir. On ne s'en sortirait même pas avec un parti socialiste.

Congrès du CCSNM, 1978.

PYRAMIDE DU POUVOIR (LA)

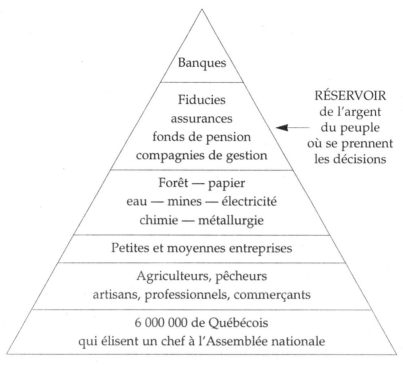

Banques

Fiducies
assurances
fonds de pension
compagnies de gestion

RÉSERVOIR
de l'argent
du peuple
où se prennent
les décisions

Forêt — papier
eau — mines — électricité
chimie — métallurgie

Petites et moyennes entreprises

Agriculteurs, pêcheurs
artisans, professionnels, commerçants

6 000 000 de Québécois
qui élisent un chef à l'Assemblée nationale

Le droit au travail, au logement, à des milieux de travail hygiéniques, à un environnement sain est défini par les maîtres du réservoir de l'argent où le peuple n'a rien à dire.

REVENUS DU QUÉBEC, 1981-1982

Impôt des sociétés	863 000 000 $
Impôt des particuliers	
Ventes au détail, carburant, tabac	6 095 000 000 $
automobiles, alcool, SAQ, loteries	3 291 000 000 $
Péréquation	1 923 000 000 $
Total payé par le peuple	11 309 000 000 $

Le peuple paie, les compagnies profitent et dominent.

Congrès de la CSN, mai 1982.

Au-dessus de la population de 6 millions, il y a les artisans, les agriculteurs, les artistes, les trois « A » ; c'est parfait, ça. Au bout, en masse, ce que vous allez devenir probablement pour essayer de faire une piastre vite, je mets les petits commerçants et les professionnels. Mais, en tout cas, vous avez le droit de changer d'idée, vous êtes intelligents. Après ça, c'est les PME, mon cul. Les gars nous disent tous que les PME, c'est ce qui emploie le plus de monde... en bas du salaire « menoum menoum », et le temps que le *boss* a besoin de toi. Ensuite, il te renvoie chez vous et il y en a 50 % qui font faillite la première année et 80 %, en dedans de deux ans.

À Montréal, il y a 1 million de travailleurs qui n'ont aucune espèce de protection. Il y a les industries de base, la pulpe et le papier, les gars qui ont saccagé les forêts, et maintenant, on va payer pour dépolluer ; puis, les mines, les gars qui ont fait des trous et qui ont sacré le camp. Mulroney a fermé la mine et il a été élu premier ministre. Au-dessus de ça, on a les compagnies d'assurances, les compagnies de gestion de l'argent qu'il y a dans les assurances ; ce n'est pas juste les gros gars qui ont des assurances, c'est tout le peuple. Pour les fonds de pension, la Caisse de dépôt, c'est pareil, et les 30 et quelque milliards qu'il y a là-dedans, ça ne vient pas des riches, ça vient du peuple en général et des salariés qui sont forcés de mettre de l'argent là-dedans. Et dans les holdings comme ceux de Desmarais, c'est des gars qui ont du papier et des serviettes de papier, et là, ils spéculent sur n'importe quoi. Les gens disent que c'est mieux que ce soit des Canadiens français qui possèdent les industries et patati et patata : c'est de la bouillie pour les chats. Le capitalisme est apatride, a-national, amoral. M. Desmarais, quand il a trouvé

son prix pour la Consolidated Bathurst, il l'a vendu aux
États.

Un homme de parole, film d'Alain Chartrand, avril 1991.

Qui est-ce qui mène le pays ? Les banques. Voilà ce
que dit Marx, voilà ce que disent les encycliques, et cela
n'a guère changé depuis la lettre des évêques en 1952. La
recherche du profit relève du fascisme. Les assurances,
c'est l'État dans l'État. Nous disons : l'État doit s'empa-
rer de tous les réservoirs d'argent. On ferait peut-être un
gouvernement de fous mais ce serait mieux que ce qu'on
a. Les poètes feraient d'ailleurs les meilleurs gouvernements parce qu'ils perçoivent mieux leur temps.

Pierre Beauregard, *Magazine Maclean*, juin 1970.

RENTABILITÉ (LA)

Il y a un éditorialiste aujourd'hui qui s'appelle
Cormier, pour ne pas le nommer (j'ai vu ça par hasard
dans *La Presse*), qui disait : « Il faudrait que ceux qui sont
dans des entreprises non rentables, qui ne créent pas de
richesse, ne soient pas tellement exigeants. » Ça, c'est la
nature même du régime capitaliste.

Les affaires rentables, ce sont les subventions aux
entreprises pour qu'elles puissent faire du profit et
qu'on puisse jouir des miettes qui tombent de leur table.
Les affaires pas rentables, c'est soigner les gens, loger
des vieillards, instruire les enfants et loger le monde.

Congrès du CCSNM, 1977.

RICHESSE (LA)

L e capitalisme fait croire que c'est l'argent qui crée la richesse. C'est faux. C'est le travail qui crée la richesse.

Vie ouvrière, n° 229, mars-avril 1991.

SALAIRE MINIMUM (LE)

L e salaire minimum n'est pas respecté nulle part. Le directeur du service du Salaire minimum le dit lui-même qu'il lui manque 600 inspecteurs. Il y a plus de 15 000 employeurs qui ne le respectent pas. Alors, qui se plaint de le payer ? 4,25 $ de l'heure, c'est trop cher ? On voit bien toute l'aberration, le mépris de la classe ouvrière partout. Quelles que soient les bebelles qu'ils nous donnent, que ce soit l'Expo, que ce soit le Stade, n'importe quoi, ça n'a aucune relation avec la vie de la population, du peuple, de la classe ouvrière. On est complètement marginaux. Le peuple est marginal dans ce système-là.

[...]

Il faut donner un coup de main aux travailleurs qui sont sous l'empire du salaire minimum. On ne peut pas les laisser là, eux autres non plus. C'est un poids que l'on doit tirer. Non seulement ils sont dans la misère, et c'est scandaleux, mais ils deviennent presque des adversaires sans le savoir.

Congrès du CCSNM, 1978.

Le salaire minimum a été relevé de 20 cents, sauf que ce n'est pas appliqué, alors ça ne change pas grand-chose. Pour ceux qui réussissaient à faire avancer leurs affaires, ils viennent de se faire mettre un plafond. Mais si on regarde les travailleurs du Québec, voilà pas très longtemps, de 1929 à 1939, tout le monde chômait. Dès que la guerre a commencé, ceux qu'on n'était pas capables d'enrôler et de forcer à aller se battre à 1,30 $ par jour, ils étaient dans les usines, avec un plafond ; ils n'avaient jamais eu de plancher pour leur salaire, il n'y avait pas de salaire minimum. Ils avaient des « pitons » pour manger. Ils travaillaient à 1,20 $ par jour. Mais là, quand il y a eu un peu d'affaires à faire et que la danse des milliards a commencé, la CIL s'est fait donner des usines, l'aluminium aussi. Les salaires des *boss* sont partis à 1 $ par année. Ça coûtait cher en maudit quand tu avais un *boss* à 1 $ par année, tu étais sûr qu'il était dans les 50 000 $, lui. Il se donnait au gouvernement pour 1 $ et il allait chercher des millions pour sa compagnie.

Congrès spécial du CCSNM, 1975.

SALAIRES (LES)

Il est normal que les salaires montent dans le reste de la province et ils vont continuer à monter à Montréal tant qu'on va être dans un régime capitaliste, parce que les travailleurs syndiqués sont les seuls qui vont chercher de l'argent des compagnies américaines qui exploitent les ressources naturelles.

Congrès du CCSNM, 1971.

Il n'y a pas deux ans, il y a des travailleurs pour qui on voulait se battre pour 100 $ par semaine. Ils trouvaient que c'était trop parce qu'ils s'étaient fait dire que c'était trop. Maintenant, le salaire minimum monte à 104 $. Les gens qui sont supposés l'avoir ne le toucheront pas. Il va falloir s'en occuper. Ils ne sont pas syndicables parce qu'ils vont perdre leurs *jobs* et ils vont se retrouver dans la rue comme les serveuses de restaurant et les serveuses de bien d'autres commerces et de bien d'autres bineries.

Congrès du CCSNM, 1975.

La grande tentation d'un employeur, c'est de se fier sur les bas salaires qu'il paie au lieu de penser à avoir de bons produits et une saine administration.

On a l'impression que l'idéal nouveau, c'est que les salaires des travailleurs soient aussi bas que les plus bas au monde.

Revue Notre-Dame, n° 7, juillet-août 1986.

SOMMET ÉCONOMIQUE (UN)

« Il faut se parler », c'est un slogan de bière. Il faut se parler ? On va se parler. À supposer que j'y aille, moi [au sommet économique]. Pourquoi j'irais pas ? Je représente une tendance à la CSN. Je ne vois pas pourquoi je n'irais pas. Pourquoi ce serait deux, trois, puis quatre pareils de l'exécutif, une seule sorte qui irait ? Il doit y avoir au moins deux sortes de monde à la CSN. Alors, supposons que l'exécutif dise : « Oui, on va envoyer Chartrand. Au moins, on ne l'entendra pas parler pendant qu'il va leur parler à eux autres. » Alors, moi, j'arrive là. Il y a un patron qui m'énerve, je l'étampe. Là, il y a un ministre du PQ qui dit : « Voyons, ça ne marche pas comme ça. » Je l'étampe aussi. Là, je dirais que j'aurais fait une bonne journée. J'aurais gagné mon salaire.

Alors, qu'est-ce qu'il y aurait dans les journaux, le lendemain ? Il y aurait la même chose que quand les gars du Congrès du travail sont allés, il y a un mois. Les journaux titraient : « Miracle, ils se sont parlé. » Là, Lévesque dirait : « Les patrons et les travailleurs se sont parlé fermement.» Le porte-parole des patrons dirait: «On s'est parlé virilement.» Puis là, Norbert Rodrigue, président de la CSN, dirait: «On leur a parlé dans la face.» Tout le monde soufflerait et dirait qu'ils se sont parlé. C'est une moyenne bouffonnerie. Eh bien, c'est là-dedans qu'ils veulent nous embarquer. C'est dans cette insulte-là, dans cette bouffonnerie-là qu'ils veulent nous embarquer.

Congrès du CCSNM, 1977.

SUBVENTIONS GOUVERNEMENTALES (LES)

Le gouvernement Bourassa, encore en 1970, a donné du territoire à International Telephone and Telegraph, il leur a donné du territoire de la Côte-Nord. La compagnie de téléphone Bell de Montréal est la compagnie qui a fait le plus de profits l'an dernier.

Congrès du CCSNM, 1971.

TAXES (VOS)

Il y aura toute la pression des députés, des gens des commissions scolaires et des gens des villes qui vont dire: «Vos taxes vont augmenter parce que les fonctionnaires veulent avoir des augmentations, parce qu'ils veulent multiplier le nombre de fonctionnaires», etc., autant pour les instituteurs que les gens des corporations scolaires ou du provincial et du transport. Même que ça coûterait 1 ou 2 millions pour les fonctionnaires provinciaux juste pour faire partie du mouvement syndical, ce serait bon marché pour avoir des canaux pour faire passer leurs messages, pour avoir des gens qui vont les écouter avec sympathie et qui vont travailler avec eux pour les aider à forcer et à briser le mur du capitalisme, à briser la masse salariale, à faire changer le système de taxation. Tant que le système de taxation ne changera pas, c'est sûr que ceux qui ont des petites maisons et ceux qui paient des taxes ne peuvent pas payer beaucoup plus qu'ils ne paient déjà.

Congrès du CCSNM, 1971.

Quand on regarde ce budget-là de plus près, c'est une affaire extraordinaire. Le principe de l'impôt sur le revenu, puis de l'impôt en général, c'est de répartir la richesse. Toutes les taxes indirectes sont régressives. M. Hardy, le ministre des Affaires municipales, l'avait dit avant d'être élu. Il disait que les taxes municipales n'avaient pas de bon sens. Prenons un gars de la construction, en particulier : il arrange sa cave, son garage, son grenier, sa maison. Il paye la taxe sur les matériaux. L'évaluateur municipal passe puis il remonte l'évaluation et la taxe pour 40 ans. Quand tu vas te promener dans le Sud pour dépenser de l'argent dans des clubs, tu ne payes pas de taxes. Mais aie pas le malheur de mettre cet argent sur ta maison. Là, tu vas y goûter. Ils vont même te charger de la taxe pour le temps que tu mets dessus. M. Hardy disait qu'il trouvait ça régressif.

Le ministre des Finances [Jacques Parizeau] dit la même chose. Il agit à l'encontre de nos convictions profondes. Alors, s'il fonctionne à l'encontre de ses convictions, qu'est-ce qui le motive ? Moi, si j'avais marché à l'encontre de mes convictions, j'aurais été dans le Parti libéral, dans l'Union nationale puis j'aurais fini dans le PQ. C'est assez fort !

Congrès du CCSNM, 1977.

TRAVAIL (LE)

Une nécessité

S e sentir utile, c'est se sentir vivant, et c'est ça que le travail nous procure vraiment.

Le travail est nécessaire à l'être humain, à son épanouissement, au développement de son intelligence, par la coordination des sens et l'apprentissage d'habiletés particulières. En dépensant leur force physique, en mettant à contribution leur intelligence, leur imagination et leur esprit critique, c'est toute leur vie que les femmes et les hommes investissent dans le travail. C'est aussi parce qu'ils assument, tout au long de leur vie de travail, des responsabilités personnelles et sociales que les travailleurs et les travailleuses sont en droit d'exiger qu'on les respecte, que leur dignité d'être humain soit pleinement reconnue. Car le travail humain est le parachèvement de l'œuvre de la création et, pour la femme et l'homme vivant en société, il représente leur propre contribution à la création d'une œuvre nécessairement collective.

[...]

La juste valeur du travail

Faut-il rappeler que l'homme et la femme sont avant tout des êtres humains doués d'intelligence et de sensibilité, nés pour le bonheur. Les travailleuses et les travailleurs qui consacrent toute leur vie à une entreprise, un service ou une manufacture y investissent quotidiennement leur énergie, leurs talents et leur créativité. Ils contribuent davantage au développement de l'entreprise et à sa prospérité que ceux qui n'y investissent que des dollars, directement ou indirectement. L'employé revêt toujours une plus grande valeur que celui qui se contente d'acheter des actions.

Après des années de service, à dépenser leurs forces physiques et mentales pour assurer le bon fonctionnement et la prospérité de l'entreprise, les travailleuses et les travailleurs devraient donc, en toute justice, y être considérés comme des copropriétaires. On devrait au moins reconnaître les droits que leur confère leur ancienneté. Mais encore aujourd'hui, il faut se battre pour éviter que les employés soient congédiés pour un oui, pour un non, ou simplement parce qu'un contremaître n'aime pas leur gueule.

[...]

Je dis depuis longtemps que la contribution des travailleuses et des travailleurs à l'activité des entreprises et surtout au développement de la société par la production de biens et de services essentiels à la survie de toute une population n'est pas reconnue à sa juste valeur. Ce travail, loin d'être considéré comme il le mériterait, on le méprise même, chaque fois que les droits acquis fondamentaux des employés ne sont pas respectés ou carrément bafoués. C'est le cas actuellement, dans la province de Québec, où près de 600 000 travailleuses et travailleurs des services publics ou autres n'ont même plus le droit d'arrêter de travailler, de refuser de fournir leur force de travail, de faire la grève, ce qui équivaut à nier le droit fondamental à la négociation collective. Or, quand on te prive de cette liberté de faire la grève, alors que la grève n'est qu'une phase de la négociation, tu n'es ni plus ni moins qu'un travailleur conscrit, comme dans l'armée ou aux travaux forcés, quelle que soit la rémunération.

[...]

Le travail sous le capitalisme

Dans une société comme la nôtre, tout le système du travail est déshumanisé, parce que le capitalisme n'est pas autre chose que la recherche du profit maximum dans le minimum de temps. Il n'y a, dans ce système, aucune espèce de considération humaine, sociale, nationale ou patriotique. Il n'est pas étonnant par conséquent que les travailleuses et les travailleurs se sentent dépossédés. La démocratie industrielle, ça n'existe pas ici. Tu passes toute ta vie à travailler dans une entreprise ou un service et tu n'as pas un maudit mot à dire là-dedans.

[...]

Le travail mal conçu, mal organisé

Le travail est nécessaire à l'être humain, mais actuellement, il n'est pas conçu pour permettre le plein épanouissement des employés. Au contraire, on les abrutit, on les mutile, on les empoisonne. Très peu de travailleurs industriels, dans les mines, dans le secteur du papier, etc. vivent jusqu'à 65 ans, alors que l'espérance de vie dépasse 72 ans. De plus, actuellement, le travail n'est pas organisé pour développer les aptitudes des gens. C'est un peu comme à l'école. On prend des enfants qui sont pleins d'initiatives, on les assoit dans une classe, on leur donne des programmes fixes et beaucoup de matières abstraites souvent coupées de la réalité sur lesquels ils n'ont pas un mot à dire. En somme tout pour les scléroser.

[...]

Le travail précaire

En Amérique du Nord, la situation s'est considérablement détériorée. Et c'est très grave parce que, pour survivre, de plus en plus de gens doivent se plier aux nouvelles formes d'organisation du travail. Dans les services publics, les hôpitaux, par exemple, où il devrait pourtant y avoir une continuité des soins aux malades, de plus en plus de gens (plus de 30 % actuellement) occupent des postes temporaires, à temps partiel, à horaires brisés ou sur appel. Et sans parler des autres secteurs tant publics que privés où le travail à sous-contrat, à la pige, au rendement et au noir tend à se généraliser. C'est pas une vie ça ! Pour ces employés précaires, c'est très souvent l'insécurité, le découragement et même, éventuellement, la perte de tout espoir d'un jour trouver leur place dans la société. Et comme si ce n'était pas assez, on voudrait maintenant nous enligner sur le salaire minimum… sur le modèle de l'exploitation des travailleuses et des travailleurs immigrants.

« Le travail », *Ciel variable*, propos recueillis par Jean-Pierre Boyer, 11 mai 1990.

TRAVAILLEURS (LES)

Dans les fonderies

A llez dans les fonderies à fer et à titane, les concasseurs dans le milieu de la fonderie. Le gars sur le pont roulant, il devient sourd à cause du concasseur, le gars sur la fournaise devient sourd à cause du concasseur et celui qui est sur le concasseur, lui, ça ne lui fait plus rien, il est sourd complètement.

[…]

Dans les raffineries

Le test pour savoir quelle est notre force morale, c'est de voir si on est capables de faire respecter notre peau. Le PQ, qu'il ne me fasse pas suer. Il laisse massacrer les travailleurs de la province de Québec. Ce n'est pas vrai qu'il veut les libérer. On a toutes les preuves qu'il les laisse massacrer. Aussi allègrement qu'avant. Pierre-Marc Johnson, médecin, avocat, c'est un tueur du même acabit que Jean Cournoyer, que Pierre Laporte, que Maurice Bellemare, ses prédécesseurs. Tous les jours, il laisse tuer des travailleurs dans les usines, dans n'importe quelle sorte d'industrie. Tous les jours, on découvre de nouvelles maladies.

Les gars de Montréal-Est, les gars des raffineries à 9 $ de l'heure, ils se pensaient *smarts*, ils n'avaient pas d'union. Ils ont même lâché leur union internationale, The Oil and Chemical Workers, et ils se sont fait aider par de gros avocats. Là, ils s'aperçoivent qu'ils n'ont plus de poumons. Ils sont empoisonnés par cinq ou six produits que les compagnies connaissent bien. Fina, Shell, Esso Imperial, BP, etc., toutes les compagnies de pétrole ont les moyens de savoir quels poisons elles ont chez elles. La Union Carbide, la Noranda Copper, toutes ces compagnies-là, elles connaissent parfaitement les maladies que les travailleurs peuvent développer chez elles ; jamais elles ne leur en ont parlé. Les travailleurs vont voir des pneumologues à Montréal. Le médecin demande au travailleur dans quelle mine il a travaillé, mais ce dernier répond qu'il est soudeur dans une raffinerie, qu'il a la sidérose. Le pneumologue n'avait pas vu que c'était des poumons de sidérose. Les gars du chantier de Lauzon ont été examinés à la clinique de Lévis-Lauzon ; 400 d'entre eux étaient pris des poumons, 188 avaient la sidérose. Les médecins se surveillaient parce qu'ils savaient que la Commission des accidents du travail [CAT] les surveillerait. Les gros bonzes de la CAT, les médecins de la CAT ont décidé qu'il y en avait peut-être sept ou huit qui étaient malades sur les 188 qui avaient la sidérose. Les médecins des États-Unis, demandés par le syndicat, étaient traités par la CAT de médecins itinérants. Les médecins de la province de Québec disaient des Américains qu'ils n'étaient pas connaissants. Les gars de Kitimat ont fait venir des médecins des États-Unis, ces derniers les ont trouvés empoisonnés. Ici, dans la province de Québec, la compagnie Aluminium, qui reçoit les faveurs du PQ et à laquelle René Lévesque a laissé la Saguenay Electric et la Saguenay Power, ils répondent aux travailleurs qu'ils n'ont pas d'affaire à avoir une clinique comme les gars de Fer et Titane. La compagnie n'a jamais trouvé de maladie occupationnelle à Arvida ou à Shawinigan.

[...]

Travailleurs de la forêt

Les bûcherons travaillent aussi fort que mon père me le disait il y a 40 ans.

Le camarade Cantin a fait des efforts pour organiser les travailleurs de la forêt. Ils sont encore à l'arbre, par équipes de trois. Ils ravagent la forêt et se ravagent le corps. Ils travaillent à même une ressource naturelle de notre pays, durant n'importe quelle saison, dans n'importe quelle condition climatique.

Trois frères travaillaient ensemble chez Donohue à Clermont; l'un d'eux s'est fait tuer. Ils travaillaient à flanc de montagne; l'arbre est entaillé convenablement, professionnellement, mais le vent souffle fort. Ils sont deux pour bûcher et l'autre opère une machine qui vaut jusqu'à 30 000 $. Ils ne sont pas payés à la semaine, ni à l'heure, ni au mois. Ils sont payés à l'arbre. Ce que les chevaux tiraient avant, ce sont les travailleurs qui le tirent sur leurs épaules maintenant. Puis, les travailleurs qui sont sur les machines pour couper le bois, eux autres, ils deviennent sourds automatiquement.

[...]

Travailleurs de l'amiante

La CSN a fait venir des experts du monde entier. Les médecins du Mont Sinaï sont venus examiner les travailleurs de l'amiante. Les médecins de la province de Québec, à la Commission des accidents du travail, ont déchiré ces rapports-là.

En 1972, 1973, 1974, ils trouvaient 75 à 80 mineurs par année qui devaient sortir des mines. Après la grève, ils en ont trouvé 350. Il y en a un qui est mort, Henri Lessard. On en a parlé au Conseil confédéral, je l'ai vu dans mon bureau la dernière fois qu'il est allé se faire examiner par le comité de pneumoconiose ; ils lui ont dit qu'il avait le cancer mais que ça ne dépendait pas de l'amiante. Il a travaillé dans la mine une partie de sa vie.

L'autopsie a révélé que son cancer avait été causé par l'amiante. Le même comité de médecins spécialistes de la Commission des accidents du travail a accordé la compensation des amiantosés à sa veuve après avoir dit que le cancer n'était pas causé par l'amiante.

Philippe Girard s'en rappelle. À Sorel, au congrès de l'Action libérale nationale, on demandait une compensation pour les travailleurs qui souffraient de l'amiantose. C'était en 1939. Nous sommes en 1978 et on ne l'a pas encore obtenue, cette compensation. Ça, c'est la condition ouvrière dans l'exploitation des ressources naturelles. Ce ne sont pas les Américains qui viennent nous porter de l'ouvrage, c'est de l'extraction que les gars font à force de bras.

La mine est exploitée à l'envers. Demandez à n'importe quel des travailleurs. Ils vous répondront qu'ils envoient de l'amiante autant sur la *dump* qu'ils devraient en envoyer au moulin.

[…]

Travailleur miniers

Si on va dans les mines de la province, c'est exactement le même système. Ce n'est pas seulement les compagnies forestières comme la Donohue qui massacrent les gars et saccagent. Des travailleurs qui ont trimé toute la nuit sont entassés dans des dortoirs sans aucune espèce de ventilation, une toile sur les fenêtres, pas même un trou dans le plafond pour sortir l'air : ça se passe dans notre pays en 1978, malgré tous les efforts d'une fédération qui se bat et d'un mouvement syndical et des travailleurs qui sont organisés en syndicats qui se battent contre les taux qui leur sont imposés et ces conditions d'esclaves.

Comme d'autres travailleurs, ils essaient de se battre contre les primes de rendement. Si on descend dans les mines, les travailleurs sont à primes de rendement encore. Y compris les contremaîtres. « Sois prudent, mais si tu ne cours pas de risques, tu ne feras pas d'argent. » On est allés lundi dernier à la King Beaver pour un accident. On a sorti de là des rapports d'ingénieurs électriciens qui étaient venus après que les gars avaient crié pendant deux ans ; 75 pages pour un rapport préliminaire au sujet de l'électricité seulement.

Pour d'autres mines, d'autres ingénieurs ont produit des rapports de 15, 20 pages contenant une dizaine d'infractions par page. Les gars ont fait une grève de cinq mois en 1949 et cinq mois en 1974. Il ont dialogué pendant 25 ans, entre-temps. Pourtant, leur situation continue d'empirer.

Congrès du CCSNM, 1978.

DEUXIÈME PARTIE

Idéologies et mouvements politiques

> Le socialiste par raison peut avoir
> tous les défauts du riche ; le socia-
> liste par sentiments doit avoir
> toutes les vertus du pauvre.
>
> JULES RENARD

ANARCHIE (L')

M onsieur Jean Marchand, secrétaire général puis président de la CSN, disait que j'étais un anarchiste. Mais est-ce logique de m'appeler un anarchiste parce que je ne marche pas selon une théorie préfabriquée, parce que je ne suis pas un communiste ? Je ne tiens pas à me faire cataloguer. Et le communisme, c'est quoi ? C'est vouloir une meilleure répartition de la richesse ? Le droit à la santé, à l'éducation, à l'instruction ? On est communiste, anarchiste, révolutionnaire parce qu'on dénonce ces choses ? Mais cela m'humilie de parler de ça dans mon pays. Non je ne suis pas communiste. Ni fasciste. Je veux une économie humaine et de participation.

Le Nouveau Samedi, 18 septembre 1971, par Denyse Monté.

Dirigisme économique vs *anarchie capitaliste*

Si on est conséquent, il faudrait être d'accord avec la résolution adoptée par le dernier Conseil confédéral. Pour se battre contre tout ce mépris. Il ne peut pas y avoir de garantie de sécurité au travail dans le système capitaliste, c'est l'anarchie. Il n'y a rien de planifié. Le gars fait une piastre et il s'en va. Il vide la mine, il s'en va. Il vide la forêt, il s'en va. Il produit un bout de temps, et quand ça ne fait plus son affaire, il déménage. Il prend le fonds de pension des travailleurs de la province de Québec, il va l'investir ailleurs ; on s'enlève nos *jobs* avec nos fonds de pension ! On n'a pas besoin des Anglais et des Juifs pour nous botter le cul, on fait ça tout seuls. Dire qu'il y en a qui prennent ça pour des chatouilles. Ma foi, c'est l'anarchie, le capitalisme.

On n'est jamais certain de ce qui va arriver. On n'est jamais certain si on aura les ressources nécessaires pour avoir un système d'éducation et de santé convenables. Ce système n'a rien à voir avec le monde. Le capitalisme, comment fait-on pour endurer ça aussi longtemps? On a des syndicats depuis 50 ans et on continue de l'endurer. C'est presque devenu naturel. Tout le monde a une excuse à chaque jour. Puis, on a l'air de trouver ça extraordinaire quand des gars se font matraquer et que la police et la magistrature embarquent là-dedans.

Congrès du CCSNM, 1978.

CAPITALISME (LE)

Quand on a manifesté une préférence pour le PQ, ce n'était pas uniquement parce que c'était un parti canadien-français, parce que les capitalistes canadiens-français ne sont pas différents des capitalistes américains; les exploiteurs canadiens-français ne sont pas différents des exploiteurs américains.

[...]

Nous croyons que les changements constitutionnels doivent être faits en fonction de la libération économique et sociale des travailleurs. Il n'y a pas d'autre parti qui va nous intéresser en dehors de ces conditions-là, parce que le fond de notre optique, c'est une révolution véritable, un changement radical, profond et rapide du système capitaliste pour le remplacer par un système qui va tenir compte des besoins des hommes et faire des investissements en fonction de la satisfaction de ces besoins.

J'en viens au problème fondamental pour chacun de nous. Ça fait longtemps qu'on dit qu'il n'y a pas de sécurité pour personne dans le régime capitaliste, même pas pour les fonctionnaires provinciaux, les employés d'hôpitaux, les employés du service public. Il y a toutes sortes de trucs et de tactiques pour arriver à les éliminer grâce à des compagnies qui n'ont pas d'ouvriers syndiqués et qui payent de bas salaires.

Congrès du CCSNM, 1970.

La démocratie, c'est le gouvernement du peuple par le peuple, pour le peuple. Si les vieux partis ne comprennent pas, c'est qu'ils sont dominés par une infime minorité fasciste parce que capitaliste. Le capitalisme c'est la recherche du profit maximum, ce n'est pas autre chose que l'essence du fascisme. La domination du pouvoir économique sur le pouvoir politique pour accaparer les ressources naturelles, on a assez vécu ça, et ce n'est pas fini.

Congrès du CCSNM, 1973.

Le capitalisme, ce ne peut pas être la démocratie, c'est du fascisme. Regardez comment les capitalistes se comportent avec les immigrants. Les Chiliens, on ne pouvait pas les faire entrer par cinq et par dix, parce que des gars qui ont des idées, c'est une calamité, surtout ceux qui étaient en prison. S'ils ont été mis en prison, ça devait être parce qu'ils étaient mauvais. Ceux qui avaient été torturés, il n'y avait pas moyen de les sortir. L'Église du Canada est allée supplier le gouvernement, du monde respectable s'il en est, l'Église, pas le gouvernement. Tout à coup, les Sud-Vietnamiens, eux autres, avaient peur de la persécution communiste. Les descendants d'Hô Chi Minh, c'est connu, mangent les sœurs. On a ouvert les portes aux Hongrois qui voulaient se sauver des méchants communistes. Après, on a ouvert les portes aux Ougandais; ils avaient raison, c'étaient des Noirs qui voulaient les massacrer. On est en train d'ouvrir les portes aux gars de l'Afrique du Sud et de la Rhodésie. Il n'y a pas de problème, ce sont des Blancs riches, ils sont habitués de mener les hommes. Le gérant de Chromasco, où il y a eu trois morts, et qui était du Gabon, disait : « Quand je passais sur un Noir en automobile, je m'excusais toujours. » Ç'a l'air des histoires exagérées et extraordinaires, mais c'est ça le capitalisme, la vraie face du capitalisme.

Congrès du CCSNM, 1975.

Ceux qui ne croient pas que le capitalisme est mauvais devraient évaluer leur santé et celle des autres qui les entourent.

Congrès du CCSNM, 1977.

Claude Ryan, en fin de semaine, a réussi à parler pendant je ne sais pas combien de temps sans mentionner le mot *capitalisme*. Même les dirigeants du mouvement coopératif sont pareils. Ils peuvent parler de coopération pendant des heures mais jamais de capitalisme.

Le problème de la classe ouvrière, c'est le capitalisme

Et les évêques qui nous disent de nous méfier du marxisme ! Pourtant, mon père, mon frère et moi, on n'a jamais souffert du marxisme, on souffre du capitalisme. Le cancer, c'est le capitalisme. C'est pas autre chose que ça. Ceux qui ne veulent pas en entendre parler, comme à la FTQ ou bien ailleurs, alors, ils ne veulent pas entendre parler du problème de la classe des travailleurs.

[...]

Les capitalistes préfèrent les dictatures

Les mines ferment. International Nickel, Falcon Bridge ; les compagnies laissent le trou, les maladies, les cancéreux, elles prennent l'argent et s'en vont s'installer dans des dictatures, chez Pinochet et chez les autres.

Moi, je les trouve corrects, les capitalistes; ils sont francs. Ils le disent qu'ils n'aiment pas la démocratie. Ils disent: «J'aime bien transiger avec une dictature qui mâte les travailleurs et qui ne les laisse pas s'esbrouffer.»

Congrès du CCSNM, 1978.

Le capitalisme

Pour moi l'essence même du capitalisme, sa raison d'être, sa motivation, c'est la maximisation des profits, la loi du plus fort, la loi de la jungle sans considération humaine, sociale, nationale ou patriotique. Il n'y a pas de capitalisme canadien-français ou anglais ou autre. Il n'y a que le capitalisme amoral, inhumain, asocial, a-national et apatride.

Il n'y a pas de compagnies multinationales, pas plus que nationalistes, elles sont internationales ou mieux capitalistes.

Congrès de la CSN, mai 1982.

Comme l'avait dit quelqu'un, je ne me rappelle plus qui, le capitalisme, c'est la privatisation des profits... et la socialisation des pertes.

Vie ouvrière, n° 229, mars-avril 1991.

On s'est fait accroire toutes sortes d'affaires, qu'on a besoin de gadgets et d'argent, toujours plus, pour être heureux. Faut que tu te fasses mourir pour vivre, aujourd'hui. Regardez aller les jeunes cadres! On a gaspillé nos cours d'eau et nos forêts. On fait crever les ouvriers et on leur fait croire qu'ils vont faire de l'argent comme les Japonais. Ils me font chier avec leurs Japonais, leur culte de l'excellence! Le capitalisme c'est le désordre.

Guide Ressources, janvier-février 1992, par Monique de Gramont.

Mets un paquet de piasses dans une forêt et ça ne mènera pas la pitoune au bord du chemin. Mets un paquet de piasses dans une mine et ça ne te donnera pas de cuivre. Ce ne sont pas les propriétaires d'entreprises qui coupent les arbres et qui creusent les mines, ce sont les travailleurs ! Si ce n'était pas de leurs bras et de leur sueur, on n'aurait rien ! Pourtant, on continue à les traiter comme des chiens. On les fait travailler comme des damnés, puis on les renvoie quand on n'en a plus besoin. Penses-tu que ç'a du bons sens, des gars qui perdent leur *job* à 40 ans après avoir travaillé depuis l'âge de 14 ans ? L'autre jour, à la FATA[1], on a examiné le cas d'un mineur qui travaille comme un forcené depuis une dizaine d'années. Les maladies qu'il a maintenant, je gage que ça dépend de lui ? S'il a mal aux bras, c'est parce qu'il s'est crossé de travers, je suppose ? Pis s'il a mal aux poumons, c'est parce qu'il s'est endormi après avoir baisé et qu'il n'a pas pris le temps de se couvrir ? C'est écœurant les maladies industrielles, c'est écœurant ! Moi, j'suis scandalisé ! Je suis humilié de voir que, dans mon pays, il y encore des gens qui se font massacrer pour ensuite être mis au chômage. Ça n'a pas sa raison d'être, ça ! C'est une totale aberration ! On gueule contre les assistés sociaux, mais qu'est-ce qu'on doit penser des compagnies qui se font financer à coups de millions par le gouvernement ? Ce sont eux, les assistés sociaux !

Voir, du 25 avril au 1er mai 1991, par Richard Martineau.

---

1. Il s'agit de la Fondation pour l'aide aux travailleuses et aux travailleurs accidentés que Michel Chartrand a créée en 1983.

CHRISTIANISME (LE)

Q uand on est chrétien, on se dit qu'il y a des sacrifices à faire pour vivre en société. On ne peut pas tout attendre de la société et ne rien lui donner en retour. Ces sacrifices, on se dit qu'ils parachèvent la rédemption, le sacrifice que le Christ a fait pour les autres hommes. On accepte ainsi de faire sa part de sacrifice pour prolonger Son action, pour redonner aux autres ce qu'ils nous apportent en retour.

Voilà pour moi ce qu'est le christianisme : bâtir, parachever la création, rendre la vie plus humaine aux hommes. Après, qu'ils fassent ce qu'ils voudront en suivant leur conscience. La charité chrétienne, la vraie, consiste à respecter les autres. Un théologien protestant et donc chrétien disait qu'il fallait vouloir pour les autres ce qu'on désirait pour soi. Peu importe si l'homme exagère dans ses désirs personnels. L'important, c'est que son désir et sa volonté soient aussi forts quand il s'agit des autres.

Qu'importe, dis-je, s'il exagère, puisque tous ensemble, les hommes ne se trompent guère.

ABDMA, 1968.

FRONT D'ACTION POLITIQUE (FRAP) (LE)

N ous autres, au FRAP, on a été accusés de toutes sortes de choses. Ç'a passé dans l'opération anti-opposition, dans l'opération terrorisme dont l'affaire de la Brinks avait été une très petite « répète ». Vous savez, le camion entouré de mitraillettes, en plein jour, qui était supposé transporter des valeurs en Ontario au cas où le PQ prendrait le pouvoir et ainsi de suite, alors que d'habitude, ce camion-là, il s'en va dans le garage sous terre ;

alors ils avaient sorti ça et ça allait avec le reste des histoires qui couraient dans les milieux anglais, que les Anglais se feraient ostraciser, qu'il faudrait qu'ils partent du Québec, et ainsi de suite, que leurs maisons se vendaient, qu'ils les donnaient même, qu'ils mettaient une affiche pour montrer que c'était à vendre mais que tu pouvais l'avoir pour rien, et qu'ils étaient tous partis, à les entendre parler. Ils ont tous voté libéral, ils étaient restés là pour voter, ou bien alors, ils sont revenus. Ils ont tous voté contre le FRAP aussi, pour un fasciste qui s'appelle Jean Drapeau qui a accusé le FRAP d'être une entreprise terroriste qui ferait un bain de sang ; tout ça se tient au complet dans la même affaire.

[...]

Le FRAP était une organisation démocratique qui était formée par des gens comme vous autres, même pas des gens comme moi. Le Conseil central de Montréal y a participé, mais il n'est pas intervenu dans les affaires du FRAP. Sauf que le FRAP était terroriste, disait Drapeau, parce qu'il avait des salles qui avaient été payées par le Conseil central et que le président du Conseil central était un terroriste. J'ai retrouvé cela dans *Le Journal de Montréal* et dans *Le Devoir*. Alors, M. Drapeau m'a traité de terroriste...

[...]

Le FRAP était un mouvement en train de se bâtir et qui essayait de s'ajuster aux circonstances pour répondre aux besoins de la population. Alors, ils sont rentrés dedans. Ils ont sorti toutes sortes d'accusations. On est allés en Cour supérieure pour poursuivre MM. Jean Drapeau, Jean Marchand et Jérôme Choquette. Ils ont dit : « Ce n'est pas notre juridiction. » On est allés à la Cour des sessions de la paix. Cette année, le juge en chef a condamné Pierre Vallières et Charles Gagnon devant la

Cour du Banc de la Reine. Ils réussissent à nous poursuivre devant ces cours-là, puis quand on va pour leur
demander de dire à MM. Drapeau, Marchand et à M.
Choquette de retirer leurs paroles, ils nous disent qu'ils
n'ont plus juridiction. Il y a un vieux juge qui a dit : « Je
vais prendre ma retraite l'année prochaine, moi. » Alors,
il a pris nos papiers en vertu de l'article 248 du Code criminel, le libelle diffamatoire. Une semaine après, il me
fait revenir à la Cour pour me dire que le juge Fabien, le
juge en chef, lui a ôté cela des mains. Depuis ce temps-
là, on attend.

Congrès du CCSNM, 1971.

FRONT DE LIBÉRATION DU QUÉBEC (FLQ) (LE)

L es financiers canadiens-français de la rue Saint-
Jacques applaudissaient en catimini quand les premières bombes du FLQ pétaient. Moi aussi, je dis qu'il
faut une révolution. Mais pas une révolution qui rem-
placerait les exploiteurs anglo-saxons par des capitalistes canadiens-français sans âme ni conscience. Je veux la
révolution. Mais, ici, on n'est pas à Cuba. Je crois que
nous pouvons faire la révolution d'une façon démocratique. C'est pour ça que je milite dans le syndicalisme et
que je dis qu'il faut s'organiser sur le plan politique. Si
un jour je décide de faire péter des bombes, j'irai dans le
maquis. Pour le moment, je travaille à ciel ouvert et je
préviens les bourgeois que je commence seulement à les
passer à tabac.

Le Petit Journal, semaine du 1er mars 1970.

Jamais on ne me fera cracher sur les gars qui posent
des bombes. Ils ont le droit de ne pas être contents, ces
gens-là. Le système capitaliste est fondé sur la violence

et il engendre nécessairement la violence. À l'heure actuelle, le gouvernement crée plus de violence contre les chômeurs, contre les assistés sociaux, contre les gens qui vivent dans des taudis, contre la jeunesse, que tous les gars qui posent des bombes peuvent en faire contre la propriété de la bourgeoisie. Voler une élection au moyen de l'argent et du terrorisme économique, c'est bien plus hypocrite et antidémocratique que la dynamite. J'admets qu'il y ait des gars écœurés qui sont prêts à prendre des moyens autres que «démocratiques», parce que la démocratie parlementaire n'existe plus au Québec.

Point de mire, avec Jean Labrecque, août 1970.

Il y a deux groupes de gars qui font des enlèvements, et alors là, on veut terroriser toute une population. Quand je suis allé parler à l'Université de Montréal, le 14 octobre, à la demande du Syndicat des professeurs de l'Université de Montréal affilié au Conseil central de Montréal et à la CSN, j'y allais dans l'exercice de mes fonctions, pour leur dire la raison pour laquelle le Conseil central était d'accord avec les déclarations du FLQ, lesquelles allaient moins loin que les objectifs et que les résolutions adoptés au Conseil central de Montréal. Quand je suis retourné à l'Université de Montréal, le lendemain, dans l'amphithéâtre de la faculté de sociologie et dans l'amphithéâtre des sciences, et quand je suis allé à l'aréna Paul-Sauvé [la veille de l'adoption de la Loi des mesures de guerre, le 15 octobre 1970], c'était exactement pour aller dire et expliquer les résolutions que vous aviez adoptées.

[...]

La déclaration [le manifeste] du FLQ, c'est une petite déclaration qui n'a rien de virulent. C'est des affaires qu'on sait, qui sont vraies. Pour ma part, je suis encore d'accord avec ça et puis vous autres aussi vous l'étiez et j'imagine que vous l'êtes encore.

Assemblée générale du CCSNM, 2 mars 1971[1].

Je ne sais pas à quoi le FLQ veut arriver mais je suis d'accord avec leur idée d'un pays socialiste. Je trouve monstrueux le terrorisme de Pierre Trudeau et de Robert Bourassa qui ont voulu faire taire les gens qui parlaient et surtout qui ont rendu les Québécois complices des enlèvements du FLQ.

Le Nouveau Samedi, 18 septembre 1971, par Denyse Monté.

Je ne pense pas que les deux cellules du FLQ voulaient renverser le gouvernement dans une première étape. Je pense qu'ils voulaient plutôt réveiller les gens. Ceux qui se rappellent des premières manifestations du FLQ en 1963 et en 1966 se rendent compte que la situation a complètement changé. L'énervement de M. Trudeau tient au fait qu'il pensait voir l'ensemble de la population du Québec, jeunes et vieux, de la ville de Montréal et de l'extérieur, énervée, scandalisée et offusquée. Or c'est le contraire qui est arrivé. Ils ont dit : « On se fait crosser depuis 200 ans ; là, on ne se fera pas crosser pour un petit bout de temps. » La force des Canadiens français a été dans sa résistance morale, à part de sa résistance physique. Mais on n'avait pas de mérite pour ça, il n'y a que les bœufs qui survivaient.

Un homme de parole, film d'Alain Chartrand, avril 1991.

---

1. Il s'agit de la première assemblée du Conseil central de Montréal (CSN) depuis que Michel Chartrand est sorti de la prison de Parthenais où il a été détenu quatre mois, sans cautionnement possible. Son arrestation avait eu lieu sans mandat dans la nuit du 16 octobre 1970, en vertu de la Loi des mesures de guerre.

FRONT POLITIQUE (UN)

L es gens sont en maudit contre la société à cause de la hausse du coût de la vie et des mille et une injustices dont ils sont victimes. Moi aussi, je suis en maudit. Si le corps électoral était de la foutaise, il faudrait prendre des mitraillettes. On ne peut sûrement pas être pour le *statu quo*. Et on ne peut pas améliorer le capitalisme. Une économie qui combat l'inflation en créant du chômage, c'est une économie capitaliste. Dans un régime capitaliste, il n'y a que le profit qui compte. Il nous faut une économie axée sur les besoins de l'homme et non sur les profits de quelques-uns. Il nous faut une économie de participation, une économie humaine. Et quand je parle ainsi, si ce n'est pas tenir un langage révolutionnaire, je me demande ce que c'est. Les patrons ont un objectif : faire des profits de n'importe quelle façon. Il faut que les centrales syndicales sachent où elles vont. Il faut s'organiser sur le plan politique, car neuf sur dix de nos revendications sont législatives.

Le Petit Journal, semaine du 1ᵉʳ mars 1970.

GAUCHE (LA)

J 'ai toujours eu plus de respect pour ceux qui étaient dans des mouvements ou des partis de gauche et qui ont le cœur de passer à l'action que pour ceux qui se contentent de les critiquer ou de les censurer, sans participer à la mise sur pied d'un véritable mouvement de la gauche et de la création d'un parti politique de gauche.

Congrès de la CSN, mai 1982.

Une gauche chez nous a fait preuve du même autoritarisme dogmatique et hautain que les évêques et les curés d'autrefois. Le contenu idéologique n'était pas le même, mais la manière de faire n'avait pas changé.

Vie ouvrière, n° 229, mars-avril 1991.

JOURNAUX (LES)

L e CCSNM, avec une partie de ce qui restait des années antérieures, alors que c'était 0,07 $ par mois par membre, et que l'on ne savait pas quoi en faire, a jugé — à deux ou trois reprises, le problème a été discuté — qu'il était indispensable d'avoir un instrument, non seulement pour se défendre dans le Grand Montréal, mais aussi pour attaquer. Après avoir étudié différents instruments de communication avec l'ensemble des syndiqués affiliés au CCSNM et l'ensemble de la population ouvrière de Montréal, nous nous sommes arrêtés, selon nos faibles moyens, à être les initiateurs d'un journal populaire : il est administré par une coopérative où les journalistes sont libres de faire les papiers qu'ils veulent faire ; on garde le droit de les engueuler mais on ne peut pas les mettre à pied quand ils n'écrivent pas à notre goût, et on ne peut pas les forcer à écrire à notre goût. Ce n'est pas un journal syndical que nous avions souhaité. C'était un journal pour l'ensemble de la population mais qui traiterait des problèmes que, souvent, d'autres journalistes ne peuvent pas traiter dans les organes que vous connaissez. Vous connaissez la concentration des journaux à Montréal : *La Presse*, *La Patrie*, *Le Petit Journal*, *Dimanche-Matin*, *Dernière Heure*, *Le Nouvelliste* de Trois-Rivières, *La Tribune* de Sherbrooke, une série d'autres journaux et de postes de radio et de télévision sont contrôlés par le même organisme : c'est le même gérant à Montréal, pour voir à toutes ces affaireslà. Quand un journaliste n'est pas content à Montréal, il lui dit : « Va me voir la face dans l'autre journal », et alors le gars retrouve la même face. Même les journalistes étaient pris dans une espèce de ghetto, ils n'avaient plus le loisir de changer pour aller travailler là où ça leur plaisait davantage. Alors le CCSNM, à deux reprises, a voté 25 000 $ pour la fondation d'un journal hebdomadaire [*Québec-Presse*], sans demander de participation dans ce journal-là, sauf une part sociale de 100 $ qui est au nom du secrétaire du CCSNM. C'est la décision que nous avions prise afin que les gens ne pensent pas qu'on voulait, par en dessous, en faire un organe syndical de la CSN. On veut en faire un instrument de bataille. Ce n'est peut-être pas encore ce que nous souhaiterions, mais au moins les journalistes ont la liberté de travailler, on veut leur laisser exercer leur métier librement, et c'est de cette façon que ça fonctionne.

Congrès du CCSNM, 1970.

Les journaux sont responsables du fait que les Canadiens s'ignorent. Tant que nous n'aurons pas une presse objective, ce pays ne jouira pas de la démocratie. Ma tournée à travers le Canada avait justement pour but de présenter les faits réels sur l'absence de droits civiques au Canada.

La plupart de mes auditeurs étaient des étudiants très préoccupés par ce qui se passe ici, au Québec. Ou bien ils ont un esprit très ouvert ou alors ils sont très bien informés, car les journaux ne leur avaient pas présenté les faits entourant la crise d'Octobre 1970 tels qu'ils se sont produits.

Presse canadienne, *Le Droit*, Ottawa, 24 mars 1971.

On ne sait pas trop ce qui se passe au Québec, parce que l'*establishment* monopolise les journaux, la radio et la télévision et, par conséquent, contrôle l'information. S'il y a division dans le pays, si les gens ne se comprennent pas entre eux, c'est l'information qui en est responsable. Le réseau de Radio-Canada est plus censuré que les stations de radio capitalistes, la radio privée.

Le Droit, Ottawa, 25 mars 1971, par Jacques Martel.

Les médias d'information sont tous axés sur le profit et non sur la vraie information. Tous les grands journaux et les grands magazines sont contrôlés. Alfred Sauvie, dans son volume *La nature sociale*, un essai de psychologie politique, explique qu'un gars qui viendrait d'une autre planète et qui lirait tous nos périodiques conclurait que les Terriens sont très curieusement instruits de leurs besoins et qu'ils doivent être pas mal mêlés dans le choix des moyens à prendre pour régler leurs problèmes. En continuant sa petite enquête, il s'apercevrait que les rédacteurs en chef sont des censeurs en chef et que les journalistes passent par là! Ils font de l'autocensure à 600, 700 $ par semaine.

Guide Ressources, janvier-février 1992, par Monique de Gramont.

LIBERTÉ D'EXPRESSION (LA)

M es chers amis, je suis heureux de vous revoir, parce que c'est important les institutions démocratiques. On s'est rendu compte de leur importance parce que même les institutions démocratiques qui doivent être à l'avant-garde de la liberté se sont fait bâillonner, jusqu'à un certain point. Il y a des gars comme Charles Gagnon et Pierre Vallières qui ont passé quatre ans en prison et l'ensemble de la population a dû penser qu'ils devaient être pas mal coupables. Or, il est arrivé qu'hier, à leur comparution, on a laissé tomber les accusations qu'on avait portées contre eux en 1966 et en 1967. La majorité des gens qui ont été arrêtés le 16 octobre 1970 en

vertu de la loi Turner [Loi des mesures de guerre] inconstitutionnelle, illégale et *ultra vires*, ce sont des gens
qui parlaient ou qui écrivaient, qui voulaient des changements constitutionnels, économiques ou sociaux.

[...]

Ils ont dit : « Il va parler, alors on va l'enfermer. »
Chez les syndiqués, il y en a qui ont dit : « C'est une
bonne affaire alors, ils l'ont renfermé. »
C'est ça qui est arrivé et ça pourrait arriver demain
matin aussi. Et c'est pas Chartrand qu'ils enfermeraient :
c'est n'importe quel président de syndicat, officier de syndicat ou délégué de département qui veut se battre. Ils
vont trouver un contremaître, un petit *boss*, dans un hôpital, dans une commission scolaire, au gouvernement, qui
va dire : « Ce gars-là, il fait partie des communistes, il fait
partie des maoïstes, c'est un indépendantiste, c'est un terroriste. » Puis il va se faire mettre en dedans. Et les autres
vont dire : « Oui, il était drôle un peu... il parlait. »
Il parlait... Puis il y en a qui lisent, à part ça.
Si les gars se mettent à lire, maintenant, où irons-
nous ?

Assemblée générale du CCSNM, 2 mars 1971.

Quand tu viens au monde, t'as pas le choix. Quand
tu te maries, bien, c'est pas la tête qui l'emporte. Quand
tu te prends une *job*, tu prends celle que tu trouves.
Quand tu décides de laisser la *job* avec laquelle t'en arraches pour vivre, c'est que tu es décidé, c'est un objectif
plus grand que le salaire que tu vas perdre. Mais pour
ça, il faut d'abord être libre, il faut être dur et pur.

TDP, 1991.

MARXISME (LE)

Je ne suis pas d'accord avec les marxistes lorsqu'ils enterrent le Christ pour se mettre à la recherche d'un autre mode de justice ou de vie. Les grands chrétiens d'aujourd'hui, les grands théologiens, par exemple le père J.-J. Lebret, directeur fondateur d'*Économie et Humanisme*, qui a fait le tour du monde et travaillé pour l'ONU, n'ont pas eu besoin d'enterrer le Christ pour bâtir un monde meilleur.

ABDMA, 1968.

MATÉRIALISME (LE)

Comment se fait-il qu'aujourd'hui, quand on parle de solidarité, on se fait regarder de travers ? Où est-elle la fraternité chrétienne ? Le capitalisme serait marginal s'il y avait de la fraternité dans le monde. Au contraire, c'est la rentabilité du capitalisme qui règne. Le père Lebret, dans *Survie ou suicide de l'Occident*, affirmait déjà : « Le matérialisme pratique de l'Occident est pire que le matérialisme philosophique de l'Est. »

Vie ouvrière, dossiers « Vie de militants », vol. XXVIII, n° 128, octobre 1978.

ORGANISMES POPULAIRES (LES)

Il faut qu'on soit non seulement un porte-parole plus ou moins valable de la classe ouvrière, mais il faut que le Conseil central soit l'organisme auquel peuvent se rattacher tous les organismes populaires : les regroupements revendicatifs, contestataires, révolutionnaires, culturels.

Congrès du CCSNM, 1969.

PARTI LIBÉRAL (LE)

E n 1960, la libération passait par le Parti libéral. J'ai vu des militants syndicaux partir en peur pour élire le Parti libéral. Il fallait se débarrasser de Duplessis. Il y en a d'autres, aujourd'hui, qui disent qu'il faut se débarrasser de Bourassa. Et puis après, qu'est-ce qu'il peut nous faire de pire ? Bourassa nous montre le cul du capitalisme, ce n'est pas bien… mais après !

Congrès du CCSNM, 1976.

PARTI POLITIQUE OUVRIER (UN)

C hacun peut garder son idéologie et travailler. Qu'il y ait de l'imagination dans la classe ouvrière, ce n'est pas ça qui nous apeure, on aime ça. S'il y en a qui pensent et veulent fonder un parti politique ouvrier, les travailleurs qui sont rendus là politiquement y adhéreront et on n'aura pas de problèmes avec ça. Si les travailleurs syndiqués décident dans un avenir plus ou moins rapproché de fonder un parti politique ouvrier, ça ne nous scandalisera pas non plus parce que nous autres, on est fondamentalement convaincus qu'il y a des classes dans la société au Québec.

Congrès du CCSNM, 1973.

PARTI QUÉBÉCOIS (PQ) (LE)

Q uand on entend le PQ nous dire : « Vous savez, les classes, nous autres, on est contre ça », ce sont des caves. Ce sont les sept mêmes gars dans l'opposition qui ont voté pour briser la grève légale de l'Hydro, qu'est-ce

qu'ils vont faire, rendus au pouvoir? L'indépendance
politique, oui; l'indépendance nationale, oui. Mais l'indépendance nationale et l'indépendance politique au
Québec ne se séparent pas de l'indépendance économique et de la promotion de la classe ouvrière.

[...]

Le PQ nous énerve quand il dit qu'on n'a pas besoin
de la classe ouvrière organisée et qu'il nous dit qu'on va
voter pour lui et que le lendemain, ce sera changé. On
n'y croit pas. Et que, si on ne le fait pas avant 1974, on va
tous mourir; on ne croit pas ça non plus. On n'est pas
forts, mais on n'est pas près de mourir. Ils ne nous tue-
ront pas en dedans de six mois non plus.

Congrès du CCSNM, 1973.

Le budget, c'était d'assainir les finances publiques,
du moins le dernier budget. Jacques Parizeau nous dit:
« L'indépendance, ça doit d'abord passer par des finances saines.» C'est un parti politique qui doit être honnête. La caisse du PQ est censée être propre. Cependant,
ça ne fait pas un parti politique pour le peuple pour autant. Ça reste un parti de toutes les classes.

Quand le PQ se dit un parti de toutes les classes, il
est donc pour la classe des exploiteurs. Quand il est pour
la classe des exploiteurs, il ne peut pas être pour la classe
des exploités. Il ne peut pas faire la quadrature du cercle,
cela ne s'est jamais fait.

Son budget est fait pour rassurer les prêteurs et les
Shylocks internationaux. C'est clair comme de l'eau de
roche. Les trois premiers jours qu'ils ont été au pouvoir,
ils nous ont envoyé sur la gueule, à Montréal, une taxe
de 214 millions. Au bout de trois mois, on reçoit la différence. Ils en ont rajouté quelques centaines de millions.
Tout bonnement, comme ça. Ils se sont dit que les
Montréalais payeraient ça. Ils voulaient nous faire croire

par-dessus le marché que c'était les propriétaires et les commerçants, ainsi que les gens qui avaient des lots vacants qui paieraient la taxe. Ils n'étaient pas au courant, tous les députés péquistes de Montréal, que 74 % de la population était locataire à Montréal et que les propriétaires allaient augmenter les loyers (il y en a qui ont déjà commencé) davantage que la seule augmentation de la nouvelle taxe. C'est arrivé hier soir, justement : 21 millions par année pendant 20 ans. Ça, c'était la carte de Noël du Parti québécois élu par les travailleurs de la ville de Montréal.

On les avait élus dans l'opposition. Pour nous remercier, ils ont voté une loi pour briser la grève des travailleurs d'Hydro-Québec, puis une autre loi pour écraser les infirmières de la province de Québec, la loi 61. Cette loi est la plus infecte qu'on a jamais eue.

Depuis ce temps, le PQ a abandonné quelques poursuites, puis quelques autres affaires, dont la loi 23. Le 13 avril, la plus belle journée de ma vie, lorsque tout le monde est sorti pour leur dire ce qu'il pensait de la loi 23, le PQ s'est dit : « On ne la gardera pas cette loi, les gens n'ont pas l'air de l'apprécier. » Alors, ils l'ont retirée.

[...]

Le PQ se moque des syndiqués de la CSN

Le PQ rit parce que la CSN a parlé contre le capitalisme. Il rit quand on dit qu'on est socialistes. Ils nous disent : « Faut être sérieux, la concurrence internationale, les usines ferment, la productivité est en baisse, voyons. Il faut se serrer la ceinture, il faut être sérieux, il faut se parler, il faut avoir la paix sociale. »

Congrès du CCSNM, 1977.

PARTI SOCIALISTE (UN)

Je suis d'une grosse famille. Je fais partie du peuple. Et j'ai les problèmes du peuple. Le syndicalisme est une part de ces problèmes ; c'est aussi le mien. J'ai commencé à m'occuper de politique à 18 ans et j'en ai aujourd'hui 54. J'ai été de tous les partis sauf libéral, créditiste et union nationale. Maintenant, je ne m'identifie à aucun. Mais quand on aura un parti socialiste, j'y adhérerai à deux mains.

Le Nouveau Samedi, 18 septembre 1971, par Denyse Monté.

PÉQUISTES (MEMBRES EN RÈGLE DU PARTI QUÉBÉCOIS)

Il est encore des gens qui se disent socialistes et inconditionnellement péquistes. Je ne vois vraiment pas comment on peut être pour le PQ à n'importe quelle condition et se réclamer en même temps du socialisme. Il y a pourtant plein de monde dans les centrales syndicales à l'heure actuelle qui ont de telles prétentions. Moi, je ne suis pas capable, comme le fait le PQ, d'aller contre mes motivations profondes. C'est pour ça que je dis : Si t'es PQ, t'es cocu, puis tu restes PQ, tu deviens un cocu content et si tu aimes le PQ, t'es un cocu magnifique.

[...]

Pour une véritable libération nationale, il faut absolument mobiliser le peuple. Sans lui, il ne peut y avoir de libération nationale. À ce chapitre aussi, le PQ est en train de nous tromper. Maintenant que le peuple a voté pour lui, il nous dit d'aller dormir. Il fait de l'exercice du pouvoir sa chose à lui. La démocratie, c'est autre chose que de voter à tous les quatre ans. Comment l'équipe ministérielle peut-elle prétendre que le programme du parti est une chose et que son programme de gouvernement en est une autre ? Les gens ont voté pour un programme, pas pour les idées individuelles des élus. Il y a toute une différence entre l'impossibilité immédiate de réaliser un programme et le mettre carrément de côté. La participation du peuple à la régie de ses affaires, ça constitue une obligation générale de la démocratie. Y compris pour les syndicats. Or là aussi, de ce temps-ci, on décide par le haut. Y a-t-il quelque chose de plus antidémocratique que des sommets ?

Zone libre, été 1977, propos recueillis par Guy Rochette.

RÉVOLUTION (LA)

L e christianisme se vivra-t-il en marge des Églises officielles ? Paul VI, dans sa dernière encyclique *Progressio Populorum* avoue que le capitalisme est mauvais et que les révolutions ne sont pas aussi pires qu'on le disait. Dans le nord-est du Brésil, Mgr Hélder Câmara dit que s'il ne prépare pas les révolutions, il peut comprendre les révolutionnaires. Voilà une attitude nouvelle de l'Église.

On ne demande pas aux curés de prendre un fusil. On leur demande de prêcher la justice à temps et à contretemps, parce que le respect des hommes l'exige. Qu'ils disent aussi aux chrétiens, aux Blancs, riches et cossus : Vous avez volé individuellement, collectivement ou par vos nouvelles compagnies, par vos propres moyens ou par l'entremise de vos ancêtres, qu'importe. Il faut maintenant restituer. Et vite. Pas seulement par réflexe de peur, pas seulement parce que les Noirs sont révoltés, pas seulement, comme disait un curé, parce que le peuple finira par se révolter contre la société, mais parce que la dignité humaine l'exige et qu'il est impossible de se respecter soi-même quand on tolère pareille misère chez ses semblables.

ABDMA, 1968.

Ce n'est pas en en tuant deux ou trois qu'on va en venir à bout, il faut une révolution complète. Le mouvement ouvrier doit se politiser toujours davantage et le peuple va finir par prendre le pouvoir. Ça peut se faire démocratiquement, comme ça s'est produit au Chili avec Allende.

Louis Fournier, *FLQ. Histoire d'un mouvement clandestin*, Montréal Québec/Amérique, 1982.

La révolution n'est pas tout à fait en marche. Seulement, et je l'ai dit souvent au Bureau confédéral, il faudrait se dépêcher d'enlever les obstacles qui sont sur la route de la nouvelle génération. Elle a le droit de bâtir la société dans laquelle elle va vivre. On a été insatisfaits de la société dans laquelle nous vivons. Ils ont plus de maturité politique, ils ont eu plus de chance que nous. Ils n'ont pas connu la misère parce qu'ils sont nés après la guerre. Ils vont à l'école, plus que la majorité d'entre nous. Ils connaissent des affaires et ils se rendent compte qu'on s'est fait avoir copieusement et tout le temps. Ils veulent changer ça et ils ont raison. Et le moins que nous puissions faire, c'est de balayer les obstacles sur leur route. Pas nous accrocher à de vieilles institutions. Cesser de plier devant les gouvernements. Il faut s'organiser pour renverser les gouvernements tant que nous ne serons pas au pouvoir.

Congrès du CCSNM, 1971.

Une révolution c'est un changement radical de la société. Changer le capitalisme pour instaurer le socialisme, c'est une révolution : alors moi, je suis révolutionnaire. Je suis donc prêt, en ce sens, à collaborer avec tous ceux qui appellent comme moi un changement.

Une révolution, ça peut se faire démocratiquement si certaines données démocratiques sont réunies. Ça peut se faire dans la violence. Ça dépend du choix du peuple, du choix qu'il veut faire, surtout qu'il peut faire. Quand on fait du syndicalisme, on n'a pas à pousser à la grève des ouvriers qui n'ont pas envie de la faire, ou qui ont peur de la faire. On n'a pas non plus à empêcher les ouvriers qui sont décidés à la faire. C'est la même chose pour la révolution socialiste. Certains estiment qu'il y a espoir de la faire démocratiquement : c'est un jugement valable. D'autres disent, au contraire : Chaque fois que le Québec va essayer de relever la tête, il va recevoir l'armée sur la gueule. Alors nous, on prend le bois, on s'arme, on s'entraîne pour mieux se défendre. Moi, je dis que c'est plutôt difficile de répondre à cela vu que le processus de la riposte armée a été inauguré en octobre. Alors je laisse à chacun son jugement. Savoir si j'aide directement ou indirectement les partisans de l'action violente ? Ce n'est pas mon problème. Mon problème, c'est d'annoncer la révolution à laquelle, moi, je crois. Le choix des moyens dépend de la marge de démocratie réelle sur laquelle le peuple peut compter.

Maintenant, n° 109, octobre 1971.

Il faut que ceux qui sont organisés fassent l'éducation des autres pour transformer les mentalités et s'en aller vers le pouvoir politique. Enlever le pouvoir politique des mains des capitalistes, faire la révolution complète, basculer complètement. Que le peuple soit au-dessus du pouvoir politique au lieu que ce soit la dictature économique, c'est pas mystérieux et c'est pas malin. On n'a pas besoin de connaître Marx pour faire ça. La vie de tous les jours nous l'apprend. Il n'y a pas de mal pour ceux qui en apprennent plus et qui apprennent avec leur tête. Moi, j'apprends avec mon ventre. Je pense que la majorité des travailleurs apprennent avec leur ventre aussi, sauf le respect que je dois aux universitaires. Il faudrait se battre avec notre ventre davantage si on veut avoir des affaires claires, propres et bien ordonnées.

Congrès du CCSNM, 1975.

SOCIALISME (LE)

L e socialisme, c'est le respect de la personne humaine[1].

Nous allons discuter du socialisme qui, pour nous, est la démocratie. La démocratie politique, économique, sociale, industrielle, syndicale et culturelle.

[...]

Le thème du congrès cette année, « Le socialisme, c'est la démocratie », ce n'est pas un thème théorique. C'est ce que les travailleurs ont réalisé et réalisent davantage dans la vie quotidienne, dans leur lieu de travail et à l'extérieur : l'exploitation du capitalisme. Puis, il y a des travailleurs qui se pensaient partis pour la gloire à perpétuité dans les entreprises les plus prospères du Québec, comme les produits chimiques, la métallurgie ou les mines. Que ce soient des travailleurs de la FTQ ou de la CSN, il y a même des enseignants qui sont frappés par l'insécurité au travail. Alors, on se rend compte de la faillite du capitalisme. On savait que le capitalisme, c'était la domination de la majorité par une minorité, l'arbitraire et l'exploitation sur les lieux de travail et en dehors des lieux du travail.

Congrès du CCSNM, 1972.

---

1. Cette déclaration a été faite alors que Michel Chartrand était président du Parti socialiste du Québec.

Les partis socialistes dans le monde ne se sont pas fondés sans les travailleurs ni en dehors des usines, c'est avec eux et là que l'on va les fonder, même s'ils ne sont pas dans la ligne marxiste-léniniste, parce que, pour nous autres, le syndicalisme n'est pas la courroie de transmission du parti. On dit: « Lénine, respectueusement, mon cul. » Il n'y a personne qui va nous faire changer d'idée. Ceux qui ont abandonné une bible ne sont pas prêts à en prendre une autre.

Congrès du CCSNM, 1973.

Au point de vue politique, on voulait étudier cela pour que les travailleurs aient une ébauche de programme, savoir ce qu'est le socialisme quand on le traduit dans des mesures gouvernementales, mais pas avec un gouvernement comme le PQ qui dit qu'il va orienter l'économie. Robert Bourassa et Saint-Pierre font cela, orienter l'économie. Pierre Elliott Trudeau aussi. Les *boss* lui ont dit qu'il n'était pas assez bien orienté parce qu'ils se font manger leurs profits par les salariés. Ils ont donc demandé de bloquer les salaires et c'est ce qu'il a fait.

Il ne faut pas orienter l'économie. Il faut que l'État dirige l'économie en fonction des besoins de la population avec une hiérarchie des besoins. Développer les ressources naturelles à notre profit et bâtir des industries secondaires. L'utilisation optimale des ressources naturelles et non leur saccage et leur dilapidation.

Diriger l'économie en fonction des besoins de la population veut dire permettre de nous loger convenablement, ce qui n'existe pas à Montréal et dans l'ensemble du Québec. Cela veut dire aussi nous traiter convenablement, ce qui existe de moins en moins. Cela veut dire avoir le respect des vieillards et des enfants, avoir des écoles qui permettent aux enfants de s'épanouir ; pas de mauvaises usines. Cela veut dire que le peuple décide de ses choix. C'est cela la démocratie et le socialisme. Le peuple qui décide à son niveau et non des petites gangs qui décident pour lui. La démocratie économique, industrielle et sociale.

C'est le peuple qui assume des responsabilités à tous les niveaux

C'est cela le pouvoir du peuple, le peuple qui assume des responsabilités. Il faut commencer dans nos usines. Il y en a qui vont dire que c'est impossible car la législation est contre cela. Nous le savons, mais si on ne force pas là où on connaît nos intérêts, je ne suis pas certain qu'on va forcer sur d'autres plans non plus. Je ne trouve pas que ce soit une bonne pédagogie que de commencer par des affaires plus loin et plus hautes, au lieu de commencer par ce que nous connaissons. Il faut se battre sur le plan du travail, de la municipalité, de la commission scolaire et s'en aller sur le plan du Québec. Il faut qu'il y en ait qui se battent sur différents plans, mais il faut faire avancer les autres aussi.

Congrès du CCSNM, 1976.

Si un petit peuple veut survivre et s'épanouir, il lui faut opter pour le socialisme. Même Pierre Trudeau disait ça avant qu'il ne s'en aille faire le Messie à Ottawa.

Zone libre, été 1977, propos recueillis par Guy Rochette.

La résolution du Conseil confédéral de la CSN, je voudrais bien que vous la méditiez: «Considérant que, dans le système capitaliste, le droit au travail ne peut pas être respecté parce que ce système est dirigé par une minorité qui cherche uniquement le profit et, par conséquent, fait un développement anarchique, nous réclamons un dirigisme économique.» On veut avoir un plan de développement de nos ressources humaines, l'utilisation optimale de nos ressources humaines et de nos

ressources naturelles, pas maximale pour s'épuiser et
épuiser les ressources du jour au lendemain à n'importe
quel prix. Après ça, l'utilisation de cette même richesse
qui est créée par les travailleurs à même les ressources
naturelles ou dans leurs usines, qu'elle soit orientée vers
la satisfaction des besoins primaires : manger, se vêtir, se
loger au Canada où il fait froid. Trouver de l'argent pour
des habitations convenables. Satisfaire les besoins secondaires et les tertiaires. Ça s'appelle la démocratie économique, ça s'appelle le socialisme. Partir des besoins du
peuple et que le peuple décide quelle sorte de gâteau il
veut manger.

Congrès du CCSNM, 1978.

Le socialisme est un credo moral

Je suis socialiste, nationaliste et indépendantiste
parce que je crois dans la démocratie : le gouvernement
du peuple, par le peuple et pour le peuple.

Je suis socialiste parce que je crois à l'égalité de
toutes les femmes et de tous les hommes, parce que je
crois en la justice, parce que je crois en la liberté à conquérir quotidiennement.

Je suis socialiste parce que je crois que chacune et
chacun doit être en mesure de participer aux décisions et
d'assumer des responsabilités à son niveau.

Je suis socialiste, anticapitaliste, non marxiste ; surtout je ne suis pas tenant du marxisme scientifique, n'en
déplaise aux théologiens laïques.

Congrès de la CSN, mai 1982.

VIOLENCE (LA)

L es dynamiteurs et les terroristes n'ont pas engendré la violence. C'est elle qui les a engendrés. Il y en a parmi eux qui ne font que se défendre contre la violence qu'on leur inflige depuis des générations.

Cette violence, c'est celle du système capitaliste qui oblige les travailleurs à vivre dans la pauvreté, sous un toit insalubre, qui les accule au chômage, les contraint à évoluer dans un climat d'insécurité.

Notre programme au Conseil central de Montréal est d'aider tous les contestataires, protestataires et révolutionnaires.

Ce qu'il faut, c'est la révolution: détruire le système capitaliste et réorganiser l'économie en fonction des besoins du peuple.

Panel sur la liberté d'expression, au Gesù, tel que l'a rapporté Gilles Racine dans *La Presse*, 17 février 1969.

TROISIÈME PARTIE

International

Si l'Homme a été créé libre, il doit
se gouverner ; si l'Homme a des
tyrans, il doit les détrôner.

VOLTAIRE

AMÉRIQUE LATINE (L')

L'Amérique latine est appauvrie de jour en jour pour monter notre standard de vie. Ce n'est pas vrai qu'on va se libérer tout seul, pas plus qu'un travailleur le peut à l'intérieur d'une usine. Les peuples ne peuvent pas se libérer seuls dans le monde moderne.

Congrès du CCSNM, 1973.

ARABES (LES)

Ne va pas croire que nous sommes plus libres et plus avancés que les pays arabes que j'ai vus. Eux autres, ils vont sur le *swing*! À côté d'eux, nous autres, les Québécois, on n'a quasiment pas de patriotisme, d'abord, et ensuite, les travailleurs sont encore loin du pouvoir.

On se prétend heureux et libres ici... Sais-tu quand est-ce que j'ai eu le plus honte là-bas? Quand j'ai dû leur expliquer qu'il y a près de 10 % de chômeurs au Québec, que notre gouvernement a donné la Côte-Nord aux Américains, que les Américains contrôlent l'économie chez nous.

Les Arabes mènent plus leur gouvernement que nous et ils sont moins dépendants. Tu vois comment ils réussissent à remettre la main sur leur pétrole. Et puis là-bas, le mouvement ouvrier a pris des gros morceaux du pouvoir.

C'est pas ici que ça se passe encore! On a le syndicalisme, et puis après? Nos conventions, au mieux, ce sont des contrats d'esclavage temporaire! Mais qu'est-ce qu'on mène ici, nous, les travailleurs, peux-tu me le dire? Ils sont plus près du socialisme que nous et, donc, bien plus civilisés.

C'est aussi du monde chaleureux et puis ça évolue vite. En Égypte, 60 % de la population a moins de 20 ans et elle s'instruit. Ça marche, ça s'en va par là! Et surtout ils ont un pays. Sauf les Palestiniens qui finiront bien par en gagner un. Ils sont enracinés.

Nous, les Canadiens français, on n'a même pas de pays. On est colonisés bien plus qu'on le pense. On a pris notre trou on ne s'en sort plus. On fera pourtant pas le socialisme si on n'est pas une nation libre.

Oui, je te le dis, on n'a pas de leçons à donner aux pays arabes que j'ai vus. Avec notre niveau de vie, on est encore des esclaves. Et pourtant, ils reviennent de bien plus loin que nous...

Québec-Presse, 3 septembre 1972, par Louis Fournier.

CHILI (LE)

D ans les pays d'Amérique latine, on voit ce que les gouvernements militaires instaurés par la CIA et le directeur de l'International Telephone and Telegraph, l'ancien chef de la CIA, ont fait pour empêcher l'élection d'Allende au Chili, et ensuite essayer d'installer le marasme dans le pays pour le renverser. Ce sont des gens qui nous parlent de démocratie, de suffrage universel, d'électoralisme: ce sont des bandits internationaux.

Congrès du CCSNM, 1972.

Le Chili, c'est pas le Pérou. Le passage du capitalisme au socialisme n'est pas encore fait et c'est difficile. Ceux qui disent que ça se fait avec de beaux discours, des bonnes idées et de la bonne volonté ont juste à aller voir le travail que ça prend. Il ne suffit pas de prononcer le mot socialisme pour que les tenants de la droite, les petits-bourgeois, s'enfuient comme des vampires devant un crucifix. Crois-moi, au Chili, la droite est encore bien vivante et elle continue à tirer la couverture de son bord. Les ouvriers chiliens ont placé un gouvernement révolutionnaire au pouvoir avec 38 % du vote populaire, et c'est juste parce qu'ils sont solides et convaincus qu'ils vont réussir leur révolution. Si tu voyais la force de la droite, des petits-bourgeois, ces bien-pensants, qui pensent juste à leur petit bien-être à eux autres, et les moyens qu'ils prennent pour faire échec au changement, tu n'en reviendrais pas. Mais tu ne reviendrais pas non plus de voir le courage du petit peuple, des ouvriers et des groupes révolutionnaires qui, non seulement ne reculent pas, mais forcent Allende[1] à aller plus loin.

On est loin du Québec, de cette solidarité, de cet esprit de décision et de cette politisation de la classe ouvrière. Mais au Chili, cet état n'a pas été atteint en criant « bine ». Ils ont cent ans de lutte ouvrière derrière eux, et il y a surtout un mouvement ouvrier, un syndicalisme qui n'a pas craint de politiser et d'éduquer ses membres, même s'ils étaient analphabètes.

Dis-moi, au Québec, qu'est-ce qu'on fait dans le mouvement syndical pour atteindre cette solidarité des ouvriers, cette force de changement ?

Sais-tu qu'est-ce que c'est, la différence entre le Chili et le Québec ? Au Chili, la classe ouvrière veut mettre

1. Salvador Allende sera « suicidé » en septembre 1973 par l'armée dirigée par le général Pinochet.

ITT dehors. Chez nous, on déroule le tapis rouge pour ITT, on lui donne une subvention de 25 millions et des centaines de milles carrés de territoire. Au Chili, ils les foutent dehors ; nous autres on leur dit : Pauvre ITT, venez vous consoler en nous exploitant. C'est ça la différence. Nous autres, on laisse faire cela. Quand ça arrive, le mouvement syndical fait un communiqué de presse pour dire que c'est écœurant, et les ouvriers, nos membres, n'ont rien à dire là-dessus.

Le Chili, ce n'est pas le Pérou. Ce n'est pas le paradis terrestre, la terre promise où le socialisme, l'égalité entre tout le monde s'est installée sans heurts. Mais ce n'est pas non plus le Québec, parce qu'ils sont rendus drôlement plus loin que nous autres et on a des maudites leçons à prendre.

Allende, depuis son arrivée au pouvoir, a fait un bon bout de chemin. Il a nationalisé le cuivre, la production des principales matières premières et les banques. Il a placé une bonne partie des entreprises importantes sous la tutelle de l'État, même si elles sont encore des propriétés privées. Il a fait cela au sein d'une coalition nationale faite de sociaux-démocrates chrétiens, de socialistes et de communistes. Mais juste avec le parlement, il n'aurait pu faire cela. C'est grâce à l'énergie du mouvement ouvrier qu'il a pu réussir.

Je vais te donner un exemple : À son arrivée au pouvoir, il a presque triplé le salaire moyen des ouvriers. C'était une excellente décision. C'était d'augmenter le pouvoir de consommation et d'aider les industries soumises à un blocus extérieur à écouler facilement leur production dans le pays. Sais-tu ce qui est arrivé ? Depuis un certain temps, les commerçants ont commencé à stocker de la marchandise, à l'entreposer pour créer une rareté et faire augmenter les prix. Pour vendre à qui ? Aux petits-bourgeois, aux cols blancs qui ont les moyens de payer plus cher et qui veulent se procurer cette marchandise. C'est cela que j'appelle de la vraie réaction. C'est le sabotage d'une révolution.

Mais la population ne s'en est pas laissé imposer. Elle a réagi en mettant sur pied des comités pour l'approvisionnement qui ont eu pour tâche de découvrir les marchands et les commerçants qui faisaient du marché noir et de remettre les produits sur le marché libre. Des exemples de même, je pourrais en donner des milliers.

Allende a choisi la voie électorale, celle de l'ordre, de la libre discussion et c'est pour cela qu'aujourd'hui le pays ressemble à un chantier. Mais c'est pour cela aussi qu'il y a du sabotage.

La réceptionniste de l'hôtel où j'étais descendu m'a même dit : « Moi je ne suis pas communiste, je ne suis plus intéressée à travailler, à bien faire mon travail. » Je lui ai dit : « Ma petite fille, quand c'étaient les capitalistes qui te payaient, tu travaillais. Continue à travailler, parce que tu es toujours payée. Si tu penses qu'il y a juste l'argent qui compte dans la vie, continue à gagner ton salaire honnêtement et laisse ceux qui veulent autre chose, le faire. »

Évidemment que devant cette situation, les radicaux, les plus révolutionnaires ont envie de dire merde aux élections et à la démocratie et ont tendance à vouloir imposer leur ordre par la force. Tu vois le tableau que ça peut faire pour le père Allende. Personnellement, je le trouve bien courageux.

L'expérience chilienne en a long à nous apprendre. Ceux qui se disent qu'au Québec il serait facile de foutre les Américains dehors, de prendre notre économie en main, moi je leur dis : minute papillon, rêve pas en couleurs.

Québec-Presse, 28 janvier 1973, par Michel Sabourin.

Le petit curé Camillo Torres, mort en Colombie, qui avait fait sa sociologie, a eu le courage de dire : « En sociologie, j'ai appris que jamais ceux qui ont des privilèges ne les abandonnent volontairement; il faut que tu leur arraches.» Et quand les Chiliens ont voulu leur arracher démocratiquement, ils ont eu l'aviation, l'armée et la marine sur la gueule par ceux qui avaient essayé de les affamer pendant trois ans. Et tous les pays dits civilisés, chrétiens et démocratiques, étaient contre la démocratie au Chili et pour le coup d'État, y compris le Canada qui avait déchiré des papiers du temps d'Allende pour se dépêcher d'investir dans le Chili de Pinochet.

Vie ouvrière, dossiers « Vie de militants », vol. XXVIII, n° 128, octobre 1978.

CONSCIENCE INTERNATIONALE (LA)

En 1975, nous avons fait un congrès (CISO: Congrès international de solidarité ouvrière) avec des Arabes, des travailleurs des Caraïbes et d'Amérique latine, ce monde qu'on ne connaissait pas et sur lequel on n'a pas cessé de se tromper. Les Arabes, des barbares? Alors qu'ils ont une civilisation extraordinairement avancée: quand ils disent merci, ils mettent leur main sur leur cœur. Mais depuis 1948, les Arabes de Palestine sont jetés hors de chez eux, leurs territoires volés par Israël avec la complicité de l'impérialisme français, anglais, américain et de l'Union soviétique. On n'avait jamais entendu parler de ça. J'ai été humilié comme jamais dans ma vie de m'être fait tromper comme ça!

Dans les Caraïbes, à côté de chez nous, encore 19 pays coloniaux. On pourrait les aider: ça coûte 2000 $ par an pour aider une organisation ouvrière. Qu'est-ce qu'on fait pour ça au Conseil mondial du travail (CMT), qui a juste la hantise de combattre le communisme?

Parler de conscience internationale, on ne peut le faire sans parler du Viêt-nam. Si beaucoup aspirent à embrasser la Terre sainte avant de mourir, moi, c'est le sol du Viêt-nam que je voudrais embrasser, ce pays qui a sauvé l'honneur de l'humanité autant que le christianisme. Les Vietnamiens ont montré qu'un homme nu, c'est plus fort qu'un char d'assaut. Ils ont résisté à ce qu'il y avait de plus puissant dans l'histoire de l'humanité, par la seule force morale. C'est très sérieux : avoir démontré au monde entier que des gens peuvent encore avoir de la force morale. Et c'est ça le syndicalisme, avant tout.

Aller sur le plan international, c'est aussi une « idée égoïste ». Quand on aura montré à des travailleurs que le capitalisme, ça massacre du monde et que ça les « pleume », alors ils vont peut-être faire des liens avec leur propre exploitation.

Vie ouvrière, dossiers « Vie de militants », vol. XXVIII, n° 128, octobre 1978.

IMPÉRIALISME (L')

On a été amenés à chercher une solution à nos propres problèmes : il y en a qui y sont venus par l'esprit et d'autres y sont venus par le ventre. On ne fait pas de distinction entre les travailleurs qui veulent rejeter le capitalisme parce qu'ils se rendent compte dans leur vie quotidienne que c'est inhumain, que ce n'est pas moral, ni entre ceux qui s'aperçoivent que le capitalisme, c'est l'impérialisme et plus, donc a-national. Ni entre ceux qui y sont venus par des voies intellectuelles, qu'ils aient étudié le marxisme, le léninisme ou qu'ils aient étudié n'importe quelle autre philosophie ou théorie. Nous avons autant de respect pour les uns que pour les autres. On n'a pas à décider de la conscience des gens ni de leur cheminement. Ce que nous réalisons, c'est qu'en Amérique du Nord, au Québec, nos abondantes ressources naturelles ont été données à des gens qui les exploitent à leur profit au détriment de la population.

L'activité économique est réglée en fonction du profit. Nous savons que dans ce système-là, notre marge de décision et de liberté n'existe à peu près pas. Même nos conventions collectives sont restreintes à une très petite marge de liberté. Il y aurait même des bouffons pour dire que, aujourd'hui, les travailleurs sont trop forts et qu'on a rompu l'équilibre entre les travailleurs et le capital, entre les représentants syndicaux et les représentants de l'administration. Nous savons parfaitement que la plupart de nos conventions collectives sont des contrats de reddition, des trêves. Nous nous engageons à offrir nos services à telle et telle condition, mais il y a tous les droits de gérance dont nous sommes exclus. De plus en plus de travailleurs prennent conscience que, lorsqu'ils sont mis à pied sans même avoir reçu d'avis, s'ils avaient participé à la direction de leur entreprise, s'il y avait eu une démocratie industrielle, eh bien, ils auraient su ce qui se passe.

Congrès du CCSNM, 1972.

Vous avez pu voir dans les journaux la lutte et les combats entre les gouvernants réactionnaires et les Palestiniens qui se sont fait chasser de chez eux depuis 1948, avec la complicité des grandes nations, les États-Unis, l'Angleterre, la France et l'Union soviétique. Ils ont installé un gouvernement non seulement réactionnaire, mais agresseur, comme les Européens agresseurs dans le monde entier, les Européens dégénérés qui sont allés conquérir par les armes des peuples plus faibles, souvent avec l'aide de l'Évangile ou d'une pseudo-Évangile. Ç'a été l'histoire des Portugais qui occupent toujours le Mozambique où on fait encore des massacres qui durent depuis 1495. Les Espagnols ont ravagé l'Amérique latine et les ont volés. Les Français et les Anglais se sont installés au Proche-Orient et en Afrique du Nord ; ils les ont volés et les ont massacrés tant qu'ils ont pu. Ç'a été la même chose en Asie du Sud-Est, en Indochine française. Les Français sont sortis depuis 20 ans aujourd'hui de Diên Biên Phu d'où ils ont été chassés et où les Américains ont recommencé. Et notre pays est complice de tout ça, de l'exploitation des gens de l'Amérique latine, des Caraïbes, du Proche-Orient et de l'Asie du Sud-Est.

[...]

Le prix du pétrole a monté parce que les gens du Proche-Orient veulent se libérer. Que la guerre continue entre les trois millions de gens qui sont en Israël, ceux qui ont volé littéralement le territoire des Palestiniens, qui les ont chassés de chez eux et un autre trois millions de Palestiniens, ça veut dire qu'il y a six millions d'humains qui vont s'entre-tuer pendant encore un autre 20 ans pour le bénéfice des exploiteurs des États-Unis et des autres pays.

Congrès du CCSNM, 1973.

IMPÉRIALISME AMÉRICAIN (L')

Il y a un maître en Amérique du Nord : c'est l'impérialisme américain. Qu'on aime ça ou qu'on n'aime pas ça !

Pourquoi y a-t-il du chômage au Canada ? Parce qu'il y a de l'inflation qui vient des États-Unis. MM. Jean Marchand et Pierre Trudeau nous l'ont dit : « On combat l'inflation et on fait du chômage. » N'importe qui est exposé et menacé.

Assemblée générale du CCSNM, 2 mars 1971.

ISRAËL

Le gars qui collabore avec un bandit, c'est un bandit lui itou. Et c'est comme ça qu'on va considérer le monde qui aide Israël. C'est un pays raciste, qui a crissé dehors des millions d'êtres humains, les Palestiniens. Tous ceux qui aident Israël, d'une façon ou d'une autre, collaborent à la destruction des Palestiniens, d'un peuple tout entier. Je pense comme ça et je ne suis pas raciste en le disant.

Faut pas te surpendre que la seule solution pour les Palestiniens soit la lutte armée. Ils sont dans leur droit. Ils ont le droit d'avoir, eux aussi, un pays. Tout comme Israël.

La création de l'État d'Israël, en 1948, c'est une décision immorale des Nations unies avec l'appui des États-Unis, de la Grande-Bretagne, de la France et même de l'Union des républiques socialistes soviétiques. C'est une vraie conspiration internationale et elle dure encore.

En donnant un pays aux Israéliens, on a enlevé leur pays aux Palestiniens et aux Juifs qui vivaient en harmonie avec eux depuis longtemps. Les Palestiniens étaient chez eux et on les a chassés. Pour moi, c'est un peu comme si les Canadiens français décidaient, du jour au lendemain, d'aller s'installer sur les bords du Mississippi en disant : « Tout ça nous appartient, ç'a été découvert par Marquette et Jolliet ! »

Les Juifs ont abusé de la sympathie mondiale après les horreurs dont ils ont été victimes lors de la dernière grande guerre. Ils ont fait subir à d'autres ce qu'ils avaient eux-mêmes subi. Ce n'est tout de même pas les Palestiniens qui ont d'abord magané les Juifs.

Quand tu vois les camps de réfugiés où on entasse tout un peuple, ça fait dur en maudit. Et les Juifs, dans les territoires occupés, continuent de bousculer les gens pour les envoyer direct dans ces camps. Ils engraissent la résistance.

Le fond du problème, c'est qu'il existe une nation palestinienne qui a droit à une patrie. Israël ne veut pas le reconnaître. Et pourtant, tout le monde, aujourd'hui, reconnaît à Israël un droit à l'existence, à condition de s'entendre sur le territoire qu'il occupera.

Israël, c'est un petit État capitaliste, malgré tous ses *kibboutz*. Mais c'est d'abord et avant tout une tête de pont d'un grand pays capitaliste, les États-Unis, de l'impérialisme américain au Moyen-Orient. C'est donc un ennemi du Québec et de tous les peuples du monde, comme les USA sont notre ennemi.

Crois-tu qu'Israël ferait toujours la pluie et le beau temps au Moyen-Orient sans l'aide des États-Unis et d'autres puissances comme le Canada? Le Canada, parlons-en! J'ai jamais entendu Trudeau parler des Palestiniens. Mais il est allé en URSS. Là, il a demandé qu'on laisse sortir les pauvres Juifs persécutés. Et le NPD? Et David Lewis? Qu'est-ce qu'ils font pour les Palestiniens? La putain de Canada se ferme la gueule. Hypocrite. Parce que le Canada est un satellite des USA. Aux États-Unis, t'as vu ça! Même George McGovern dit qu'il appuiera Israël, pour courtiser le vote des Juifs.

Il y a tout un réseau de complicités qui aide Israël, bien plus puissant que le réseau qui aide les pays arabes. Il va falloir voir à ça au Québec, faire un peu de contre-propagande, organiser encore une semaine palestinienne.

La résistance ne fait que commencer, je t'en passe un papier, malgré toutes les misères qu'elle a eues jusqu'as-theure. Yasser Arafat ne nous a pas caché les problèmes et il a répondu à toutes nos questions, clairement, pendant une heure et demie. C'est un grand leader, démocrate avec ça. La grande nouveauté, qu'il nous dit, c'est que la résistance ne doit vraiment compter que sur elle-même et sur le peuple palestinien, pour assurer sa victoire. Bien sûr, il faut des appuis de partout, des pays arabes, de la Chine qui leur donne des armes, du Québec même. Les Palestiniens vont se faire une patrie tout seuls. Avec les armes, ce qu'il faut, c'est la volonté, la force morale. Et ils l'ont en grande. Comme au Viêt-nam, où on dit qu'un homme nu est plus fort qu'un char d'assaut !

La résistance a décidé de faire sauter le roi Hussein de Jordanie mais les autres pays arabes vont continuer à aider les Palestiniens. Ils ont comme un aiguillon dans le flanc. Des commandos viennent de partout. J'ai dit à quelques-uns de ces volontaires : « En aidant les Palestiniens, c'est le Québec que vous aidez aussi à se libérer ! »

Québec-Presse, 3 septembre 1972, par Louis Fournier.

Israël ne peut mener à bien cette agression permanente qu'avec notre complicité. Au lendemain du drame de Munich [17 morts aux Jeux olympiques], nous avons vu arriver le général Moshe Dayan. Il venait passer le chapeau. À Toronto, la collecte a donné 18 millions. À Montréal, on ne sait pas, les associations juives sont plus discrètes.

Le Canada est le seul pays, avec les États-Unis, qui laisse fuir de tels capitaux. Les Américains ont la chance, eux, de revoir leur argent, car Israël est son principal client en armement. Et cet argent que nous envoyons à Israël, il nous est prélevé chaque fois qu'on fait un achat chez un commerçant juif. Nous payons, sans même le savoir, une dîme pour qu'Israël continue d'imposer sa loi.

Le Petit Journal, semaine du 21 au 27 septembre 1972, par Marc Chatelle.

MOBILISATION (LA)

On revient toujours au même problème : mobiliser les travailleurs qui ont décidé de faire leur part pendant un bout de temps, d'assumer des responsabilités et d'aller en convaincre d'autres de faire avancer des affaires. Les seules manifestations qu'on a est celle du 1er mai, et encore, c'est une petite affaire. Le 1er mai, on a tout juste le mérite d'avoir mis cela de l'avant et de créer une solidarité internationale. Alors, on est passé du syndicalisme catholique et national au syndicalisme de combat et international. On n'a pas entendu et on n'entend pas de travailleurs qui viennent au Conseil central protester parce qu'on aide les travailleurs de la Californie, ou les Palestiniens à libérer leur patrie, ou les travailleurs de l'Amérique latine, ou parce qu'on leur parle des problèmes de l'Ouganda, du Mozambique ou de l'Iran. Dans les premiers temps où l'on parlait des travailleurs de la Californie, certains nous demandaient : « Pourquoi ne pas s'occuper des affaires d'ici ? » On s'en occupe, des affaires d'ici, mais les affaires d'ailleurs sont les mêmes. La guerre au Viêt-nam a causé de l'inflation aux États-Unis et, par le fait même, au Canada et par le fait même le chômage des travailleurs au Canada. On n'a pas besoin de se faire de grands dessins pour comprendre cela.

Congrès du CCSNM, 1976.

PALESTINIENS (LES)

J'ai vu des dizaines de milliers de Palestiniens qui ont été chassés de leur maison, de leur terre et de leur pays par Israël avec l'aide américaine et celle des pays des Nations unies. C'est une tentative de génocide, d'élimination de tout un peuple qui vivait là depuis 2000 ans et ce, par des usurpateurs qui répandent du napalm et des produits chimiques et qui font dynamiter leurs maisons. C'est le pire gouvernement au monde que le gouvernement d'Israël, car il pratique la discrimination religieuse et le racisme.

Les sionistes continuent de massacrer les Palestiniens, malgré une cinquantaine de condamnations des Nations unies qui n'ont pas le cœur de les mettre au pas.

Montréal-Matin, 4 septembre 1972, par François Bérubé.

Les gens de l'opération de Munich, les *fedayin*, sont des patriotes et des héros. Et ce sont les journaux d'Amérique qui ont faussé toute la perspective de cet acte en accordant plus d'importance à la mort d'athlètes olympiques qu'à la guerre du Viêt-nam, aux bombardements des digues de Hanoi, au déplacement massif de civils palestiniens et aux actes de terrorisme commis contre les Palestiniens qui ont déjà été bombardés au napalm.

Est-ce que c'est plus grave de lancer du napalm sur des enfants, des femmes et des cultivateurs, comme les Israéliens l'ont fait sur les Palestiniens, que de tuer des athlètes?

L'ONU a installé Israël puis l'a condamné 50 fois pour ses agressions, sans rien faire d'autre. Il faut arrêter d'être hypocrites parce qu'on est colonisés par des Français et des Anglais capitalistes. Abba Eban est malade dans la tête ou menteur en maudit quand il dit que la nation palestinienne n'existe pas. Les Palestiniens sont vivants et font des petits.

Le Devoir, 8 septembre 1972, par François Barbeau.

Les Juifs ont abusé de notre sympathie.

Les Québécois ont été indignés. Le monde entier a été indigné. Pensez donc: quelques hommes venaient de rompre la trêve sacro-sainte des Jeux olympiques. Ils s'étaient permis de bloquer cet hyperspectacle à la gloire du muscle, cette foire de la grande fraternité humaine retrouvée. Ils avaient osé toucher au monde merveilleux du sport. Profanation! Pendant plusieurs jours, les ondes de nos postes de radio sont devenues un nouveau mur des lamentations. Hypocrisie et foutaises que tout cela.

D'accord, le bilan est lourd. Dix-sept morts, voilà de quoi faire frémir. La mort d'un homme a toujours quelque chose de tragique et d'inacceptable. Mais pourquoi jouer les vierges offensées? De quelle trêve voulait-on parler?

Pendant que la flamme olympique brûlait sur Munich, les B-52 continuaient à déverser leur cargaison de mort sur le Nord-Viêt-nam. Les bombes continuaient à exploser en Irlande. Et des centaines de milliers d'hommes croupissaient dans des camps de réfugiés. Nous avons fermé les yeux par intérêt, ou par lâcheté, sur des situations intolérables. Nous avons créé un monde de violence. Et quand cette violence nous rebondit en pleine face, nous crions notre indignation. Dix-sept morts, c'est beaucoup. Et c'est très peu.

Le malheur des Palestiniens, c'est de ne pas avoir de B-52. Ils n'ont que des mitraillettes et leur audace pour armes. Alors, pour réveiller l'opinion publique, pour ne pas qu'on oublie que depuis 25 ans ils croupissent dans des camps de réfugiés, ces hommes qui n'ont rien à perdre, parce qu'on leur a tout pris, leur pays et leur dignité, commettent des actes qui peuvent choquer nos émotivités d'Occidentaux.

On les a traités de chiens enragés, de fanatiques assoiffés de sang, de kamikazes du désespoir. Et pourtant, ces hommes n'étaient pas venus à Munich pour tuer. Eux aussi ont été victimes des circonstances. Peut-être, un jour, connaîtrons-nous toute la vérité. Oui, les intentions du commando étaient hautement humanitaires. Ils voulaient arracher quelque 200 combattants de la Résistance qui croupissent dans les prisons israéliennes. On ne peut échanger des cadavres !

Mme Golda Meir a fait savoir qu'elle n'accepterait jamais cet échange. Elle a donné carte blanche au chancelier Willy Brandt pour régler au mieux cette affaire. On connaît la suite. Peut-être les policiers allemands auraient eu plus de succès si, à l'exemple de leurs confrères juifs, ils n'avaient pas hésité à revêtir des uniformes de la Croix-Rouge pour surprendre les *fedayin*, comme cela s'est déjà fait, en dépit d'une convention internationale.

Ce que je reproche aux Israéliens, c'est d'avoir abusé de la sympathie mondiale. Parce que les Juifs ont été les grandes victimes de l'Histoire, nous avons fermé les yeux sur leurs agissements. Nous avons été des complices complaisants. Et ils en ont profité.

De persécutés qu'ils avaient été, les Juifs sont devenus tortionnaires. Ce peuple toujours chassé a expulsé à son tour les Palestiniens de leur pays. D'oppressés qu'ils avaient toujours été, les Israéliens sont devenus impérialistes.

À sa création, Israël avait une superficie de 14 300 km^2 ; aujourd'hui, l'État hébreu s'étend sur 102 000 km^2. Il a multiplié par sept son espace vital.

[...]

Si les *fedayin* ont provoqué l'indignation des Occidentaux, ces mêmes Occidentaux, ces mêmes chrétiens qui massacrèrent six millions de Juifs au nom d'une nouvelle morale, d'un nouvel ordre, ils ont suscité, à l'inverse, l'exaltation d'autres peuples.

Pour plusieurs, ils sont des héros, ils se sont offerts en sacrifice. Ils avaient fait don de leur vie.

Je ne peux m'empêcher de penser à d'autres hommes qui, comme mon frère, rejoignirent l'Europe occupée pour organiser la résistance. Pour les nazis, ils étaient, eux aussi, des terroristes.

Le Petit Journal, semaine du 21 au 27 septembre 1972, par Marc Chatelle.

Vous devez continuer votre lutte pour la liberté. Les Juifs vous ont volé votre pays avec la complicité du monde entier. Les Juifs de cette province ont plus de privilèges que n'importe quelle minorité ailleurs au monde. Je demande au monde arabe de nous aider à nous défendre contre la pollution du sionisme au Québec et contre l'impérialisme américain.

La majorité de la population du Québec est en faveur de la libération de la Palestine.

Le Devoir, 21 mai 1973, par René-François Desamore.

SOLIDARITÉ INTERNATIONALE (LA)

Un autre cheval de bataille important pour moi, c'est la solidarité internationale des travailleurs. Et c'est toujours au nom du respect de l'Homme : un Chinois est aussi important qu'un Canadien français.

Quand j'ai fait des élections en 1958, au Lac-Saint-Jean, dans la dernière paroisse, celle du Saint-Cœur-de-Marie, il y avait une femme qui était assise avec un enfant sur les genoux.

« Madame, pensez-vous qu'une mère chinoise, communiste, aime autant son enfant que vous aimez le vôtre ? » (Silence.) « Je vous le demande, madame. » « Voyons, monsieur, qu'est-ce que vous pensez ? » C'est comme ça que je comprends le socialisme : la fraternité des hommes, l'interdépendance des hommes, leur solidarité.

Vie ouvrière, dossiers « Vie de militants », vol. XXVIII, n° 128, octobre 1978.

QUATRIÈME PARTIE

Politique

> L'art de gouverner a été jusqu'à nos jours l'art de tromper et de corrompre les hommes ; il ne doit être que celui de les éclairer et de les rendre meilleurs.
>
> ROBESPIERRE,
> 1789

ACTION POLITIQUE (L')

[R appelant le scandale du gaz naturel du milieu des années cinquante, alors qu'Hydro-Québec avait vendu son réseau gazier à la Corporation de gaz naturel du Québec, qui devenait ainsi une entreprise privée, Michel Chartrand a conclu:] «Nos représentants, à Québec et à Ottawa, ne sont que des marionnettes au profit des grandes compagnies américaines comme le Gaz Métropolitain. Il va falloir, au plus tôt, passer à l'action politique.»

Québec-Presse, 11 janvier 1970.

Nous avons prétendu et continuons de prétendre qu'il n'y a pas d'autre solution pour 50 % des affiliés au Conseil central de Montréal que l'action politique, parce qu'ils sont pris pour négocier sur le plan politique. Non seulement les gouvernements sont associés avec le patronat et le capitalisme, mais ils ont attaqué directement la classe ouvrière dans ses négociations, sur le plan des salaires et de la sécurité d'emploi. Alors, quand nous négocions avec un ministre, nous disons qu'il faut négocier avec la population qui paie les taxes et, deuxièmement, quand on négocie avec le gouvernement, s'il veut se permettre de travailler comme un employeur et essayer de nous menacer et de nous faire peur, même avec des injonctions, on doit le combattre sur le plan politique parce qu'il se sert de sa force politique pour dominer la classe ouvrière, les syndiqués et les syndicats.

Congrès du CCSNM, 1970.

Il y a des travailleurs qui se retournent et qui disent que le Front commun est peut-être allé trop loin. Il voulait peut-être faire de la politique... Quand on parle à un ministre, à qui on parle ? C'est parce qu'on n'a pas fait suffisamment d'éducation politique et parce qu'on n'a pas commencé à faire de politique, et on ne fait pas de politique parce qu'il nous manque ce qui fait leur succès au Chili : la conscience de classe.

Congrès du CCSNM, 1973.

ASSURANCE-HOSPITALISATION-SANTÉ (L')

D ans le domaine de la santé, ce ne sont pas les avocats, ni les évêques qui sont allés chercher l'assurance-hospitalisatioin et l'assurance-santé, ce sont des gens comme vous autres. C'est la classe ouvrière et les syndicats. Quand Jean Rochon [ministre de la Santé du Québec] dit qu'en Ontario ils ont fermé 2700 lits, il oublie de dire que c'est une des raisons qui a fait battre M. Bob Rae et le NPD. C'est ce qui va leur arriver à eux autres aussi.

L'Aut' Journal, n° 139, été 1995, p. 2. Manifestation de 3000 personnes réunies par la CSN le 12 juin 1995.

BAIE-JAMES (LA)

C 'est Yvon Duhamel, un travailleur de la construction, qui a fait du trouble à la Baie-James ? Non, ce n'est pas Duhamel, c'est Robert Bourassa et Jean Cournoyer et les bandits qui administrent ça pour l'Hydro, pour notre compagnie à nous autres, au profit des Américains.

Deux cent cinquante millions d'honoraires à la Bechtel et 250 millions d'honoraires aux bandits du bureau d'ingénieurs-conseils qui servent de façade. Un demi-milliard de salaire juste pour la gérance des travaux. Cinq cents ingénieurs pendant 20 ans qui auraient fait toutes les recherches dont on avait besoin pour la province de Québec. Les ingénieurs les plus compétents, qui ont bâti l'Hydro, se tournent les pouces. Et on va brailler parce que la Baie-James est retardée, parce qu'on arrête de se faire voler momentanément. À part ça, faire développer la Baie-James, ça veut dire que les Indiens et les Esquimaux viennent de péter au frette, leur civilisation vient de disparaître. Comme sur la Basse-Côte-Nord où ITT a eu 52 000 milles carrés de forêt en bois debout qu'ils coupent 24 heures par jour. La civilisation des Indiens vient de disparaître.

Si on est capables d'accepter ça allègrement, on est capables d'accepter que nos compagnons et nos compagnes travaillent dans des conditions épouvantables et on est capables d'accepter de rester dans la marde pour longtemps.

Ou bien on va sortir ensemble ou on va mourir et pourrir ensemble. Nos enfants vont être prêts à être des robots satisfaits et notre symbole va être le papier de toilette fleuri et parfumé et ceux qui sont plus hauts auront des machins qui font de la musique quand ils tirent le papier pour chier en harmonie.

Congrès du CCSNM, 1974.

BIEN COMMUN (LE)

La somme des intérêts individuels n'est pas l'intérêt commun. L'État ne peut, comme il le prétend, être un simple arbitre entre les individus. Il doit être le promoteur actif responsable du bien commun.

Vie ouvrière, n° 229, mars-avril 1991.

Il faut diriger l'économie en fonction des gens. Développer les ressources humaines et naturelles de façon *optimale*, pas maximale. Commencer par satisfaire les besoins élémentaires : des habitations avant des toiles olympiques, du transport en commun avant des auto-routes ! Le gouvernement doit être le promoteur du bien commun, en fonction d'une hiérarchie des besoins, pas l'arbitre. La force pour y arriver, on l'a. Il nous manque le courage de passer aux actes.

Guide Ressources, janvier-février 1992.

BOURASSA, ROBERT

C 'est un petit commis. Il a marié des millions de $. Tant mieux pour lui, mais il devrait rester chez lui au lieu de vendre des territoires du Québec grand comme trois fois le Nouveau-Brunswick à une compa-gnie internationale comme ITT pour une bouchée de pain. C'est un petit complexé. Voilà tout !

Montréal Flash, 29 novembre 1971, par André Dalcourt.

CLUBS PRIVÉS DE CHASSE ET DE PÊCHE (LES)

L 'accès aux lacs, aux rivières et aux forêts revient de droit au peuple. C'est une forme de loisir populaire qui est la plus saine et la plus économique, et dont les travailleurs ont grand besoin.

Les lacs et les rivières ne sont pas des bijoux faits pour une minorité. C'est la propriété du peuple et ça doit être accessible au peuple.

Robin des Bois a lutté contre le duc de Nottingham pour que le peuple retrouve l'usage de la forêt de

Sherwood. Eh bien, s'il faut revenir à l'époque de Robin Hood, nous y reviendrons.

Salon du Sportsman, 9 mars 1970.

DÉMOCRATIE (LA)

C haque syndicat a son autonomie. Ce sont des adultes. Le rôle des agents d'affaires et des officiers, à n'importe quelle instance du mouvement, est de renseigner les membres dans la mesure de leur compétence et de leur dire: «Prenez votre décision. Si vous voulez vous jeter en bas du pont, ça vous regarde; si vous voulez traverser le pont, ça vous regarde.» Et quand il y aura des délégués nommés par le CCSNM aux sièges réservés au Conseil central au Bureau confédéral, il n'y a personne qui a affaire à intervenir là-dedans. C'est la même chose au Conseil confédéral. Ce ne sont pas les autres instances qui vont choisir nos délégués. Qu'il y ait des divergences d'opinions dans le mouvement, c'est ça la démocratie et la liberté.

[...]

Moins nous serons pauvres, plus nous serons instruits de nos droits; plus il y aura de tensions dans la société, plus il y aura de démocratie, plus il y aura de groupes marginaux qui continueront de faire avancer la société.

Congrès du CCSNM, 1970.

Ce n'est pas juste parce qu'on est menacés qu'on va se battre.

On va se battre parce qu'on veut assumer le pouvoir, parce qu'on est des hommes et on va se diriger nous-mêmes comme des hommes libres et commencer à vivre une démocratie véritable en détruisant, en mettant de côté et en rejetant la dictature économique d'où qu'elle vienne.

Assemblée générale du CCSNM, 2 mars 1971.

Les prétendus libéraux, les prétendus démocrates à la Trudeau, à la Marchand et à la Pelletier ont voulu faire un mythe avec Duplessis. Dans le temps de Duplessis, on allait en prison deux ou trois jours, c'était une petite affaire, trois ou quatre claques sur la gueule et c'était réglé, nos affaires. C'était un plaisir, ça faisait partie du métier. Il nous avait avertis : « Je suis contre les unions, je suis contre les grèves ; si vous en faites, je vous envoie ma police. » Mais l'équipe du tonnerre arrive à Ottawa et nous dit : « Ah oui ! vous avez le droit de grève. » Oui, une petite loi ici et là... Et puis, tout à coup, ils en ramassent quatre ou cinq cents et hop ! en prison. Une petite affaire.

Congrès du CCSNM, 1971.

Ou bien, alors, on est satisfait et on arrête de se plaindre contre le capitalisme et la dictature économique, on arrête de se plaindre contre le pouvoir économique qui est au-dessus du pouvoir politique et qui le domine complètement, et on arrête de parler de démocratie parce qu'on n'a absolument rien à dire dans la démocratie économique, c'est-à-dire dans le développement du pays, dans l'utilisation des ressources et de la richesse du pays. C'est une minorité qui dirige. Nos gouvernants à Québec n'ont rien à voir là-dedans.

Pour ce qui est de la démocratie sociale, c'est à peu près la même chose : la répartition équitable du revenu, ça ne se fait pas. Les assistés sociaux crient et c'est l'insécurité pour beaucoup de monde. Il n'est pas encore question du plein emploi.

Congrès du CCSNM, 1969.

Le gouvernement dit : « Les banques ont des privilèges sur lesquels on n'a pas de contrôle. » Alors, qu'est-
ce qu'il contrôle ? J'ai dit à mon ami Trudeau : « Quand
tu parles de la démocratie à la Chambre des communes
sur la colline parlementaire, tu es le plus grand démagogue du Canada parce que tu sais mieux que personne
que tu ne mènes rien dans ce pays-ci à part, peut-être, la
Police montée et les Postes. » Mais les Postes, on voit
comment il mène ça !

[...]

On n'est pas responsable à Québec, on n'est pas responsable à Ottawa. Eh bien, il y a des coups de pied au
cul qui se perdent...

C'est élémentaire en démocratie de savoir quel
gouvernement est responsable de quoi. C'est ça pour
l'assurance-santé et ça va être ça pour les salaires des
employés d'hôpitaux et pour la masse salariale : ce qu'on
va avoir à Ottawa et ce qu'on n'aura pas, ce qu'on espère
avoir et ce qu'on n'aura pas. M. Bourassa qui veut avoir
les 200 millions de l'assurance-santé, M. Trudeau lui
dit (pas comme aux gars de Lapalme : « Mange d'la
marde ») : « Tu ne les auras pas. » Il aurait pu lui dire
« *fuck you* », comme il a dit à un gars dans l'opposition. Je
pensais que je parlais mal, mais je ne suis pas premier
ministre, quand même ! Je ne fais pas 50 000 $ et quelque
par année, moi. Je peux me permettre de m'échapper des
fois.

Congrès du CCSNM, 1971.

La démocratie, c'est assumer des responsabilités à
son niveau, le plus possible par le plus de monde possible. C'est le pouvoir du peuple. Les bourgeois n'aiment
pas ça parce que, pour eux autres, c'est le plus de pouvoir dans les mains de moins de monde possible. La
vraie démocratie, c'est le contraire de ça, et on la

pratique jusqu'à un certain point dans nos syndicats, mais pas assez encore.

Congrès du CCSNM, 1975.

La démocratie: le gouvernement du peuple, par le peuple, pour le peuple; ça peut paraître long à atteindre et ça semble comporter parfois des reculs.

C'est fragile comme un bourgeon au printemps; on peut l'écraser facilement, mais si on le respecte, il deviendra un bel arbre.

Si nous voulons vivre pleinement la démocratie, nous bâtirons le socialisme, au lieu de l'autoritarisme des premiers ministres qui font manger dans leurs mains, ministres, députés et bien d'autres...

Par le socialisme, nous parviendrons au respect de l'égalité des femmes et des hommes, à plus de justice et de liberté.

Vive les syndiqué-es!

Vive la CSN!

Vive la classe ouvrière du Québec!

Vive la classe ouvrière du monde entier!

Solidaires, nous vaincrons!

The Gazette, 18 avril 1982 [1].

Toute vraie démocratie est socialiste; tout vrai socialisme est démocratique.

Vie ouvrière, n° 229, mars-avril 1991.

---

1. En bas, à droite, une caricature: une femme et des hommes d'affaires à un meeting. L'un dit: « *Of course it's unethical. It's business.* »

DRAPEAU-SAULNIER

J amais le gouvernement municipal n'a bougé le petit doigt. MM. Jean Drapeau et Lucien Saulnier n'ont jamais daigné lever la voix, même pour avoir l'air de faire une supplique au gouvernement du Québec ou au gouvernement d'Ottawa pour protéger les occupations des citoyens de Montréal. Les chantiers ont fermé, ça ne leur a rien fait ; des usines ont fermé, d'autres ont déménagé, jamais cela ne les a préoccupés. Ouvrir la rue Sainte-Catherine pour faire passer le Père Noël ou la parade de la coupe Grey, pour recevoir les représentants de tous les pays du monde et les « traiter » à l'île Sainte-Hélène, c'était ça le rôle de MM. Drapeau et Saulnier, les mégalomanes qui ont fait dépenser des fortunes aux citoyens de Montréal, qui ont démoli 20 000 maisons et qui n'ont pas été foutus d'en bâtir 1000 encore depuis le début de leur règne. C'est comme ça sur le plan municipal, c'est comme ça aussi sur le plan provincial et fédéral.

Congrès du CCSNM, 1970.

Mais qui a laissé faire les folies à Drapeau si ce n'est pas les gouvernements de Québec et d'Ottawa ? Puis, pourquoi il faudrait qu'on paie ça, puis qu'on continue à payer pour Terre des hommes au-delà de 5 millions par année encore ? Il n'y a pas moyen d'avoir des barboteuses et des patinoires, on voit bien que toute cette affaire-là est à l'envers.

Congrès du CCSNM, 1977.

DUPLESSIS, MAURICE LE NOBLET

Il y a bien des gens qui voulaient se débarrasser de Duplessis. Duplessis m'a mis en prison sept fois et si on érigeait un monument à Duplessis aujourd'hui, je paierais ma cotisation, car il ne m'a jamais trompé. Duplessis disait qu'il était contre les syndicats, pour l'entreprise privée, contre les grèves et qu'il était pour nous envoyer la police, qu'il allait nous mettre en prison et à tout coup il le faisait, donc il ne nous a jamais menti.

Congrès du CCSNM, 1976.

ÉDUCATION POLITIQUE (L')

Le fond du problème au Québec, c'est qu'il n'y a pas d'éducation politique nulle part. Il y en a eu un peu durant les années soixante, en particulier dans les syndicats, mais depuis plusieurs années, plus rien. Pas d'éducation politique donc, pas d'éducation tout court.

Or sans éducation politique, sans formation à la démocratie, il n'y a pas de pratique politique. Conséquence: on vit dans une société sans opposition, sans conscience critique, sans mémoire ni culture politiques, sans participation. Une société aplatie, une démocratie muselée, sans parole, sans colère, sans action. Y a-t-il un avenir dans une telle société?

Vie ouvrière, n° 229, mars-avril 1991.

ÉLECTIONS FÉDÉRALES (LES)

Aux dernières élections fédérales, je n'ai pas voté parce que j'étais absent. Cette fois-ci je vais y aller pour empêcher que quelqu'un ne vote à ma place. Sur mon bulletin, je vais écrire : «Merde» [cf. P. E. Trudeau aux gars de Lapalme]. Ce n'est peut-être pas élégant, mais je pense que c'est clair. C'est ça qu'il faudrait : que des millions de bulletins québécois sortent avec le mot *merde* écrit dessus... ce serait merveilleux ! Peut-être, alors, commencerait-on à comprendre que les Québécois ne sont plus intéressés à cette sorte de démocratie, qu'elle est cassée, qu'on ne joue plus.

[...]

Aujourd'hui, avec les rumeurs de Bloc populaire québécois, c'est la même tentation idiote qui réapparaît : tous se liguer contre Trudeau ! Mais quand il ne sera plus là, si le capitalisme n'a pas changé, ce sera un autre tout aussi impuissant à faire les transformations nécessaires que nous nous serons usés à mettre au pouvoir ! Occupons-nous donc plutôt de nos affaires qui sont au Québec ; c'est là qu'il faut bâtir un pays et un État qui soit à nous.

Maintenant, n° 109, octobre 1971.

FRANÇAIS (LE)

Le Conseil central de Montréal, sans vouloir se faire l'initiateur de quoi que ce soit, en discutant les problèmes de la population de Montréal en particulier, a été à l'origine à la CSN du mouvement contre le *bill* 63 et pour l'unilinguisme français. Cette prise de position a été endossée par le Conseil confédéral, comme vous le savez, et même le Bureau confédéral, qui n'avait pas cru devoir être parfaitement d'avis avec le Conseil confédéral, s'est ravisé 15 jours après pour prendre une position plus ferme contre le *bill* 63.

Congrès du CCSNM, 1970.

INDÉPENDANCE (L')

C'est un beau pays, le Québec, et ce sont les femmes qui l'ont bâti. Moi, je suis un indépendantiste. Un gouvernement, pour un homme, c'est assez. Il faut savoir qui on doit féliciter et à qui on doit botter le cul. Le sens de la démocratie, c'est ca. La souveraineté? Ça m'écoeure, c'est partir avec l'idée qu'on va faire de fortes concessions. Lise Payette a eu un bon mot là-dessus: «On va divorcer d'abord, puis après on discutera.» Tant qu'on n'en sera pas là, on va rester dans la confusion. Par ailleurs, juste vouloir notre indépendance, c'est insensé. En Amérique latine, plusieurs pays ont leur langue, leur drapeau, leur gouvernement et ils sont dominés sur le plan économique.

Guide Ressources, janvier-février 1992.

INDÉPENDANTISME (L')

Il est arrivé qu'on ait arrêté des journalistes, des socialistes, des communistes, des indépendantistes. M. Claude Wagner disait, lorsqu'il était procureur général et procureur de la Couronne à Montréal: «Les indépendantistes sont des criminels et seront jugés comme tels.» Or les gars qui contestaient la Constitution du Canada ou qui voulaient des changements constitutionnels, des changements tout simplement de démocratie politique, étaient bâillonnés, arrêtés, on faisait des perquisitions pour trouver de la dynamite et on emportait leurs dactylos. Il y avait des juges complaisants qui signaient des mandats en blanc, tant que tu en veux, des juges de basses cours et des juges de hautes cours aussi.

Assemblée générale du CCSNM, 2 mars 1971.

Il y aura une résolution prise pendant le congrès au sujet de l'indépendance du Québec. Vous allez être appelés à prendre position pour savoir si vous êtes d'accord pour avoir un gouvernement ou si vous aimez mieux en garder deux. Alors, vous avez le temps d'y penser. Si vous voulez qu'on continue dans un pays bicéphale, pas de tête, ça vous regarde.

Congrès du CCSNM, 1972.

Je n'ai pas fait de thèse pour l'indépendance du Québec. Seulement, ceux qui disent que ce serait dommageable au point de vue économique, il faudrait qu'ils nous expliquent qu'on aurait plus que 250 000 chômeurs comme on en a actuellement. Ça augmente depuis 1965. Ç'a été comme ça à partir de 1949 et ç'a été comme ça après la guerre de Corée. Alors, moi je n'y crois pas. Il y a des petits pays qui sont libres à meilleur compte que nous autres. Je ne suis pas d'accord avec tous ceux qui disent que ce serait épouvantable. De quoi on manquerait ? De papier de toilette parfumé et fleuri ? On prendra le *Star* et la *Gazette*.

Un homme de parole, film d'Alain Chartrand, avril 1991.

INSURRECTION APPRÉHENDÉE (L')

Quand les travailleurs ne sont plus solidaires les uns des autres, de qui sont-ils solidaires ? Ils sont solidaires de la police ? De l'armée ? C'était quoi l'insurrection ? Où est-ce qu'elle était l'insurrection appréhendée ? Qu'est-ce c'était cette histoire-là du 16 octobre 1970 ? Trente-deux armes à feu, 21 armes offensives, dont trois bombes fumigènes, neuf couteaux de chasse et un sabre. Ça, c'est le rapport de Jean-Pierre Goyer, le petit porte-queue de Pierre Elliott Trudeau, solliciteur général à

Ottawa. Mais où est-ce qu'ils sont les terroristes dans la province de Québec? Vous en avez vu, des terroristes? Moi, j'ai été en prison pendant quatre mois et je n'en ai pas vu. Il n'en reste presque plus de prisonniers. Et ils ont fouillé cinq à six mille maisons.

Trudeau a pris peur et il a communiqué sa peur à l'ensemble de la population. Puis le petit Jérôme Choquette est arrivé et il a fait du terrorisme lui-même et il a dit: «On va enfermer des gars, parce qu'il faut qu'il y ait une insurrection.» Il doit y avoir des gars responsables de cela, alors, ils ont dit: «Gagnon, c'est normal. Il a passé quatre ans en prison pour rien, alors tout le monde va penser qu'il est coupable. Vallières, on le sait ben, il est allé écrire un livre. Il a dit que les Canadiens français étaient des colonisés, des Nègres blancs d'Amérique. Alors c'est sûr qu'il était coupable. Robert Lemieux? Ah! Lemieux, c'est pire ça... Au lieu de défendre les bandits pour faire fortune, il défendait des gars qui ont été accusés, et ce à la demande du Barreau.» Son bureau de capitalistes l'a jeté dehors, tout nu dans la rue. Alors là, ils l'ont mis en prison lui aussi. Ils ont dit: «Il n'y en aura plus de défenseurs pour ces gars-là.»

Alors moi, quand je suis venu devant le juge Ouimet, on s'est mis à se parler un peu, puis on s'est pas compris: il m'a lancé un an de mépris de cour sur la gueule.

Assemblée générale du CCSNM, 2 mars 1971.

LANGUE (LA)

S i le *bill* 63 est voté, les universités et les collèges anglais, au Québec, sauteront à la dynamite. Il ne faut pas être bien instruit pour comprendre que *enough is enough*, qu'on ne peut refouler un peuple à ce point.

L'incongruité, c'est de voir un gouvernement légiférer à l'aide de cordons de police, et cela pour favoriser le français au Québec.

C'est un signe que les policiers sont là pour empêcher que les Anglais n'attaquent le Parlement et que les Canadiens français n'aillent féliciter le gouvernement en trop grand nombre.

À Québec, devant des étudiants. Propos rapportés par Gilles Daoust dans *La Presse*, 30 octobre 1969.

Si on n'a pas le courage de prendre les moyens nécessaires pour sauver la langue française, il faut avoir le courage de dire aux générations qui s'en viennent qu'on s'en va vers une assimilation nécessaire à brève échéance. Si on veut survivre, il faut que le Québec soit français comme l'Ontario est anglais, et cesser de se conter des histoires avec le bilinguisme. Les conneries de Pierre Trudeau sur le bilinguisme ou de René Lévesque voulant qu'on garde aux Anglais tous leurs privilèges, ça n'est pas vrai! Les Anglais n'ont pas besoin de privilèges: le Québec est le pays au monde où les minorités sont le plus respectées. Nous avons même créé des écoles italiennes à Montréal pour que les enfants de ces immigrants puissent passer de leur langue maternelle à la langue française: ça n'existe nulle part ailleurs dans le monde une chose comme celle-là!

Ce qu'il faut donc, c'est aménager les écoles primaires de telle sorte qu'elles permettent à tous et chacun des non-francophones du Québec de passer de sa langue maternelle à la langue française. Et qu'ensuite l'école supérieure et l'université soient françaises. Alors, forcément, la langue seconde sera l'anglais. Nous serons donc de culture française, bilingues, avec l'anglais comme langue seconde. Mais aujourd'hui, au contraire, à la CECM, 89% des immigrants passent du côté des classes anglaises! Moi je ne connais pas de pays qui se force ainsi à se noyer lui-même! C'est un suicide avec notre propre argent! Vouloir sauver sa peau, ce n'est pas du racisme, quand même! Quand on entend tous ces petits ministres, avec François Cloutier comme ministre de la Culture en tête et Jean Cournoyer comme ministre du Travail, nous inviter à devenir bilingues pour gagner notre vie... Il y a au Québec 250 000 chômeurs de plus en plus instruits, de moins en moins catholiques et presque tous bilingues. Alors, qui dit mieux?

Une langue, sa langue, c'est capital pour la formation de la pensée. On dit que les enfants peuvent devenir facilement bilingues ou trilingues: oui, avec leurs oreilles, ils peuvent emmagasiner facilement les mots. Mais maîtriser profondément une langue, ça c'est autre chose! Il faut d'abord maîtriser solidement sa langue maternelle avant d'en aborder une autre. Autrement on devient assimilés. Dans tous les pays du monde, on constate que le bilinguisme réel, la maîtrise des mots et des formes de pensée de deux langues à la fois, c'est une performance accessible à une infime minorité. J'en ai vu de ces fameux bilingues dans le Nord-Ouest québécois, en Nouvelle-Angleterre, à Montréal... Alors, ça fera, pour ce bilinguisme-là!

Maintenant, n° 109, octobre 1971.

On a besoin de sauver notre culture, on a besoin de sauver notre langue. Les gars qui sont dans les unions internationales au Québec ont les mêmes intérêts que nous autres et ils vont faire la même lutte que nous autres. Sur la langue, on dit au Conseil central qu'on ne se battra pas sur le dos des enfants des nouveaux Québécois. Les enfants vont pouvoir aller dans une classe de leur langue maternelle. Ça, c'est la civilisation, c'est le respect du monde, passer de la langue maternelle à la langue française. Mais après l'école primaire, l'école est en français: polyvalente, cégep, université en français

avec langue seconde. Ceux qui sont en peine pour les
Anglais, rassurez-vous, ils vont aller à l'école anglaise au
primaire et ils vont continuer d'apprendre leur langue
maternelle afin de développer leur culture à l'université
en français et en langue seconde, l'anglais. Ils vont être
plus civilisés qu'ils le sont là. On va leur rendre un maudit service, ils vont arrêter d'être traumatisés et d'avoir
un complexe d'infériorité et de se sentir une minorité
dans un ghetto. Ils vont être capables de parler français
et on n'aura pas des pauvres Québécois qui veulent
envoyer leurs enfants apprendre l'anglais au cas où ils
pourraient devenir *boss*.

Alors, on ne sera pas obligés de se battre entre nous
autres pour empêcher les Québécois de langue française
d'envoyer leurs enfants dans des écoles de langue
anglaise. J'ai vu ce problème en 1939. Tout le contraire
du bon sens. On veut mettre des écoles anglaises pour
les enfants en bas âge. Ça ne s'apprend pas deux langues
en même temps, surtout quand c'est le français et l'anglais. On peut le parler sur la rue. Je restais dans un
quartier où il y avait des Anglais. J'avais un meilleur
accent en anglais à six ans qu'aujourd'hui, mais on n'est
pas bilingue si on ne possède pas notre langue maternelle.

Quand on veut en voir des bilingues, on va se promener dans le nord-ouest du Québec ou de l'Ontario.
J'ai travaillé là pendant six mois pour les Métallos. Au
bout de 15 jours, je ne savais plus quelle langue je parlais. Je me comprenais avec tout le monde mais je ne
savais pas ce que je disais.

Congrès du CCSNM, 1974.

Après une tournée dans l'Ouest canadien, je main-
tenais que les gens de l'Ouest devaient recevoir un
enseignement au primaire dans leur langue maternelle.
Je maintiens toujours qu'il devrait en être ainsi, même au

Québec. Avec des écoles primaires dans la langue maternelle des gens, ça permet aux enfants d'amorcer le développement de leur intelligence dans un contexte beaucoup plus favorable. C'est en plus une sorte de respect
que l'on doit à tous ces gens dont la langue maternelle
est autre que la nôtre. Par ailleurs, et non pas en retour,
ces gens doivent comprendre que ce respect doit être
mutuel. Comme le Québec est une terre française, l'école
supérieure et l'université doivent être unilingues françaises.

Une telle conception n'a rien de raciste! Et tu peux
me dire ce qu'il perdrait, l'Anglais? Rien. Rien du tout.
L'école unilingue française, avec enseignement de l'anglais comme langue seconde, comporte au contraire des
avantages pour les Anglais du Québec. Civilisés comme
ils le sont, ils ajouteraient un autre panache à leur culture, la langue française. Ce qui ne ferait pas de tort,
entre autres, aux universitaires anglophones québécois
qui sont pratiquement les seuls universitaires du monde
à ne parler qu'une seule langue. Mais McGill français,
c'est pas pour demain matin. Jamais le Parti québécois
n'aura le courage de décréter une telle mesure, pourtant
fort justifiable et justifiée dans les faits. Du coup, tu éli-
minerais notre principal problème qui réside dans la fré-
quentation de l'école supérieure anglaise par toute la
clientèle de Québécois francophones.

Zone libre, été 1977, propos recueillis par Guy Rochette.

LIBÉRATION NATIONALE (LA)

« **M** aîtres chez nous ». Ça fait un bien beau slogan,
même respectable pour tous les gens conscients,
mais on ne peut être maîtres chez nous dans un régime
capitaliste. En foi de quoi on ne peut parler de libération

nationale sans parler de libération économique. Le PQ, il ne fera pas la libération nationale des Québécois, il refuse de briser les chaînes du capitalisme. Or le capitalisme, c'est non seulement inhumain et asocial, mais également a-national et apatride. Le capitalisme ne respecte ni les individus ni les nations. Que l'on n'aille pas s'imaginer faire la libération nationale en remettant nos richesses naturelles et les entreprises aux Québécois capitalistes. Ce faisant, on ne les remet pas à la nation ni à ses représentants. Un capitaliste, du Québec ou d'ailleurs, ne connaît qu'une seule vérité : le profit. Le bien-être de ses compatriotes passe après.

Zone libre, été 1977, propos recueillis par Guy Rochette.

MAGISTRATURE ET POUVOIR JUDICIAIRE

En 1970, le gouvernement dégénéré de M. Trudeau à Ottawa, le pouvoir exécutif s'est arrogé les pouvoirs des tribunaux. D'abord, en portant des jugements sur des associations qui relèvent proprement des tribunaux. Deuxièmement, en enlevant les pouvoirs aux tribunaux à la Cour du Banc de la Reine, pas à la basse cour des juges nommés par la province de Québec, non, des juges sérieux, des juges de la haute cour, avec beaucoup de rouge et des tricornes, déguisés comme des sorciers du village, avec des chapeaux de peureux de jardins... On en a vu cinq de cette race-là, puis on leur a dit : « Ça ne vous fait rien qu'on vous enlève vos pouvoirs ? M. Turner sème l'anarchie, il va contre toutes les traditions, contre le Code et contre la Constitution. C'est un anarchiste, M. Turner... » Le juge : « Ah ! on n'a pas d'affaire là-dedans. Ils ont dit qu'il y avait une insurrection armée, que c'était le ministre de la Justice qui pouvait décider si vous étiez pour être libérés ou non. » Alors, on est restés là quatre mois pour s'apercevoir qu'il n'y avait pas d'accusations. Mais ils nous gardaient là longtemps pour que les gens pensent que s'ils nous gardent un mois, ça doit être qu'il y a quelque chose à soupçonner, que s'ils les gardent deux mois, il y a sûrement quelque chose à leur reprocher et s'ils les gardent quatre mois, c'est sûr qu'ils doivent être coupables. Il est arrivé qu'au bout de quatre mois, ils n'avaient rien trouvé. On s'en va vers le 3 mai et ils n'ont pas eu le temps de faire de procès. Ils nous laissent circuler, nous des gars dangereux !

Congrès du CCSNM, 1971.

On ne doit pas être d'accord, même si le cabinet et le parlement d'Ottawa l'ont voté, avec le Règlement 1970, en vertu de la Loi des mesures de guerre, la loi 581, selon laquelle c'est un crime d'appartenir au FLQ. Ce n'est pas le rôle du gouvernement de décider si une organisation est légale ou pas ni de passer par-dessus la tête des juges et de dire que le ministre de la Justice va décider quand Monsieur Untel va être en liberté. On a vu trois juges : Jean-Paul Bergeron, Roger Ouimet et Kenneth Mackay, et on leur a posé le problème. On leur a dit : « M. Turner et M. Choquette ont usurpé vos pouvoirs. » Ils nous ont rendu trois jugements mais ils ne pouvaient pas nous donner de cautionnement, parce que la loi ne leur permettait pas ; c'était M. Choquette qui devait décider ça. On a dit : « M. Choquette n'a pas d'affaire là-dedans, puis si vous laissez ça là, moi quand je viendrai au pouvoir, tous les bourgeois qui n'aimeront pas le socialisme, je les mettrai en prison. »

Mais c'était la loi. C'est encore la loi qui marche. Pas besoin de mandat : tu arrêtes n'importe qui, c'est comme ça.

C'est comme ça qu'ils sont allés à l'Imprimerie Roy, aujourd'hui. Ils ont arrêté deux Vietnamiens et ils ont pris leurs textes. Ils ont dit : « On avait eu une communication selon laquelle il y avait des cocktails Molotov, et ils ont emporté des papiers. C'est pas des cocktails Molotov, des papiers.

Assemblée générale du CCSNM, 2 mars 1971.

La magistrature, l'appareil judiciaire sont l'appendice du capitalisme et du gouvernement, c'est aussi simple que ça. C'est corrompu de haut en bas ; on pourrait passer une résolution et je pense qu'il n'y aurait pas de discussion pour l'affirmer. Et ils nous donnent des preuves. Il y a des juges qui ont essayé d'entrer au palais de justice ce matin. Ceux qui ne savaient pas que les juges étaient des *scabs* par nature vont l'apprendre. Un juge m'a dit qu'il avait reçu des laissez-passer de Québec. Ils sont même trop caves pour savoir qu'un laissez-passer, ça doit être donné par les piqueteurs, ça ne se donne pas par les *boss* parce que leurs joueurs ne sont plus là, leurs joueurs sont dehors ; alors, ce sont les piqueteurs qui doivent donner des laissez-passer. Mais le gouvernement de Québec et le ministère de la Justice sont trop cons pour savoir ça. Puis, on essaie d'effrayer les piqueteurs et les grévistes avec des injonctions.

Congrès du CCSNM, 1972.

Le président de la CSN en a parlé tantôt. Il y a une caste infecte qui est la magistrature. Lui, il leur dit ça poliment parce qu'il leur parle de haut. Il pense que ça va les écraser. Cependant, ils ne sont pas faciles à écraser. Ils sont prétentieux et c'est une caste en dehors de la société. Ils ne respectent même plus les lois. C'est l'équivalent de l'escouade terroriste de Montréal, mais avec des papiers de cour de n'importe quelle sorte qu'ils vous envoient à n'importe quelle heure.

Congrès du CCSNM, 1977.

Les juges de Lévesque — la police de Lévesque

Le PQ a voté pour la loi 61. Quand on avait la police à nos trousses et les juges qui nous écœuraient, on disait : « Ce sont les juges à Bourassa et la police à Bourassa. » Avant, c'était les juges et la police de Duplessis. Là, c'est la police et les juges de qui ? Et puis, ils ne leur toucheront pas, ils sont trop propres. Je comprends qu'ils ne veulent pas leur toucher parce qu'ils se saliraient à toucher à la magistrature. Sauf que la magistrature, il faudrait qu'elle respecte les lois, elle aussi.

René Lévesque l'a dit à la Chambre de commerce de Montréal : « Il n'y a personne au-dessus des lois. » Il ne faudrait pas que les juges se mettent au-dessus des lois. Quand tu vois des syndiqués qui attendent des années de procédures et de niaiseries et qui se font congédier avant d'avoir leur organisation syndicale, ils disent : « Là, c'est assez. On ne travaillera pas là si on n'est pas capables de faire respecter nos droits et d'avoir un syndicat quand la loi nous permet d'en avoir un. » Le juge répond par une injonction. Marche travailler ou bien va piqueter de l'autre côté de la rue ou dans la cour. À tous les jours, des injonctions pour forcer le retour au travail. On n'est pas en Russie, on a le droit de faire la grève ! Sauf qu'il ne faut pas que ça dérange. Parfois, le *boss* ne veut pas que tu fasses la grève. Alors, il va voir le juge et lui dit : « Ramène-les-moi à l'ouvrage. » Au *Nouvelliste*, à Trois-Rivières, et les gars des postes de radio comme CJMS, ils essaient depuis dix ans d'avoir un syndicat, dans un pays démocratique où il y a la liberté d'association. Mon cul !

Congrès du CCSNM, 1977.

MESURES DE GUERRE (LES)

Il n'y a pas de terroristes qui ont été arrêtés le 16 octobre 1970; pas plus le président du Conseil central de Montréal [Michel Chartrand] que Gérald Godin de *Québec-Presse*, ou le rédacteur de *Combat* ou de *Point de mire*, ou Young qui est rédacteur au *Journal des Jeunes socialistes*, ou les gars des «Jeunes Canadiens», etc. Ceux qui ont été arrêtés le 16 octobre, c'était uniquement des gens qui, par leur fonction ou bien par leur tempérament, disaient des affaires. C'était la liste préparée par MM. Drapeau et Saulnier qui ont vécu dans l'illégalité pendant des années avec leurs billets de loterie et ont été condamnés par les tribunaux, qui ont institué le Règlement numéro 3926 anti-manifestation qu'ils continuent d'appliquer, règlement que nous avons combattu et que les tribunaux ont déclaré *ultra vires*. Or il est arrivé qu'on a arrêté des journalistes, des socialistes, des communistes, des indépendantistes, comme cela se fait depuis plusieurs années.

Assemblée générale du CCSNM, 2 mars 1971.

On se scandalise de deux enlèvements. On est des hypocrites. Ces enlèvements n'ont rien de comparable avec ce qui se passe au Viêt-nam où chaque jour non seulement la liberté des individus est bafouée, mais l'individu lui-même est systématiquement éliminé, et ce, froidement, sans pitié. L'impérialisme américain et sa doctrine de maximisation du profit doit être la raison même de l'impérialisme, celle qui passe bien avant la morale, le social et même l'intérêt national.

Ce sont ces bandits internationaux qui, après avoir saigné à blanc les pays d'Amérique latine, investissaient les profits ainsi réalisés dans les pays européens. Ils appauvrissent ces pays et ensuite vont investir leurs profits ailleurs. Est-ce cela notre civilisation ?

Le Droit, Ottawa, 25 mars 1971, par Jacques Martel.

Cette infâme loi [la Loi des mesures de guerre, Règlement 1970] raciste envers les Canadiens français a été votée par des fascistes. En Irlande du Nord où l'on est en pleine guerre civile, le gouvernement n'a pas encore proclamé de mesures d'urgence.

Le Journal de Montréal, 24 mars 1971, par André Dalcourt.

Trudeau, Bourassa et compagnie ont contribué pour beaucoup à aggraver les événements d'octobre. Depuis cinq mois, en avez-vous vu une, une insurrection armée? Pourquoi l'armée, pourquoi la Loi des mesures de guerre? Il est clair que cette loi a été votée par les Anglo-Saxons d'Ottawa. Pourquoi ce racisme? On n'est pas plus fous que les autres. On va essayer de s'organiser. Ça nous prend une révolution dans les esprits. Puis si jamais l'armée revenait au Québec, il appartiendrait à la population de décider si oui ou non elle est suffisamment convaincue idéologiquement parlant pour prendre les armes.

Dans un Québec indépendant, nos meilleurs amis seraient les financiers de Toronto. Ils n'hésiteraient pas à apprendre le français, sans qu'on leur demande. Notre marché de six millions d'habitants est suffisamment tentant pour susciter leur convoitise.

Le Droit, Ottawa, 25 mars 1971, par Jacques Martel.

Ils se sont dit: «Il gueule tout le temps, il y a bien du monde qui ne l'aime pas et il n'y a personne qui va chialer si on le met dedans. On va le mettre avec les quatre autres.» Parce qu'il fallait qu'il y ait un *brain trust* à M. Trudeau qui ne croit pas à la spontanéité; c'est une espèce d'appendice de IBM, c'est son psychodrame qui s'est joué à ce moment-là. Il a un complexe d'infériorité vis-à-vis des Canadiens français, alors il s'est dit: «Là, on va les tasser.»

[...]

Gérard Pelletier prétend qu'ils n'étaient pas pris de panique à Ottawa, mais quand même, ils ont voté la Loi des mesures de guerre et ils ont envoyé l'armée contre les Canadiens français parce qu'il y avait eu deux enlèvements. Pourquoi envoyer l'armée contre les Canadiens français au Québec au lieu de l'envoyer dans tout le Canada ? Vous n'aviez pas été consultés avant les enlèvements, pas plus que je ne l'avais été.

[...]

Gérard Pelletier est comme les vieux habitants, comme les rouges de 1918 à 1939. Ils avaient juré qu'ils voteraient contre la conscription. En 1939 est arrivée la mobilisation, ils ont voté pour. Ils sont retournés dans leurs comtés. Les gars leur ont dit : « Tu avais juré que tu voterais contre la conscription et tu as voté pour ! » « J'ai voté pour, mais à mon air, ils ont bien vu que j'étais contre. » C'est le raisonnement que Pelletier a fait. Un gars qui était pour la liberté individuelle. Il dit : « Il n'y avait pas d'insurrection mais on a envoyé l'armée, on a fait la Loi des mesures de guerre. C'est de valeur, il y a des gars qui sont allés en prison, ils devraient être indemnisés. »

[...]

Ç'a été l'entreprise de terrorisme la plus extraordinaire dont on n'ait jamais entendu parler au Québec ni au Canada. J'ai visité, après ça, à peu près toutes les provinces, les grandes villes et les universités du pays et à plusieurs endroits, on m'a dit : « Il y a des gens qui disaient que c'est une bonne affaire, ça va leur donner une leçon aux Canadiens français. » Le fait est que ça nous a donné une bonne leçon, il y en a qui vont s'en souvenir longtemps.

[...]

Par ailleurs, les gens disaient que si ça c'était passé dans une autre province, Trudeau n'aurait pas fait 15 jours. Alors, on se demande encore où elle est, l'insurrection armée.

Il y a un journal qui s'appelle le *Time Magazine*, c'est un des journaux, comme le *Time*, le *Life* et le *Reader's Digest*, qui a des privilèges postaux qui font que le ministère des Postes connaît des déficits. [...] La revue dit : « C'est drôle que la Cour, depuis les événements d'Octobre, n'a pas démontré qu'il y avait eu une cohésion, un groupe révolutionnaire. » Nous autres, on a été accusés de conspiration séditieuse pour renverser le gouvernement par la force... Mais ça ne prend pas de force pour renverser ce gouvernement-là, il tient par un fil américain qui pourrait être coupé n'importe quel jour. Je ne leur en veux pas, mais seulement, c'est ça. Alors, la revue continue : « Ça ne fait pas sérieux, l'affaire. Ceux qu'on prenait pour les responsables n'ont même pas eu de procès, l'acte d'accusation n'était pas bon. »

[...]

J'ai vu des lettres dans les journaux pendant que j'étais en pension, là-bas dans le Sud, au motel Parthenais. Des gens disaient : « Qu'est-ce qu'il avait d'affaire à se prononcer ? » Des gens qui ne savent pas ce que c'est que la liberté, qui étaient étonnés que des représentants de travailleurs organisés, des travailleurs réunis en syndicats, par solidarité humaine et par solidarité ouvrière, disent spontanément : « Nous ne sommes pas d'accord avec des mesures antidémocratiques qui sont contre la liberté, contre les libertés fondamentales. » Et alors là, ils ne défendaient pas seulement Chartrand, ils défendaient la liberté, le droit de parler, d'être dissident et de constituer une opposition. C'est élémentaire quand on parle de démocratie.

Or c'est en partie des gens de l'opposition qui ont été enfermés et c'était pour la bâillonner sur le plan

municipal et ailleurs. Cette entreprise de terrorisme continue constamment et ces gens subissent toutes sortes de
vexations policières, se voient refuser des salles à
Montréal, en plus des perquisitions, de l'espionnage de
tout le monde destiné à diviser les gens, à les terroriser
et les empêcher de se coaliser et de former une opposition pour un changement radical du système.

[...]

Quand on a dit, le 5 novembre 1970, lors de notre
comparution, que ça n'avait pas de bon sens, le juge a
dit : « Bah ! Quand même, vous allez avoir un procès dès
janvier. » Du 5 novembre au mois de janvier, c'est une
affaire de rien... sans savoir qu'est-ce qu'on fait là. Au
mois de janvier, ils ont décidé que ça irait au mois de
février. Le juge a dit : « Bah ! ça fait seulement trois
semaines de plus. » Oui, ça faisait du 16 octobre au mois
de février, toujours sans savoir pourquoi. Le 26 novembre, on avait demandé de procéder à notre deuxième
accusation, soit de « faire partie du FLQ, d'avoir été
membre ou d'avoir dit qu'on était membre du FLQ » ; on
a demandé à l'officier qui était en charge d'inscrire les
rôles à la Cour de voir à inscrire notre procès. Ils ont
remis ça de semaine en semaine, de mois en mois, mais
pendant ce temps-là, ils me gardaient en dedans. Parce
que c'est 20 jours par mois quand on est bon garçon,
puis moi, normalement, je suis bon garçon en prison.

[...]

Le solliciteur général, Jean-Pierre Goyer, à la Chambre des communes, quand on lui a demandé ce qui s'était
passé dans la province de Québec, trois ou quatre mois
après Octobre, parce que, au mois d'octobre, vous vous
rappelez que c'était grave, Trudeau avec du mascara
autour des yeux qui disait que « ça pouvait être votre voi-
sin, votre enfant, le gérant de la caisse populaire », plus

d'emprunts… Ça, c'était l'entreprise de terrorisme à travers le pays. Les gens qui ont cru que c'était vrai qu'il y avait une révolution armée, on ne pouvait pas les blâmer. Donc, M. Goyer, en réponse à des questions qui lui étaient posées, a dit que, après toutes les recherches qui avaient été faites dans la province de Québec (par l'armée, la Gendarmerie royale, la Sûreté du Québec, l'escouade antiterroriste de Montréal, les policiers de tous les corps déguisés en monde et en uniforme, tous les corps de police des banlieues de Montréal qui ont pénétré dans 4000 à 5000 maisons, sans mandat et qui ont fouillé comme ils voulaient…) alors, le solliciteur a décrit l'arsenal qui avait été trouvé : 33 fusils, plus 21 armes offensives — ça, c'est les chars d'assaut, les mitraillettes et tout le bazar, des affaires terribles. Or parmi ces 21 armes offensives, il y avait trois bombes fumigènes : la première chose que tu fais quand tu prépares une insurrection, tu vas chercher des bombes fumigènes, pour la cacher, évidemment, autrement tu risquerais de te faire arrêter. Les 21 armes offensives comprenaient donc trois bombes fumigènes, neuf couteaux de chasse (des armes blanches pour ne pas éveiller l'attention quand tu veux tuer l'ennemi), plus un sabre. Au Nouveau Parti démocratique, un député de Toronto a dit : « C'est l'insurrection la moins bien équipée qu'on a jamais appréhendée. »

[…]

Alors, à la suite de ces deux enlèvements, il y a eu, d'après le rapport de la Ligue des droits de l'Homme à Montréal, 497 arrestations dont 435 détenus qui n'ont pas eu d'accusation et ont été relâchés après des jours, des semaines ou des mois en prison.

[…]

Seulement, il y a des centaines de personnes qui ont été arrêtées et qui ont été détenues en vertu d'une loi illégale et inconstitutionnelle, à l'encontre du British North America Act (section 99). On a enlevé aux tribunaux le droit d'accorder des cautionnements et on l'a remis au ministre de la Justice. C'est un petit politicien du nom de Jérôme Choquette qui refusait de nous laisser avoir des cautionnements. On n'a pas entendu le Barreau ni les juges rouspéter: on en a vu cinq. Ils nous avaient envoyés directement devant des juges fédéraux, mon cul, nommés par Ottawa. Il y en a un en particulier, du nom de Kenneth McKay, un gradué de l'Université McGill, un ami de M. Turner, organisateur de M. Turner, le ministre de la Justice dégénérée d'Ottawa, qui a dit: «On enlève le privilège à la Cour et on le remet au ministre de la Justice du Québec parce que le ministre de la Justice est obligé de répondre au peuple, c'est plus démocratique.»

[...]

On a dit au juge: «Il vient de vous enlever vos pouvoirs.» Depuis 1215, dans l'Empire britannique, le roi n'a pas le droit de faire arrêter quelqu'un, de l'enlever, de l'emprisonner, de saisir ses biens, de l'expatrier, à moins qu'il y ait un procès devant ses pairs selon la loi du pays. En 1215, quand les barons sont allés devant le roi Jean avec une épée, ils la lui ont montrée et il a signé. Ce n'était pas de la violence, c'était de la démocratie. Ils ont dit: «Tu nous écœures à nous enfermer en prison quand tu en as le goût.» Le roi pouvait faire enfermer, par lettre de cachet, ses ennemis ou les maris de ses maîtresses. Tout ça a été réinstauré en 1970. C'est comme ça que le marquis de Sade a été libéré une fois, quand on a aboli les lettres de cachet.

Congrès du CCSNM, 1971.

MILITANTS (LES)

Il n'y en a jamais d'autres que les travailleurs syndiqués qui sont allés chercher de l'argent et qui ont amélioré le niveau de vie de la population du Québec et du Canada. C'est ni les curés, ni les évêques, ni les ministres, ni les députés, ni les intellectuels, ni les instruits. Ce sont les travailleurs d'usine qui ont fait lâcher du lousse aux capitalistes. C'est comme ça que les collets blancs ont amélioré leur sort. C'est une des raisons pour lesquelles on dit : « Le problème, ce n'est pas de mettre les agents d'affaires et des recruteurs sur la route, le problème c'est de former des militants qui vont continuer d'être à l'avant-garde de la classe ouvrière. » Leur vie, leur exemple, leur mentalité, leur philosophie et leur militantisme vont tripler les syndiqués dans la province de Québec en dedans de cinq ans.

Congrès du CCSNM, 1973.

Ça n'a pas de bons sens que les militants servent de pères et de nourrices indéfiniment et que les syndicats se rencontrent juste au moment des négociations. Il n'y aura jamais assez de permanents au Conseil central et on ne suggérera plus d'en engager de nouveaux. On va sortir des gars des usines et ils vont aller brasser des affaires avec les autres. Ça va être une école d'apprentissage parce qu'on apprend en travaillant.

Congrès du CCSNM, 1974.

Il va falloir trouver des militants dans les régions. Il va falloir les chercher dans les usines. Le gars n'habite pas nécessairement dans le quartier où est son usine. Le drame n'est pas dans les fédérations, il n'est pas dans les structures. Il s'agit d'aller chercher des militants qui militent pour vrai et qui décident de se battre et on n'aura pas besoin d'être plus qu'on est là. C'est pas en

étant plus qu'on est là qu'on va aider ceux qui sont mal
pris. C'est vrai qu'on est capables de syndiquer tout le
monde sous un régime capitaliste, il me semble qu'on
devrait le savoir.

[...]

L'important, c'est de se regrouper et d'aller chercher
ceux qui veulent se battre. Et on en a déjà beaucoup dans
nos rangs. Ce n'est pas se replier sur soi-même, c'est de
durcir les luttes et de forger des armes et de fesser plus
juste. Après, on va collaborer avec tous ceux qui le
veulent, on ne se prétend pas la classe ouvrière, on est
qu'une partie de la classe ouvrière ; c'est pas juste pour
se servir. Si on perd ça, ça veut dire qu'on est intégrés
dans le système d'une façon ou d'une autre.

[...]

Je suis de plus en plus convaincu que notre priorité
doit être d'aller chercher des militants dans les syndicats
qu'on a présentement et de les former. Trouver une
relève, et là, bâtir un esprit de classe et créer une solidarité ouvrière. C'est pas vrai que c'est en dépensant de
l'argent sous prétexte d'aller libérer d'autres travailleurs
non syndiqués qu'on va avancer. On va piétiner et on va
avoir des payeurs de contributions comme ceux qui sont
partis en grand nombre. Une bonne partie de ceux qui
restent sont des payeurs de contributions, c'est pas des
adhérents et encore moins des militants.

Congrès du CCSNM, 1975.

MINISTRES (DES)

Jérôme Choquette

Je l'ai rencontré dernièrement aux bureaux de la Sûreté du Québec, rue Parthenais. Je l'ai engueulé à propos des cartes d'identité qu'exige la Police. J'ai complètement oublié de lui mettre ma main sur la gueule.

[...]

Jean Cournoyer

Cournoyer, c'est un tueur. On avait formé 55 inspecteurs de chantiers de construction, Cournoyer les a tous mis au salaire minimum, il n'en reste plus et les ouvriers se tuent. L'un d'eux dégringole d'un échafaud sans garde-fous, sept autres se font couler dans le ciment à l'échangeur Turcot, quatre autres enfin se font écraser par une meule dans une usine de Molson dans les Cantons-de-l'Est. Cournoyer sait tout cela, mais il ne fait rien. Moi je dis qu'il me manque des ministres morts.

Montréal Flash, 29 novembre 1971, par André Dalcourt.

Le ministre tripote les lois, le ministre de la construction. Cournoyer est le représentant officiel des employeurs de la construction depuis tout le temps et il continue au gouvernement de l'être. Il l'était dans l'Union nationale et il a « switché » au Parti libéral parce que les employeurs de la construction sont de gros bailleurs de fonds, des bandits qui s'entendent très bien avec le gouvernement. Cournoyer, depuis qu'il est là, a constamment laissé diminuer le budget de l'inspection pour la construction au ministère du Travail. Le cabinet est d'accord avec ça et le gouvernement aussi, c'est-à-dire que la population, tous nous autres sommes responsables de ça. Non seulement cela ne s'est pas amélioré depuis 1966, depuis l'affaire de l'échangeur

Turcot, mais ça rempire, il y a de moins en moins d'inspecteurs.

Congrès du CCSNM, 1973.

Lucien L'Allier

Quand on pense que si on va parler au gouvernement sensément et raisonnablement, c'est parce qu'on a été attaqués du cerveau, parce qu'ils ne sont ni raisonnables ni sérieux.

Ils ont des *boss* et ce n'est pas eux autres les *boss*, on l'a vu. Et le meilleur des ministres dans la négociation, M. L'Allier, l'a dit clairement: «Pensez-vous qu'une femme de ménage peut avoir 100 $ par semaine?» D'abord, une femme, ce n'est pas tout à fait du monde et quand c'est une femme de ménage, c'est moins que du monde. C'est notre ministre *smart*, parmi les meilleurs, qui a dit ça.

Congrès du CCSNM, 1973.

Pierre Laporte

L'autre jour, ils m'ont donné 30 secondes pour le définir, le ministre du Travail [Pierre Laporte] qui était correspondant à Québec du journal *Le Devoir*, un journal indépendant; il était aussi directeur de *L'Action nationale*, revue nationaliste indépendante en politique et, en même temps, il était rédacteur du journal du député Dupré, libéral dans Verchères et rédacteur des journaux de Redmond Roache, en anglais et en français, député de l'Union nationale dans Chambly: c'est une fille qui fait les quatre coins de rue en même temps.

Rien ni personne ne va nous faire croire que cet homme-là peut être indépendant, qu'il peut être libre et faire un travail objectif.

Congrès du CCSNM, 20 mai 1970.

De tous ceux qui ont été arrêtés le 16 octobre 1970, il en reste deux en prison. Quand je suis sorti, le 17 février 1971, il en restait une quinzaine, à peu près, dont les quatre gars qui étaient accusés d'avoir mis Pierre Laporte en pénitence. C'était une bonne affaire à mon point de vue, je l'ai dit et je le répète — c'est le gars qui nous avait fait la conscription des travailleurs en construction cet été et qui les laissait se faire tuer sur les chantiers, en ôtant les 50 inspecteurs qu'on avait entraînés pour les protéger —, alors je n'ai pas changé d'idée, je ne suis pas à la veille de pleurer non plus... Ils ont tué un ouvrier derrière le motel Parthenais, le 9 décembre, pendant que j'étais là. Deux mois après, sa veuve n'avait entendu parler ni des services publics, ni de l'entrepreneur, ni du sous-entrepreneur, ni de la Commission des accidents du travail présidée par M. Maurice Bellemare qui a été ministre du Travail pendant longtemps et qui nous promet depuis cinq ans de surveiller les chantiers et de faire de nouvelles normes, et elles ne sont pas encore faites, hein? Alors, ils ont envoyé 500 $ à la veuve. Je regrette... Cette veuve-là est aussi respectable que Mme Laporte, elle n'était pas plus responsable que Mme Laporte et l'ouvrier était plus respectable que M. Laporte.

Congrès du CCSNM, 1971.

Les ministres du Travail du Québec, MM. Pierre Laporte, Maurice Bellemare et Jean Cournoyer, sont des criminels qui laissent tuer des gars systématiquement, régulièrement, le sachant pertinemment, parce qu'on leur a souvent dit. À Montréal, on avait entraîné 50 inspecteurs pour les chantiers de construction, ils les ont pris et ils les ont mis au salaire minimum. En 1968, quand ils nous ont passé le *bill* 290, ils nous avaient promis de les assermenter et de les envoyer sur les chantiers de construction. Puis, ils continuent d'en tuer comme des mouches, dans les mines, dans les carrières et un peu partout. Ceux qui se scandalisent, à juste titre, de la mort de M. Laporte devraient avoir autant le scandale facile pour les travailleurs qui sont tués constamment, systématiquement. Il y en a un qui est mort à Cowansville, le coroner y est allé. L'ouvrier est tombé dans un puits où on jette des billes de bois ; dans le bas du puits, il y a des meules pour broyer ces billes. Le coroner (ça devait être un nouveau) a déclaré que c'était une négligence criminelle. C'est le quatrième ouvrier qui meurt de la même façon dans cette usine-là. Il se trouve que l'usine appartient aux Molson qui nous fournissent le hockey. Alors, le ministère est bien embêté.

Congrès du CCSNM, 1971.

La population en général se scandalise de la mort de Laporte, mais ne réagit pas lorsqu'on extermine des Vietnamiens avec de l'acide fabriquée au Québec. L'opinion publique trouve normal que des hommes décèdent, parce que les médecins sont en grève, comme l'an dernier. Alors comment pensez-vous que ces mêmes gens peuvent s'attrister du sort réservé aux travailleurs de la construction ?

Point de mire, vol. III, n° 11, janvier 1972, par Michèle Tremblay.

Pierre Laporte avec sa loi spéciale pour les ouvriers de la construction de Québec qui se battaient pour avoir les mêmes salaires qu'à Montréal. Il leur a passé une loi spéciale pour remettre le cheptel au travail. C'est pour ça que, quand il s'est fait enlever, j'ai été content et j'ai été chez lui et j'ai dit qu'ils l'avaient mis en pénitence et qu'il ne ferait plus de troubles. Je suis encore heureux de ça.

Congrès du CCSNM, 1974.

Jean Marchand

C'est le plus petit politicien opportuniste, véreux et rampant que j'ai connu. Quand il était à la présidence de la CSN, il était déjà comme ça. Quand j'ai fondé le Syndicat des employés de la CSN, il l'a donc pas pris.

Montréal Flash, 29 novembre 1971, par André Dalcourt.

Qu'est-ce que c'était, le FRAP? C'était une organisation démocratique qui était formée par des gens comme vous autres, même pas des gens comme moi. Le Conseil central de Montréal y a participé mais il n'est pas intervenu dans les affaires du FRAP. Sauf que le FRAP était terroriste, disait Drapeau, parce qu'il y avait des salles qui avaient été payées par le Conseil central et que le président du Conseil central était un terroriste. J'ai retrouvé cela dans *Le Journal de Montréal* et dans *Le Devoir*. Alors, M. Drapeau m'a traité de terroriste… Et M. Marchand, un gentil garçon, un vieux collègue, a dit que si je n'avais pas été en prison, j'aurais fait enlever Marcel Pepin qui est un gars assez pesant, vous le connaissez, c'est un garçon costaud. Il ne court peut-être pas très fort parce qu'il n'est pas peureux, mais j'imagine qu'avant de se faire enlever, il rouspéterait un peu.

Congrès du CCSNM, 1971.

MOHAWKS (LES)

Mes frères, mes sœurs, *brothers and sisters*. L'armée s'en va à Oka en tutu pour accompagner le groupe Kashtin. Et alors, comme a dit M. Bourassa, c'est le général de l'armée qui va décider, c'est pas le gouvernement. L'opposition à Québec est dans l'obscurité complète et les membres du parti de M. Mulroney à Ottawa aussi. C'est le genre de démocratie, quand on a

affaire à des commis de compagnie et à un lâche comme
M. Bourassa : il fait des coups de force.

Tant dans la ville de Montréal de M. Doré que dans la
province de Québec de M. Bourassa, que dans le Canada
de M. Mulroney, si le juge Allan B. Gold avait été un
homme respectable, comme on prétend qu'il l'est, il n'aurait pas négocié avec l'armée dans son dos. Le juge en chef
de la Cour du Québec a mis une autre fois l'administration
de la Justice sous la coupe des politiciens peureux et des
militaires. M. Bourassa l'a dit : C'est une affaire qui dure
depuis 200 ans. Quand tu es dans le trou, faut que tu cries
fort pour te faire entendre. Après 200 ans que tu réclames
des choses, qu'est-ce qu'il te reste à faire ? Il te reste à faire
la guerre, la grève, qui est une phase des négociations.
Puis là, on voit encore des bandits à la solde des compagnies, puis on voit encore la Sûreté du Québec intervenir
pour en tuer un, par exemple devant le Manoir Richelieu.

Après 200 ans, qu'est-ce qu'il reste d'autre à faire
pour défendre ton territoire que de prendre les armes ?
Ils nous disent : « Ah ! les Mohawks, c'est effrayant, il y a
des *warriors* ! » C'est pareil comme Duplessis nous disait :
« Dans les syndicats, il y a des communistes. » J'en vois
qui applaudissent, puis qui ont voté pour Bourassa ; j'en
vois qui applaudissent qui ont voté pour Parizeau qui a
dit : « Moi, en vingt minutes, j'aurais réglé ça. »

Puis Mme Bissonnette du *Devoir* dit : « Faudrait s'occuper des lois internationales. » Les lois internationales,
qui est-ce qui les a faites ? Les Français qui ont conquis
une partie du monde, après les Anglais, les Hollandais,
les Allemands, les Espagnols. Ce sont des impérialistes
qui ont jamais fait autre chose que d'aller dominer des
peuples plus faibles qu'eux.

L'égalité puis la démocratie ! Vous avez rien qu'à
regarder autour de vous, vous allez voir des gars avec
des gros talons, et si vous leur touchez la fesse, vous
allez sentir un *gun* : des policiers déguisés en monde. On

en voit partout, puis tout le temps. Mais ça ne nous empêche pas. La liberté, quand tu l'as, il faut que tu te battes pour la garder.

Je remercie et je félicite tous les Québécois qui supportent les Mohawks, parce qu'ils supportent une minorité. La qualité d'une démocratie, quand on est civilisé, ou supposé l'être, quand on a des gouvernements qui respectent la personne humaine, c'est de respecter la minorité. Puis quand la minorité est choquée, on va parler avec, on va pas avec des *guns*.

Envoyer la police provinciale à Oka est un geste criminel. Le policier qui est mort, c'est un policier qui s'est fait suicider par ses chefs, parce qu'il n'avait pas assez de conscience pour refuser de faire cette *job*-là. Le pire c'est que, dans notre pays, dans notre Québec, on n'a jamais su qui est-ce qui avait demandé à la police d'aller virer là. Ils disent qu'ils se sont fait voler leurs autos. Les caves, ils les ont perdues, leurs autos ! Ils ont perdu leur bélier mécanique aussi. Ils gaspillent notre propriété.

Les péquistes, là, réveillez-vous ! Qu'est-ce qu'ils ont fait, les Patriotes de 1837 ? Ils ont pris les armes alors qu'ils avaient été vaincus en 1759, alors qu'ils en avaient ras le bol ; comme des travailleurs s'en vont faire la grève parce qu'ils en ont ras le bol.

Les Patriotes de 1837 ont pris les armes à Saint-Denis, puis à Saint-Eustache ; il leur a fallu du temps au PQ, puis à Parizeau, pour reconnaître ça. Il y avait pas grand monde pour aller fêter les Patriotes qui avaient montré de la fierté. Aujourd'hui ils passent pour des héros. L'Église les avait condamnés : là, elle a reviré un peu. Mme Bissonnette, elle, a dit : Le père d'Oka, c'est un niaiseux, parce qu'il est allé aux barricades mohawks avec des vivres. Ça c'est l'élite, l'élite du Canada français ! Ça fait partie du monde qui voudrait qu'on aie la nationalité française, prendre tous les péchés de l'empire français dans notre conscience.

POLITIQUE 153

Vous savez, dans le fond, le problème des Mohawks, puis des Montagnais, des Cris, des Inuits, ça devrait être réglé. On pensait qu'on les avait anéantis, mais les nouvelles générations ont décidé qu'elles n'endureraient plus ça, *anymore*.

Ils disent ça en anglais, puis ils ont raison à part de ça.

Ma femme, à un moment donné, était recherchiste et elle est allée à Kahnawake pour rencontrer le chef de la Long House. Elle y est retournée sept, huit fois. Elle n'était jamais capable de le voir. Le petit père, ça adonnait pas pantoute de lui parler. À un moment donné, elle a rencontré sa fille, elle lui a demandé : « Qu'est-ce qui se passe ? Je voudrais faire une émission et parler des problèmes. » Elle a dit : « Madame, les premiers qui nous ont tiré dessus, c'était des Français. On ne parle plus aux Français. Puis c'était des catholiques, on ne parle plus aux catholiques. » Eux autres, ils ont de la mémoire. C'est pas écrit *Je me souviens*, mais ils ont de la mémoire.

J'ai fini. On va aller marcher pacifiquement. Marcher pacifiquement, ça veut dire qu'on élève une protestation personnelle, à partir du cœur puis de l'esprit, et la volonté d'être solidaires de tous les citoyens de notre pays, même si nos gouvernements sont des vendus, des guenilles, puis des lâches...

Assemblée publique du Regroupement montréalais de solidarité avec les autochtones, tenue le 8 août 1990 au carré Phillips, à Montréal.

NATIONALISME (LE)

Le nationalisme, je n'ai pas à discuter cela, je dois le prendre comme une donnée de la nature aussi fondamentale que l'instinct de conservation. Pour moi, le nationalisme est à un peuple ce que l'instinct sexuel est à la personne. On sait ce qui se produit quand on essaie de nier ou de refouler la sexualité : ça donne de la folie furieuse qui se jette n'importe où, dans la soif de puissance et de domination. Nier le nationalisme d'un peuple, c'est créer un climat propice à la violence, c'est courir au désastre. Or le capitalisme, pour se survivre, ne peut laisser libre cours au nationalisme : le capitalisme, par essence, est apatride, a-national, a-familial, amoral, parce que tous les liens humains entravent la course folle des affaires. Or le capitalisme a besoin d'être libre de traiter avec n'importe qui, car sa seule morale, c'est la maximisation du profit et la suppression des concurrents.

Le vrai nationalisme qui veut être au service de tout un peuple et servir son épanouissement ne peut donc pas cohabiter avec le capitalisme. Ce qui n'empêche pas certains capitalistes de se prétendre nationalistes. Duplessis était un bandit et il se croyait nationaliste !

Le nationalisme, c'est le préalable de l'ouverture sur le monde : on ne peut accéder à l'international que par la médiation de la nation. Une personne ne peut entrer en relation avec une autre que si elle se connaît et se définit elle-même d'abord. C'est la même chose pour la nation canadienne-française. Les anthropologues situent les Canadiens français plus proches des Russes que des Anglo-Saxons, et l'on essaie malgré cela de nous persuader qu'une voie ferrée entre deux trous d'eau, ça peut nous tenir de pays et d'unité nationale ! Ça, c'est un peu l'histoire de ma vie : j'ai commencé à comprendre et à dire ces choses-là vers 1934. On peut donc dire que je suis indépendantiste depuis près de 40 ans !

Maintenant, n° 109, octobre 1971.

Le nationalisme fait partie de l'instinct fondamental de conservation. Ce n'est pas une notion triviale comme le prétend Pierre Trudeau. Il s'agit d'une manière d'être contre laquelle on ne peut être. Une sorte de vérité qui repose sur les origines et que façonne la nation. On est comme on est, en raison de la société dans laquelle on vit. La géographie, la nourriture, les ancêtres, la langue et la culture deviennent autant d'éléments qui font de nous ce que nous sommes comme Québécois.

Alors qu'on ne vienne pas nous dire, comme le fait Trudeau, que le nationalisme conduit au racisme. Trudeau ne semble pas avoir compris que l'on atteint l'internationalisme par la médiation de la nation et que le nationalisme n'interdit nullement le multiculturalisme. Je lui en avais parlé, du multiculturalisme, bien avant qu'il ne s'en aille à Ottawa. On était chez Mme Thérèse Casgrain. De retour d'une tournée dans l'Ouest, je lui faisais part de l'ostracisme dont étaient victimes là-bas les Canadiens français et les néo-Canadiens. Trudeau ne voulait rien entendre, il estimait que le multiculturalisme dont je lui parlais allait balkaniser le Canada. C'est drôle qu'une fois rendu à Ottawa, il découvre les mérites du multiculturalisme. Raisons électorales obligent.

Zone libre, été 1977, propos recueillis par Guy Rochette.

NATIONALISME ET SOCIALISME

N ationalisme et socialisme convergent obligatoirement car ils sont absolument nécessaires l'un et l'autre à la réussite des transformations de la société auxquelles ils tendent respectivement.

Les nationalistes s'aperçoivent ou s'apercevront tôt ou tard qu'ils ne peuvent réaliser le plein emploi, la planification et le dirigisme économique, la démocratie de participation au sein du capitalisme de l'entreprise privée. Il n'y a pas, je le répète, de bon capitalisme, parce qu'il est gouverné par la morale du plus fort et l'écrasement du petit. Tant qu'une compagnie sera libre de fermer ses portes le jour où elle décide de le faire, quelle sécurité réelle peut espérer donner une convention collective ? Une sécurité momentanée seulement... Or actuellement, l'insécurité est plus grande dans le monde des travailleurs qu'elle ne l'a jamais été en 1929 et en 1939. Dans les usines d'Arvida, les plus jeunes travailleurs ont 23 ans d'ancienneté... À l'École polytechnique, le printemps dernier, 10 % seulement des finissants étaient assurés de trouver de l'emploi. Ça, ce sont les fruits du capitalisme. Or qu'on ne vienne pas dire que « c'est la faute du séparatisme » : on récolte les mêmes fruits en Ontario. Une ville comme London, où habitent le plus de millionnaires au Canada, connaît un taux de 10 % de chômage. Seulement 35 % des diplômés en génie trouvent des emplois. Alors quand René Lévesque ou Jacques Parizeau essaient de nous faire croire qu'ils peuvent faire du bon avec ce système-là et prétendent qu'une saine concurrence entre les financiers de la rue Saint-Jacques va nous amener de l'emploi, moi je ne marche plus. Des habitations pour les familles, c'est plus important qu'une Expo. Un métro, ça passe avant les autoroutes ; les besoins fondamentaux des personnes passent avant les profits des compagnies.

Les socialistes, d'autre part, ont besoin du nationalisme parce qu'ils ne peuvent changer la société tant qu'ils ne se sont pas donné d'interlocuteur valable comme gouvernement. Or, actuellement, si on tente de faire de la planification économique, on est renvoyés de Caïphe à Pilate. Au moment de la présentation d'un mémoire de 64 pages sur le placement et le chômage préparé pour l'équipe du tonnerre [le gouvernement libéral de Jean Lesage dans les années soixante] par la CSN (j'étais secrétaire du comité de rédaction), on s'est

fait répondre par M. René Hamel, le député de Shawinigan qui avait l'appui des syndiqués, que toutes ces questions relevaient du fédéral. Et le fédéral de répondre
qu'il ne pouvait appliquer une politique de plein emploi
sans violer l'autonomie des provinces. Depuis ce temps,
M. Jean Marchand s'en est allé porter des cadeaux en
argent, l'argent même des contribuables, à des grosses
compagnies comme IBM, l'Aluminium Compagny, CIP
et Johns Manville. J'en ai parlé à un gars de IBM ; il en
était gêné, tout comme Gérard Pelletier dans son fameux
éditorial « Des profits sans gêne ».

Le vote ouvrier du 29 avril dernier, dans les comtés
qui ont élu des candidats péquistes, c'est là sa significa-
tion première : les chômeurs voulaient au gouvernement
quelqu'un d'identifiable à qui parler de leurs problèmes.
Car avec toutes ces responsabilités gouvernementales
dites conjointes, le travailleur découvre finalement que
personne n'est responsable, que tout le monde se défile.
Or plus il existe de tensions dans une société, plus il faut
que tout se discute sur la place publique avec de vrais
responsables.

C'est un peu pour tout cela que je suis fondamentalement d'accord avec la politique constitutionnelle du
PQ, parce qu'elle sert le nationalisme et favorise l'instau-
ration du socialisme, mais je ne suis pas d'accord avec la
politique ouvrière et économique de Parizeau.

Maintenant, n° 109, octobre 1971.

NOUVELLE GÉNÉRATION (LA)

F ils de riches ou de pauvres, à l'âge adulte, les jeunes
seront obligés un jour de faire des efforts s'ils
veulent vivre comme des hommes. Une chose m'inquiète dans le comportement des parents de la jeune

génération et dans celui des jeunes eux-mêmes. Ceux-ci, nés après la guerre, n'ont pas connu beaucoup de difficultés. Parce que leurs parents n'ont pas goûté au chômage, ils ont eu la chance de s'instruire, d'être bien vêtus, d'avoir des loisirs. Résultat : ils ne se posent plus de questions au sujet de la société et n'ont plus de motivations pour travailler à son développement.

ABDMA, 1968.

La révolution n'est pas tout à fait en marche. Seulement, et je l'ai dit souvent au Bureau confédéral, il faudrait se dépêcher d'enlever les obstacles qui sont sur la route de la nouvelle génération. Ils ont le droit de bâtir la société dans laquelle ils vont vivre. Nous sommes insatisfaits de la société dans laquelle nous vivons. Ils ont plus de maturité politique, ils ont eu plus de chance que nous. Ils n'ont pas connu la misère parce qu'ils sont nés après la guerre. Ils vont à l'école, plus que la majorité d'entre nous. Ils connaissent des affaires et se rendent compte qu'on s'est fait avoir copieusement et tout le temps. Ils veulent changer ça et ils ont raison. Et le moins que nous puissions faire, c'est d'enlever des obstacles sur leur route, pas nous accrocher à de vieilles institutions, mais cesser de nous plier devant les gouvernements. Il faut s'organiser pour renverser les gouvernements tant que nous ne serons pas au pouvoir. C'est le rôle minimal que le Conseil central de Montréal veut remplir pour protéger les membres qui y sont affiliés et pour libérer l'ensemble de la classe ouvrière à Montréal.

[...]

Ce n'est qu'un commencement. Il faut que ça aille beaucoup plus vite que ça. Il faut que le tempo s'accélère très sérieusement si on veut être à date, parce que nous sommes déjà en retard et que la nouvelle génération s'en vient à un rythme extraordinaire. C'est très heureux, mais il ne faudrait pas que ceux qui ont des responsabilités dans la société, qui sont organisés et doivent servir ni plus ni moins de moyens et de pôles pour être les véritables porte-parole de toute la classe ouvrière, il ne faudrait pas se laisser retarder trop, trop. Il faudrait continuer d'être à l'avant-garde et essayer de se bâtir une philosophie sociale réelle qu'on va faire passer dans les actes.

Congrès du CCSNM, 1970.

Les jeunes qui sont là n'auront pas notre patience. Je l'ai dit l'année dernière, je l'ai répété et je vais le répéter encore. J'en ai des enfants qui ont 20 ans, Marcel Pepin en a et il y en a plusieurs parmi vous qui en ont. Ils sont non seulement une nouvelle génération, mais une nouvelle humanité. Ils voient les choses différemment et ils n'endureront pas certaines choses. Ils ont une maturité politique à 20 ans que les hommes de 50 ans instruits n'ont pas, parce qu'ils sont honnêtes et qu'ils sont forts intellectuellement et renseignés.

Alors, il faudra collaborer avec la jeunesse pour ôter les entraves sur son chemin et lui permettre de bâtir une société où il va y avoir plus de solidarité, plus de fraternité.

Congrès du CCSNM, 1971.

OUTRAGE AU TRIBUNAL

L a justice, au Québec, c'est une farce extraordinaire, une farce macabre dans l'ensemble. Le Barreau n'a jamais eu le cœur de prendre ses responsabilités sociales. La magistrature a toujours pris son trou parce que, là-dedans, il y a d'anciens passeurs de « télégraphes », d'anciens voleurs d'élections et d'anciens concubineurs avec la pègre.

Il n'y aura jamais un juge assez fort pour empêcher un représentant du Conseil central de parler. Il n'y aura jamais un juge ni un gouvernement assez fort pour empêcher les travailleurs de manifester, commettant par là un acte criminel prévu par la Common Law.

Depuis 1939, ils prennent des notes ; ça fait 30 ans qu'ils enregistrent mes discours : le chef [Jean-Paul] Gilbert, mon cul ! Rémi Paul, mon cul ! Le juge [Maurice] Rousseau, mon cul[1] !

Assemblée générale du CCSNM, 11 novembre 1969.

[Devant le juge Roger Ouimet de la Cour supérieure, le 8 janvier 1971.]

MICHEL CHARTRAND : J'avais des requêtes à faire devant le juge qui va entendre mon procès. C'est-y vous ? Si c'est vous, bien, moi je veux vous récuser, pour toutes les raisons que vous savez puis d'autres que vous rajoutez quotidiennement. Vous ne le savez pas ? Vous voulez que je les énonce ? Voulez-vous faire venir [Robert] Lemieux en attendant ? Je peux attendre. Je ne suis pas pressé, j'ai jusqu'au premier février. Mais c'est que je ne veux pas vous avoir sur le banc, parce que vous êtes « préjugé », partial et fanatique. Je me sentirais moralement lésé d'être jugé par un juge « préjugé », partial et fanatique.

[...]

Mais seulement, je ne veux pas que le jury se fasse ennuyer par le juge qui est « préjugé », partial et fanatique. C'est clair ça. Puis le minimum de décence pour un juge, quand quelqu'un est moralement convaincu qu'il

---

1. Il s'agit des propos qui ont valu à Michel Chartrand un acte d'accusation pour mépris de cour ou outrage au tribunal. Il a été accusé le 13 novembre 1969 pour ces paroles prononcées devant plus de 200 personnes.

n'y aura pas d'impartialité, c'est de se récuser, ce que vous n'avez pas fait, quand ça vous a été demandé trois fois, à date.

JUGE OUIMET : Alors, le juge en question vous trouve coupable d'outrage au tribunal.

M. C. : Ah! vous êtes un comique, vous. Vous êtes un gros comique. Vous êtes plus petit et plus bas que je pensais. Vous récusez-vous ou bien si vous ne vous récusez pas?

JUGE : Je ne me récuse pas et je vous trouve coupable d'un deuxième outrage au tribunal.

M. C. : [*S'adressant aux policiers :*] Il ne m'a pas dit de sortir encore, énervez-vous pas, vous n'êtes pas le juge ici. V'là que c'est la police qui mène dans le palais. [*Et s'adressant de nouveau au juge Ouimet :*] Venez voir les trous dans lesquels ils nous tiennent. Vous en avez visité plusieurs prisons, vous vous vantez de ça. Venez voir le trou derrière votre belle cour, dans votre palais, le trou où nous sommes : cinq par sept, pas de lumière, pas rien.

JUGE : Je vous ai trouvé coupable d'outrage au tribunal.

M. C. : Oui, ça c'est facile, c'est ce qu'il y a de plus facile quand on est derrière la police. Ça, on sait ça. Mais vous récusez-vous ou bien si vous ne vous récusez pas?

JUGE : Je ne me récuserai certainement pas.

M. C. : Ah! ah! tu vas voir que je ne comparaîtrai pas devant toi, mon blond. Je te garantis ça.

JUGE : Troisième outrage au tribunal.

M. C. : Je te garantis ça. Donne-z-en un autre. Allez, quatrième outrage au tribunal, cinquième outrage au tribunal.

JUGE : Je vous condamne...

M. C. : Le juge Ouimet est fanatique, partial.

JUGE : Je vous condamne à un an de prison.

M. C. : Un an de plus mon cher, si ça te fait plaisir. Infect personnage.

JUGE : Sortez-moi ça.

M. C. : Pouilleux.

JUGE : Eh bien, ç'a été moins mal que je pensais.

Extrait des notes sténographiques de la comparution.

L'affaire[1] démontre que le peuple et moi sommes en accord complet, quoique pas toujours...

Une affaire basée sur les ordures, dont les déchets sont enregistrés, filmés ou sur documents, n'est rien d'autre que de l'ordure et ne sert en rien la justice ni l'ordre public.

J'ai été accusé de tout ce qui est possible sous le soleil et j'ai été acquitté de tout ce qui est au soleil.

La Presse, Presse canadienne, 3 juin 1971.

PAYS (NOTRE)

Nous sommes dans un pays bicéphale et on ne sait pas où est la tête responsable. Quand on va parler du chômage, à Québec, ils nous disent que cela relève d'Ottawa. On fait traduire cela en anglais parce que, à Ottawa, ils sont bilingues et là, ils nous disent: « Ça relève de Québec. » On voudrait savoir qui est-ce qui est responsable de quoi dans ce pays-ci. C'est la même chose au point de vue social, au point de vue de l'éducation, ça fait des dizaines d'années que le gouvernement fédéral et le gouvernement du Québec se renvoient la balle.

Congrès du CCSNM, 1970.

---

1. Il s'agit d'un acquittement pour outrage au tribunal par un jury, à la suite de remarques faites au cours d'une conférence de presse dont: « Rousseau mon cul. »

Quand ils parlent du travail, tout est mêlé entre Ottawa et Québec pour la juridiction, les barrières tarifaires, pour l'importation et l'exportation. Quand ils parlent de la sécurité sociale, de l'éducation ou du régime fiscal et des taxes, il y a encore des discussions entre Québec et Ottawa. Même quand ils parlent des prisonniers : il y en a dans les prisons fédérales et d'autres dans les prisons provinciales. Puis maintenant, il s'agit de la télévision par câble et ils ne savent pas encore qui des deux est responsable. C'est un pays bicéphale, pas de tête... C'est le seul pays au monde qui est comme ça.

Congrès du CCSNM, 1971.

POLITIQUE... TOUT EST POLITIQUE

Qui est-ce qui a fait avancer les cols blancs ? Qui est-ce qui a fait avancer les employés de bureau, les ingénieurs, les hauts fonctionnaires dans l'industrie, dans le commerce et dans le gouvernement ? Ce sont les travailleurs de la base, les travailleurs d'usine et les petits employés.

Et alors, on va les regarder, ces travailleurs-là, et on va se dire : « Ah ! C'est emmerdant ! À part ça, ils parlent de politique. Puis on n'a rien à voir avec ça, la politique. »

Bien, je vous dis : On n'a pas d'autre chose à faire que voir à la politique. Tout est politique !

Assemblée générale du CCSNM, 2 mars 1971.

La négociation des fonctionnaires provinciaux et municipaux, ça s'en va directement sur le plan politique, comme la plupart des négociations des travailleurs, ce sont des revendications sur le plan politique. Le logement, la sécurité sociale, l'investissement, les problèmes de chômage et du plein emploi, ce sont des solutions politiques qui doivent arriver à régler ça. Et si les fonctionnaires font la grève, ils vont la faire sur le plan politique. Aussi bien le savoir tout de suite que de se cacher et de faire les innocents.

Congrès du CCSNM, 1971.

Quand on négocie dans la fonction publique, on fait des négociations politiques. Quand on fait la lutte pour les gars de Lapalme, on fait une lutte politique. Ce sont un ministre et un gouvernement qui les ont jetés sur le pavé. C'est un gouvernement qui a violé leur droit d'association : ça, c'est politique au sens strict du mot, au sens absolu. Quand on négocie et qu'on fait une grève dans la fonction publique, c'est politique parce qu'on affronte le gouvernement qui ne se gêne pas pour nous le dire.

Congrès du CCSNM, 1972.

À quand la cohésion politique de la classe ouvrière ?

Nous autres, on s'escrime à nos frais. Et ça fait longtemps que ça dure. On a remplacé Duplessis comme des *smarts* par la balloune à Lesage en 1960. Après ça, on a remplacé la balloune à Lesage pour Ti-Poil. On est Gros-Jean comme devant. Puis on recommence encore. On va se perdre dans toutes sortes de discussions compliquées au lieu de se dire qu'on est dans notre pays. Puis deux gouvernements, c'est trop pour nous. Deux *boss* pour un ouvrier, c'est trop ; un, c'est assez. Je suis dans mon pays et je vais organiser ce pays ici. Je transigerai avec les autres, s'ils le veulent. Mais, ce n'est pas vrai qu'on va faire le socialisme *from coast to coast* parce que, si on veut le faire *from coast to coast*, on va le faire dans les États-Unis aussi. Puis, on va arrêter de se raconter des histoires importées.

Ou bien on va attendre les gars de la General Motors de Sainte-Thérèse, d'Oshawa et de Detroit,

USA, ou bien on va arrêter de se raconter des histoires et on va se bâtir un pays, à partir de notre solidarité naturelle, sur les lieux de travail et entre nous dans nos régions. Après ça, on va sentir le besoin de se bâtir un parti politique, pas de s'en faire imposer un. Commencez par bâtir une gauche avant de bâtir sept tendances aussi *smarts*, aussi cléricales et sectaires les unes que les autres. Il faut être riche et au-dessus de ses affaires pour avoir autant de visées et si peu d'organisations syndicale et politique.

Il me semble que c'est assez, qu'on devrait retomber sur nos pieds. On va prendre toutes nos connaissances, on va les regarder et après, on va faire des croisements avec les expériences d'ailleurs et on va partir de nos problèmes.

Congrès du CCSNM, 1978.

Les capitalistes n'en ont jamais assez. Il y a trois propriétaires de journaux dans la province de Québec : ne vous imaginez pas qu'ils vont faire la lutte pour la classe ouvrière ! Ces gens-là achètent des obligations et retirent des intérêts. Nous autres, nous payons les intérêts. C'est la situation. Il faut se préoccuper davantage de la politique et il faut le faire sérieusement. Chaque citoyen doit assumer des responsabilités à son niveau et pas juste remplacer des trous d'cul par d'autres trous d'cul. C'est ce qu'on fait depuis trop longtemps.

L'Aut' Journal, n° 139, été 1995, p. 2. Manifestation de 3000 personnes réunies par la CSN, le 12 juin 1995.

POUVOIR RÉACTIONNAIRE (LE)

L a jeunesse a l'œil fixé sur la justice, l'amour, la liberté, la joie de créer, mais le pouvoir, lui, ne songe plus qu'à organiser la force ; ayant reconstitué sa puissance, il s'explique de plus en plus comme pouvoir et de moins en moins comme le siège par excellence de la vie sociale, culturelle et politique. Ses réactions sont caractéristiques : il organise la police comme il ne l'a jamais fait ; il dénonce et traque les vrais opposants ; il intimide et persécute les gens pour leurs opinions ; il espionne comme il n'a jamais espionné ; il viole des domiciles et la vie privée des citoyens qu'il n'aime pas ; il tient des fiches et des dossiers sur tous les citoyens qui ont quelque air de ne pas être d'accord avec lui ; il tente de réduire à sa merci les départements de sciences humaines un peu partout ; il s'en prend aux non-conformistes et s'inquiète même de leur coiffure et de leur accoutrement ; il invite à la délation et il la récompense ; il érige le plus rapidement possible le mur de la richesse et ses politiques laissent dehors les milliers de malheureux que le système des accaparateurs exploite et perd définitivement chaque année ; il combine et il vole ; il se donne aux nuées d'affairistes et de parasites qui encombrent ce bordel de la finance ou ce tripot pour parvenus que constitue la société cupide qu'il entretient.

Tout cela s'appelle la renaissance du pouvoir réactionnaire, le silence généralisé des comparses, l'isolement de la jeunesse dans son idéal et dans sa révolte. C'est là ce qui se passe actuellement. Rien que cela.

À la réception du prix Liberté, le 1er mai 1969, fête des Travailleurs.

RÉFÉRENDUM DU 30 OCTOBRE 1995[1] (LE)

C e qu'ils [les manifestants canadiens] nous disent, dans le fond, c'est : « *We like Qwabec but you are a*

1. Adressé aux dizaines de milliers de Canadiens qui ont pris part au rassemblement organisé par le camp du NON à Montréal, le 27 octobre 1995.

fucking pain in the neck. » Vous êtes des emmerdeurs de première classe.

Ils viennent de se réveiller, mais on leur a envoyé 54 députés [du Bloc québécois] à Ottawa, ç'aurait dû être assez. C'est pénible et ça risque d'avoir un effet boomerang. C'est vraiment de la provocation.

Quand ils [les fédéralistes] disent qu'ils ouvrent une porte, ce sont des maudits menteurs, parce qu'il y neuf portes à ouvrir. On ne peut rien changer dans la Constitution tant que tout le monde n'est pas d'accord, et ils ne le seront jamais, surtout dans le cas du Québec.

Campus de Gatineau, Collège de l'Outaouais, 27 octobre 1995.

RÉSISTANCE (MOUVEMENT DE)

On voit le sentiment qui existe dans la province de Québec, aujourd'hui, à Berthier, à Joliette ou à Montréal. Chez les postiers et les cols blancs, il y a un mouvement de résistance. Les Québécois sont en train de trouver leur vrai tempérament : ils sont des maudits « bockeux ».

Je ne sais pas ce qui s'est passé, si c'est l'hiver qui a été trop long, mais c'est rendu « bockeux », c'est quelque chose d'apeurant. Les postiers, c'est des gars tranquilles : ça met les lettres dans les casiers, c'est pas des boxeurs professionnels. Ils disent au gouvernement : « On se torche avec ton injonction. » C'est tout un précédent pour nous. Ils sont en train de nous faire la loi.

Congrès du CCSNM, 1974.

SOMMET (DÉCISION AU)

P our une véritable libération nationale, il faut absolument mobiliser le peuple. Sans lui, il ne peut y avoir
de libération nationale. À ce chapitre, aussi, le PQ est en
train de nous tromper. Maintenant que le peuple a voté
pour lui, il lui dit d'aller dormir. Il fait de l'exercice du
pouvoir sa chose à lui. La démocratie c'est autre chose
que de voter à tous les quatre ans. Comment l'équipe
ministérielle peut-elle prétendre que le programme du
parti est une chose et que son programme de gouvernement en est une autre? Les gens ont voté pour un programme, pas pour les idées individuelles des élus. Il y a
toute une différence entre l'impossibilité immédiate de
réaliser un programme et le mettre carrément de côté. La
participation du peuple à la régie de ses affaires, ça constitue une obligation générale de la démocratie. Y compris pour les syndicats. Or là aussi, de ce temps-ci, on
décide par le haut. Y a-t-il quelque chose de plus antidémocratique que des sommets?

Zone libre, été 1977, propos recueillis par Guy Rochette.

SYSTÈME ÉLECTORAL (LE)

L es Canadiens français du Québec veulent se donner
un gouvernement à eux. Ils ont voté comme ça, les
Montréalais, la dernière fois, le 29 avril. À moins que
vous nous disiez qu'ils ont mal voté et qu'on ne doit pas
croire ça, on va travailler dans ce sens-là. Et si vous voulez en parler pendant le présent congrès, vous en parle-
rez. Mais dites-vous bien que c'est essentiel que les travailleurs vivent une démocratie élémentaire, pas juste
une farce d'aller voter tous les quatre ans, et qu'il faut
absolument que le système électoral soit changé et la

répartition aussi. Il faut cesser de laisser le pouvoir être usurpé.

En 1943, au Bloc populaire, on leur a parlé de cela. De 1943 à 1970, ça fait 27 ans... C'est comme pour les accidents sur les chantiers : ils savent pertinemment qu'il y a des gars qui se font tuer, parce que des employeurs veulent faire une piastre et se foutent de la santé des travailleurs. Les gouvernements savent parfaitement que les élections sont usurpées. Quand un parti avec 24 % du vote fait élire sept députés et que l'autre en fait élire 72 avec 45 % des votes, il y a quelque chose qui ne marche pas.

Congrès du CCSNM, 1971.

TRUDEAU, PIERRE ELLIOTT

C'est un timide, il a peur, alors il est frondeur. Quand Turner a hésité à voter la Loi des mesures de guerre, l'an passé, il lui a demandé sa démission. L'autre a plié. Trudeau souffre d'un complexe d'infériorité envers les Québécois. Il a toujours pensé qu'ils ne se révolteraient jamais. Maintenant que cela a commencé, il ne l'accepte pas et il frappe. Mais attention : c'est un dangereux, parce qu'il est très intelligent.

Montréal Flash, 29 novembre 1971, par André Dalcourt.

UNILINGUISME FRANÇAIS (L')

Il y en a qui chôment au Québec, parce qu'ils ne sont pas bilingues. C'est rendu qu'on demande des balayeurs bilingues. Je veux mourir dans mon pays, dans ma langue. On n'a pas les moyens de faire des farces. Dans dix ans, la région de Montréal comptera la moitié de la population du Québec. Si on ne veut pas adopter l'unilinguisme français, qu'on soit honnête, qu'on dise qu'on va s'angliciser tout de suite. On a une mentalité de conquis. C'est notre devoir de citoyens, de syndicalistes et de syndiqués de prendre position.

L'unilinguisme, ça prendra 10 ans, 20 ans, mais au moins on saura que le Québec veut vivre en français en Amérique du Nord.

Conseil confédéral de la CSN, le 21 octobre 1969, tel que l'a rapporté Pierre Vennat dans *La Presse* du 22 octobre 1969.

CINQUIÈME PARTIE

Société

En ces temps difficiles, il convient d'accorder notre mépris avec parcimonie, tant nombreux sont les nécessiteux.

CHATEAUBRIAND

ACCIDENTS DU TRAVAIL[1] (LES)

I l est impensable, en 1971, de constater que des hommes soient obligés de risquer leur vie chaque jour pour gagner leur croûte. Si on tuait un ministre du Travail chaque fois qu'un ouvrier perd la vie sur un chantier, par négligence criminelle, on m'en devrait quelques-uns... Trois, au moins, si je compte bien.

Point de mire, vol. III, n° 11, janvier 1972, par Michèle Tremblay.

Les lois qui sont supposées être convenables et pour lesquelles on s'est battu, la loi des accidents du travail, ça ne veut rien dire. On attend les prestations pendant trois mois ou six mois et ils essaient encore de les couper.

[...]

Les gars de Great Lake sont dans une situation épouvantable et si ça ne change pas, je vais me mettre à crier. Ils vont dire que je suis encore reparti en peur, mais c'est un enfer, cette usine-là. Les gars se faisaient électrocuter en passant entre deux fournaises et ils avaient les poumons pleins de poussières. Les statistiques des accidents de travail montent allègrement, juste ceux qui sont connus, mais les compagnies continuent à dire qu'il y a «des centaines de jours sans accidents» sans perte de temps. Chez LaSalle Coke, le président du syndicat,

---

1. Les représentants syndicaux ont obtenu, depuis six mois, la permission de participer aux enquêtes du coroner concernant les travailleurs et les travailleuses décédés sur les lieux de travail.

Pierre Lauzon, est allé chercher un travailleur à côté du poinçon avec un pied dans le plâtre : à l'enquête du coroner, il a été décidé que c'était un accident sans perte de temps. C'est le genre de farce qu'ils nous font partout, les *boss* du pays avec leurs dauphins qui sont au gouvernement.

Congrès du CCSNM, 1974.

Le capitalisme, c'est pas fait pour le monde. C'est fait pour les profits et pour les bandits. Il faut que tu sois bandit pour être capitaliste, pour tuer, pour empoisonner. Les charognards, c'est rien d'extraordinaire. Ils sont juste des capitalistes ordinaires, comme les médecins qui trouvent qu'à 100 000 $ par année, ils n'en font pas assez. Quelle différence il y a entre le gars qui vend de la viande pourrie et le médecin qui ne veut pas te traiter, entre le gars qui vend de la viande pourrie et le ministère du Travail et le ministère de la Justice qui ne poursuivent pas les patrons qui tuent les gars systématiquement ? Trois gars à Chromasco sont morts au début de l'année ; trois autres à l'automne à côté ; à l'usine CIL, des gars qui se sont brûlés avec de l'acide nitrique ; à Domtar, des gars ont failli être tués parce que le monte-charge n'était pas bon ; à l'usine Noranda Mines, la même qui avait empoisonné les gars pendant 20 ans. Avec des représentations du syndicat ou non. Dans la construction, je pourrais vous énumérer tous les accidents et les causes qui sont en suspens que Jérôme Choquette ne fait pas suivre. En six mois, du 1er septembre 1974 au 24 février 1975, il y a eu 225 causes devant les tribunaux et pas un seul jugement de rendu encore. Dans l'ensemble de la province, 465 causes ont été présentées après avoir été filtrées par la Commission de l'industrie de la construction et par le ministère de la Main-d'œuvre, par le ministère de la Justice. Il y a eu 13 jugements de rendus sur 465 pour cause de violation des normes de sécurité.

L'année dernière, 16 000 accidentés dans la construction. C'est pareil à travers la province de Québec chez les très gros entrepreneurs comme les très petits. C'est une bande de bandits égaux et semblables.

[...]

Qu'est-ce qu'il nous reste à faire pour ceux qui voudraient le dialogue, qui disent qu'on ne devrait pas faire de grèves illégales, qu'on ne devrait pas battre des patrons ni descendre un ministre pour trois ouvriers? Qu'est-ce qu'il nous reste à faire quand on s'adresse aux tribunaux et qu'on nous répond qu'ils ne font pas respecter ça, quand Choquette a des paquets de causes sur son bureau et qu'il ne procède pas, même dans des cas où le coroner a dit que c'était de la négligence criminelle de la compagnie?

Le gars qui a passé à travers du plancher à LaSalle Coke il y a un an, il ne pouvait pas être négligent, le plancher l'a lâché, il était bâti depuis 1926. S'ils n'ont pas procédé, c'est que LaSalle Coke appartient à Gaz Métropolitain. Tu ne fais pas de farce avec ça.

À Vilas, trois gars sont morts; ça appartient à Molson: négligence criminelle. Ils n'ont pas touché à ça. Aux îles de la Madeleine, ils ont enterré un gars. C'est le médecin des Îles qui est propriétaire de la compagnie de construction. La sécurité pour lui, c'est à l'hôpital. Le jugement du coroner a dit ce que j'avais répété aux contremaîtres qui n'avaient jamais respecté les normes de sécurité. Alors, le coroner a conclu qu'étant donné les normes de sécurité aux îles de la Madeleine, le *boss* n'était pas en état de négligence criminelle parce qu'il faisait comme les autres.

On peut vous en montrer encore. C'est quoi une société qui tue le monde de sang-froid? C'est pas d'aujourd'hui et on en parle un peu; les syndicats en parlent. Dans les hôpitaux, il y a du monde qui se font empoisonner sérieusement. Je n'ai pas vu beaucoup de médecins condamner des médecins, qui s'occupent du personnel d'hôpitaux ou du personnel d'usines, qu'on ne prendrait même pas comme vétérinaires.

[...]

Si l'hécatombe continue à ce rythme-là, moi je vais finir par avoir honte du mouvement syndical, et sérieusement. C'est peut-être parce que je suis vieux, mais je n'aime pas ça, tuer du monde, et je réagis. Qu'on endure un gouvernement qui laisse tuer du monde, ça veut dire qu'on va devoir aller un peu plus loin que le mouvement syndical.

Congrès du CCSNM, 1975.

On n'a pas encore appris cela, chez nous, à assumer des responsabilités, même pas en ce qui concerne sa propre intégrité physique, l'hygiène, la salubrité et la sécurité dans les lieux de travail. C'est gentil de dire que la centrale, que les officiers sont loin du monde et de leurs problèmes. Mais y a-t-il un problème qui est plus proche des gens que leur santé ? On a organisé un colloque à Montréal ; vous savez combien vous étiez à ce colloque ? Quarante-cinq ! On avait fait des enquêtes dans plusieurs hôpitaux : on a prouvé que les travailleuses et les travailleurs s'empoisonnaient dans les hôpitaux de Montréal. Une série d'enquêtes dans la métallurgie et dans d'autres industries, c'était pas important ou bien c'est parce qu'on ne veut pas changer cela.

Certains changent des affaires depuis deux, trois ans et de plus en plus. Les gars de la construction se battent encore, mais pas comme ils le devraient. Ils auraient dû faire du chantier olympique autre chose qu'un chantier olympique. S'ils avaient voulu, ils auraient pu en faire un chantier modèle avec moins de morts.

[...]

Il y a d'autres travailleurs de Carter White Lead qui sont allés voir la juge Réjeanne Colas. Elle leur a dit qu'ils avaient du plomb dans le ventre. Ils se sont fait examiner à Santa Cabrini par un nommé Yves Lacasse qui a fait une thèse en toxicologie sur le plomb. La femme leur a dit : « Le docteur Yves Lacasse est un jeune médecin et je ne suis pas ici pour faire appliquer les normes de sécurité du gouvernement ; je suis un juge de la Cour supérieure. Retournez travailler même si vous avez du plomb dans le corps. Soyez prudents. Quand vous êtes entrés dans cette usine, vous saviez que c'était dangereux. Alors, arrangez-vous avec vos troubles. » C'était le jugement de Réjeanne Colas. Son mari s'occupe de la lutte pour la défense de la vie. Il lutte contre l'avortement et pour la protection des fœtus. Mais, elle, elle les a loin, les ouvriers empoisonnés.

Que reste-t-il à faire après s'être présentés devant le juge ? Les travailleurs ont dit au juge : « Tu vas dire à la compagnie Carter White Lead d'appliquer les recommandations des inspecteurs du gouvernement du Québec. » Dans la demande présentée à la Cour, ils voulaient que la compagnie se conforme aux lois de la province de Québec ; elle a renvoyé leur injonction. Il ne reste plus après cela qu'à prendre le pouvoir. On ne peut avoir de plus bel exemple de corruption de la magistrature.

Congrès du CCSNM, 1976.

Allez dans n'importe quel moulin à scie. Il y a de quoi crever les oreilles de n'importe qui. Partout à travers la province. On a des syndicats, de grosses fédérations, une grosse centrale militante là-dedans. Mais on laisse mourir nos membres.

Congrès du CCSNM, 1977.

Cherchez-en des travailleuses qui sont compensées pour la bivicinose, la maladie du coton dans les poumons, il n'y en a à peu près pas au Québec. Quant aux gars dans les moulins à scie, les docteurs leur disent que leurs pères étaient sourds ; je comprends, ils travaillaient dans le même moulin à scie. Les femmes sont bronchitiques et les médecins leur disent que leurs tantes, leurs oncles et leurs mères étaient bronchitiques aussi. Je comprends, ils avaient travaillé dans le même moulin de coton aussi. Les maladies pulmonaires et l'emphysème, il y en a à peine 4 % qui sont reconnues. D'ailleurs, ils reconnaissent à peu près 1500 ou 2000 maladies professionnelles par année sur 250 000 réclamations. Qui est-ce qui paie pour ce monde-là qui est malade ? Et pour ceux qui sortent des usines à moitié empoisonnés, sourds et éclopés ? La Régie de l'assurance-maladie du Québec. Vous autres et moi. Ça n'a pas de bon sens. C'est pour ça que c'est important une association comme celle-ci [une association pour la défense des accidentés du travail]. C'est pour le respect de soi-même. Si on ne respecte pas sa peau, ce n'est pas vrai que l'on va avoir le respect de sa langue et de son pays. Moi, je ne crois pas ça, qu'un gars aime sa femme et qu'il va se laisser mutiler. Au point de vue de l'organisation gouvernementale, il n'y a vraiment pas de progrès. La Commission des accidents du travail ne fait pas plus de prévention qu'avant ; elle répare un peu et à bas prix, et les veuves ne sont pas considérées, les estropiés non plus, parce qu'il y a trop de juridictions et, dans le fond, parce que le gouvernement n'a pas décidé que la sécurité des travailleurs, leur intégrité physique, c'était aussi important que l'intégrité physique des automobilistes.

Un homme de parole, film d'Alain Chartrand, avril 1991.

AGRICULTEURS (LES)

Il y a des enseignants qui n'ont pas l'air de savoir que ce sont nos enfants qui sont dans les écoles et qu'on paie leurs salaires. C'est comme les cultivateurs qu'on invite à tous les ans au Conseil central et qui n'ont pas la décence de nous répondre. Ils ne savent pas qu'on achète les légumes et la viande qui viennent de la campagne. Le président de l'UPA [Union des producteurs agricoles] est venu brailler que les fermes étaient abandonnées, que ça coûtait trop cher et que les enfants n'étaient plus intéressés à travailler si fort pour si peu, mais il ne nous a pas dit qui le volait. J'ai l'impression qu'il pensait que c'était nous autres et qu'il n'osait pas nous en parler parce qu'il voulait être poli. Un cultivateur, c'est toujours poli, ça n'insulte pas le monde quand c'est en visite.

Congrès du CCSNM, 1974.

AÎNÉS (LES)

Il n'y a jamais d'industrie qui se soit conduite plus mal que les gouvernements qu'il y a à Québec pour la négociation des instituteurs et des employés d'hôpitaux. Et ça continue encore pour les employés des crèches et des hospices de vieillards. On sait ce que c'est que les espèces de taudis qui rapportent de l'argent sur la vieillesse de gens qui ont contribué à la prospérité du pays.

Congrès du CCSNM, 1970.

On se rend compte de notre inefficacité dans la lutte contre les patrons, la politique municipale et les commissions scolaires pour préparer l'avenir de nos enfants dans des écoles plus convenables, avoir des services médicaux dans la métropole du Canada, être capables de trouver des lits pour les vieillards, de trouver des places pour les enfants caractériels dans la ville de Montréal. La dernière des tribus africaines a plus de respect pour ses vieux et pour ses enfants que les citoyens de la ville de Montréal.

Congrès du CCSNM, 1974.

AMIANTE (L')

L a Commission des accidents du travail, c'est ça. Le Dr Bellemare qui en est le vice-président depuis 1949 était médecin hygiéniste industriel. Quand les gars du syndicat disaient : «Nos mineurs meurent d'amiante, c'est sûr», le Dr Bellemare envoyait chercher les poumons et on n'en entendait plus parler. Rodolphe Hamel, le président du syndicat, disait : «Les poumons, on va les garder ici.» Il faisait venir un médecin et lui disait d'envoyer un morceau de poumon à Québec et un autre à la compagnie et de garder la balance pour la preuve parce que, autrement, la compagnie ne payait pas.

Il est mort autant de femmes et d'enfants d'amiantose dans la province de Québec que de mineurs. Et ça continue.

Congrès du CCSNM, 1975.

ARMÉE (L')

L e terrorisme n'est pas fini. Depuis plusieurs années, des jeunes me disent que je suis un vieux fou. Vous ne m'apprenez rien quand vous me dites ça, vous n'êtes pas les premiers à me le dire. « On dit que tu es un vieux fou quand tu penses que tu vas faire des changements économiques, sociaux, politiques ou constitutionnels démocratiquement. Ils ne te laisseront pas faire. Ils vont envoyer l'armée et la marine. » Ils charrient un peu. Je n'ai pas rencontré un indépendantiste, séparatiste, riniste ou souverainiste qui ait fait le rêve de voir l'armée de Sa Majesté Élisabeth II contre les Canadiens français. Il n'y a pas un gars assez fou pour nous envoyer l'armée... Ben, c'est arrivé! Ça va arriver encore, il paraît. Ils disent qu'on va faire d'autres changements sans faire face à l'armée. Bien, je dis : On va d'abord se mettre d'accord sur des objectifs et puis, si l'armée vient, on décidera de ce qu'on fera.

Congrès du CCSNM, 1971.

ARTISTES (LES)

Ça n'existe pas une démocratie économique
Dans le capitalisme
Ça n'existe pas une démocratie sociale
Dans le capitalisme
Ça n'existe pas une démocratie politique
Dans le capitalisme
Ça n'existe pas une démocratie culturelle
Dans le capitalisme.

Ce qu'il nous faut, c'est un changement complet, radical et profond au Québec.

C'est normal, un peuple qui chante, qui danse, qui s'exprime. On est bourré de talents, tout l'monde sait ça. On est capable de la trouver notre culture, les travailleurs sont capables de la trouver.

Il faut cesser d'avoir peur. Nous avons la force, l'intelligence et l'imagination créatrice pour prendre en main toutes nos responsabilités. Des expériences comme celles de L'Engrenage [théâtre populaire des travailleurs], c'est ça qu'il nous faut. Pas rien qu'une, il en faudrait plusieurs. Il en faudrait à l'échelle de tout le Québec. C'est ça la démocratie culturelle et artistique. La machine est partie, rien ne pourra plus l'arrêter.

Au nom des travailleurs, je remercie les initiateurs de L'Engrenage: Charlotte Boisjoli et Jean-Pierre Compain.

L'*Engrenage*, par Jean-Pierre Compain, Éditions de l'Étincelle, 1972.

AVOCATS (LES)

Robert Chagnon, le président de l'Alliance des professeurs de Montréal à leur congrès de cet automne, disait qu'il faudrait remettre les écoles à la population, parce que les écoles éloignent les enfants de la population. C'est un phénomène qu'on a constaté dans la province de Québec. Je ne m'excuse pas auprès de ceux qui sont allés à l'école longtemps et qui sont ici, parce que eux autres ont conscience de faire partie de la classe ouvrière. On a seulement à regarder comment se sont conduits les avocats à l'Assemblée législative et à l'Assemblée nationale. Ils sont non seulement antisyndicaux, mais ils sont contre le peuple directement.

Congrès du CCSNM, 1972.

AVORTEMENT (L')

Ils vident des hôpitaux comme Notre-Dame et Sacré-Cœur de 800 patients dans une semaine et ferment la Miséricorde où les femmes du bas de la ville allaient

accoucher et se faire traiter; ils vont vendre le terrain
parce que ça vaut de l'argent et encombrer les autres hôpitaux où il n'y a déjà plus de place. Il y avait 4800 femmes
du bas de la ville qui attendaient et ils ont fermé le seul
hôpital à leur disposition. La plupart de ces femmes
venaient de la Rive-Sud. Ça fait un drôle de gouvernement. Un million de signatures pour protéger les fœtus
qu'ils sont allés porter au gouvernement. La protection de
la vie: vous voyez le régime hypocrite? Les gens se préoccupent du fœtus mais ils laissent crever ceux qui sont
là, et le massacre des travailleurs qui continue quotidiennement, scientifiquement et systématiquement.

Congrès du CCSNM, 1975.

BÉNÉVOLES (LES)

L es 1500 organismes bénévoles au Québec, par exemple les centres pour femmes battues, les regroupements pour assistés sociaux, pour handicapés, les
associations qui s'occupent des accidentés, des vieillards, des sans-abri, c'est ça la démocratie! Et dire que
nous laissons nos gouvernements cracher là-dessus!

«Le travail», *Ciel variable*, propos recueillis par Jean-Pierre Boyer, 11 mai
1990.

BOURGEOIS (LES)

J e n'ai pas besoin de lire sur les bourgeois pour les haïr.
Je les connais. Ou ils sont intelligents et vicieux ou
ignorants et vicieux, mais chose sûre, ils sont vicieux.

Le Soleil, 30 juin 1976, par Jean-Jacques Samson.

CHANGEMENT (LE)

Pourquoi au Québec et à Montréal ça coûte plus cher, qu'il y a plus de misère, plus de chômeurs, plus de taudis que dans le reste du pays ? Pourquoi cette situation et pourquoi faut-il que ça reste comme ça avec un mouvement syndical, des hommes d'âge mûr et des gens habitués à travailler ensemble ? Si on n'arrive pas à changer quelque chose, c'est parce qu'on ne le veut pas. Alors, on va avoir l'honnêteté de dire : « On ne veut rien changer, on en a assez changé, on ne veut plus en changer. »

[...]

Mais on n'attendra pas indéfiniment qu'une minorité fasse des choses et qu'il y ait de la dispute entre la minorité qui veut marcher et changer des choses dans le sens de nos principes, de ce que devrait être notre action, de la solidarité envers la classe ouvrière, et ceux qui ne veulent pas marcher ni prendre les moyens pour marcher.

Congrès du CCSNM, 1969.

CHÔMAGE (LE)

On entend à la radio : « Employeurs occupez-vous des étudiants, donnez-leur du travail pendant l'été » ; pourquoi ne s'occuperaient-ils pas des chômeurs aussi ? Je n'ai rien contre le fait que les étudiants travaillent pour continuer leurs études, mais j'aimerais autant que le père de famille puisse travailler et les faire manger.

Congrès du CCSNM, 1969.

Ça n'a pas repris depuis 1961, le chômage a constamment augmenté et il augmente dans les métiers les plus qualifiés, dans les usines les plus prospères. Ce n'est pas un petit chômage comme pendant la Crise : des *peanuts shops* qui crèvent et qui croulent. Ce sont de grosses compagnies américaines de transformation qui déménagent ou qui ferment. Il n'y a pas d'industrie secondaire au Québec. On sort le minerai de l'Ungava, on extrait le cuivre, l'or, l'amiante, on envoie l'aluminium en lingots, on envoie de la pulpe qu'on ne transforme pas toute en papier. Les investissements, c'est là où ils vont.

[...]

Le problème du chômage à Montréal, les gens en souffrent : que ce soit dans la construction, la chaussure, le textile, l'électronique, les métiers mécaniques, partout. Il n'y a personne qui est à l'abri de cela : des gars de 40, 45 ans chôment, et 45 % des chômeurs sont des gens de 25 ans et moins. Instruits... Parmi les ingénieurs qui sortent de l'Université de Montréal — des ingénieurs en électricité, en électronique, en géologie, des ingénieurs civils —, combien y en aura-t-il, à la fin de l'année, qui vont avoir des emplois ? À peine 10 %. Avant, il paraît qu'on chômait parce qu'on était catholique, ignorant et qu'on ne parlait pas anglais. Là, on est moins catholique, on est ingénieur, on est bilingue et on chôme pareil.

[...]

Quand on est allés voir le gouvernement du Québec avec un mémoire de 64 pages sur le chômage, le ministre du Travail nous a dit : « Ça regarde Ottawa. » On pensait que notre gouvernement était responsable. Les Patriotes de 1837 se sont battus pour un gouvernement responsable et on n'en a pas plus maintenant. On a pris le mémoire, on l'a fait traduire en anglais parce que, à Ottawa, ils sont bilingues. Ils ont regardé ça et ils ont dit : « C'est un bon mémoire, mais on ne peut pas avoir une politique de plein emploi, parce que ça violerait l'autonomie de la province. »

Congrès du CCSNM, 1971.

Tout le monde est tout aussi menacé par le chômage que n'importe qui, dans n'importe quelle fonction. Même dans la fonction publique. Même les employés d'hôpitaux qui avaient un contrat à vie. Là, ils vont avoir un contrat à vie mais ils vont avoir à déménager dans 48 heures.

[...]

Le président de Bell Téléphone dit qu'on va économiser 53 millions en salaires. Ça veut dire qu'ils vont faire des mises à pied et le chômage va continuer d'augmenter. Si on ne s'énerve pas parce que le chômage augmente, il ne faut pas se surprendre quand on se fait matraquer sur nos lieux de travail, dans nos usines. On va s'éloigner de la qualité de vie après laquelle on court. Les assistés sociaux, les pensionnés, les chômeurs vont être un peu plus dans la misère et ça va continuer de se dégrader systématiquement. On doit être au Québec 12 ou 15 % de chômeurs instruits et bilingues, avec des métiers, à part ça. Tout ce qu'on perd de production, en services pour les personnes âgées, pour les gens qui sont malades, pour les étudiants, etc., pour ceux qui ont été handicapés par la nature ou bien par les accidents de travail. Il y en a au moins un pour deux ou trois familles. Alors, la lutte ne doit pas se faire seulement dans notre syndicat et dans nos petites affaires, rien que pour avoir un peu plus d'argent. Parce que le gouvernement est capable de nous l'enlever plus vite qu'on est capable de l'obtenir.

Congrès spécial du CCSNM, 1975.

C'est réellement épouvantable parce qu'il n'y a rien de pire que l'inaction, que ce soit pour des chômeurs, des grévistes ou des retraités. Pour les chômeurs, instruits ou non, qui ne savent plus à quoi ils peuvent être utiles, c'est terriblement déprimant, en particulier chez les jeunes, parce qu'ils ressentent souvent cela comme une déchéance personnelle et sociale. Ça, c'est blesser les gens en partant dans la vie ; un vrai gaspillage de monde.

Quand Félix chante que « la meilleure façon de tuer un homme, c'est de le payer à ne rien faire », c'est ambigu, mais il a quand même raison. Parce que, empêché de travailler, l'humain ne vit plus, il ne peut donner un véritable sens à sa vie et finit par ne plus avoir de respect pour lui-même. Et là, il commence à dépérir, car le travail c'est l'épanouissement de l'être humain, la liberté, le sens de la vie. Se sentir utile, c'est se sentir vivant, et c'est ça que nous procure vraiment le travail. Et si on t'en prive, ça finit par devenir pratiquement invivable.

« Le travail », *Ciel variable*, propos recueillis par Jean-Pierre Boyer, 11 mai 1990.

CLASSE OUVRIÈRE (LA)

Nous avons essayé de nous intégrer à la classe ouvrière, non pas en faisant du *face lifting*, mais en collaborant avec tous les mouvements qui étaient de bonne foi et qui voulaient la libération des travailleurs contre l'exploitation capitaliste.

Congrès du CCSNM, 1970.

On est fondamentalement convaincus qu'il y a des classes dans la société québécoise. Même quand les cultivateurs étaient la majorité, il y avait la classe des notables, et les autres. Là, il y a la classe des exploiteurs aidée par les petits notables, et puis il y a les exploités au travail, et les exploités en dehors du travail.

Congrès du CCSNM, 1973.

On dit que toute la classe ouvrière est opprimée quand des travailleurs, des vieillards, des enfants et des chômeurs sont bafoués, quand on n'est pas capable de travailler dans des conditions convenables. Même quand on est syndiqué à la CSN et à la FTQ, avec des clauses d'ancienneté, de promotion et de fonds de pension, ça ne vaut rien si les gens meurent à 35 et 40 ans.

[...]

Ce qui est le plus important, ce n'est pas de faire une centrale unique, c'est de travailler ensemble et d'essayer de se bâtir une mentalité de classe ouvrière, une solidarité de classe. Il faut commencer par se convaincre qu'on fait partie de la classe ouvrière et qu'il y a une petite minorité qui sont nos *boss* et qui sont les *boss* du gouvernement. Il faut botter le cul du *boss*, l'énerver, et si tu ne l'énerves pas, il va t'énerver, comme font les gars de Joliette : sortir tranquillement un par-derrière l'autre. Pendant que tu les tiens occupés à se défendre, ils ne te magànent pas.

Congrès du CCSNM, 1974.

Il faut se trouver un instinct de classe ouvrière. La lutte des classes existe. Même le comité des évêques a chialé sur le manuel de la CEQ du 1er mai, trouvant que c'était épouvantable de parler de la lutte des classes. Ce sont des fumistes ou des fumiers, peut-être les deux. La lutte des classes, ça existe. Il faut arriver à briser l'autre classe, la bourgeoisie, et ceux qui ont le pouvoir économique qui dominent le pouvoir politique et nous empêchent de vivre en démocratie, d'avoir un contrôle sur notre économie et notre argent, même dans le mouvement coopératif. Il n'y a aucun contrôle du peuple sur la démocratie sociale.

[...]

Après, on va collaborer avec tous ceux qui veulent collaborer ; on ne se prétend pas la classe ouvrière, on n'en est qu'une partie.

Congrès du CCSNM, 1975.

On n'aurait pas pu mieux choisir le thème de ce congrès : « Le syndicalisme de combat ou le syndicalisme d'affaires ».

Cela fait déjà quelques années à la CSN qu'on perd l'habitude du syndicalisme d'affaires et qu'on fait du syndicalisme de combat. Pour moi, c'est la plus belle journée de ma vie. Je tiens à le dire en public pour ne pas oublier ce 13 avril 1976 quand les Québécois de la fonction publique se sont tenus debout pour dire « non » au gouvernement qui usurpait le pouvoir, à ce gouvernement qui gouverne pour une minorité. Ce soir-là, je me suis rendu à La Tuque. J'avais été invité par les employés qui étaient en *lock-out* — et qui sont rentrés depuis —, les employés de soutien et les infirmières, en partie. C'est la direction qui a décidé de fermer l'hôpital qui est à 80 milles de Shawinigan et à 80 milles de Roberval. Ça c'est le haut degré de conscience sociale et professionnelle des directeurs d'hôpitaux, du ministère de la Santé et des médecins traitants. Et ce sont les travailleurs avec les infirmières qui ont organisé une équipe de soins à domicile.

Le Front commun, en 1975-1976, je pense que c'était non seulement la lutte des travailleurs de la fonction publique et parapublique, mais en même temps celle des syndicalistes contre la répression politique sur le plan syndical, contre la répression politique libérale d'Ottawa avec M. Trudeau et la répression politique libérale de

Québec avec Bourassa. C'est Trudeau lui-même qui a affirmé plusieurs fois qu'il faut « libérer le peuple de l'emprise des grandes compagnies et du syndicalisme », un diplômé de multiples universités, un crétin de l'essence parfaite du crétinisme, qui met sur le même pied les compagnies privées et des organisations démocratiques. Ça prouve jusqu'où on peut aller dans l'aberration, le mensonge et l'absurdité quand on fait de la politique dans un pays capitaliste où l'économie, la vie politique, tout le développement économique est orienté en fonction des profits d'une minorité.

On a souvent parlé de cet aspect-là au Conseil central et je ne reviendrai pas là-dessus, mais je veux tout simplement dire que la lutte du Front commun, cette année, c'est la lutte des travailleurs syndiqués qui veulent non seulement renouveler des conventions collectives mais qui veulent aussi améliorer les services au public. C'est certain qu'ils veulent des augmentations de salaire, non seulement pour rejoindre l'augmentation du coût de la vie, mais pour leur permettre un meilleur épanouissement, une meilleure vie dans un pays qui peut le leur procurer.

C'est également la lutte de la classe ouvrière et de l'ensemble du peuple du Québec. C'est la première fois dans l'histoire du Québec que la classe ouvrière, que les travailleurs syndiqués sont mobilisés à ce niveau-là. J'en rends hommage d'abord aux travailleurs de la fonction publique, aux militants de partout au Québec, aux 700 membres du conseil d'orientation, aux autres du comité de coordination et aux militants dans chacune des unités locales, des syndicats, de la Fédération des affaires sociales, de la Fédération des services publics, de la Fédération nationale des enseignants du Québec et des autres syndicats affiliés à la Fédération des travailleurs du Québec et à la Centrale de l'enseignement du Québec.

Congrès du CCSNM, 1976.

Tant qu'on ne sera pas arrivé à trouver une cohésion dans la classe ouvrière de Montréal, il n'y aura pas de changements dans la province de Québec. Pas parce qu'il n'y a pas de meilleurs syndicats en dehors de Montréal, c'est parce qu'ils ne pourront pas avoir une force d'entraînement en dehors de Montréal. La classe ouvrière de la province de Québec est à Montréal.

[...]

Je m'étais donné cinq ans pour essayer de faire de petites structures au Conseil central. J'étais paresseux, alors ç'a pris dix ans. Maintenant, il y a d'excellentes structures au Conseil central. Vous êtes capables, à partir de ces structures-là, de faire quelque chose de valable. On a passé à travers toutes les idéologies. À un moment donné, au service d'éducation, il y a des gars qui parlaient uniquement de marxisme, de léninisme et ils oubliaient de parler des problèmes syndicaux. Là, on est retombés sur nos pieds et il y a des gens qui ont pensé qu'il fallait faire des changements de structures ; ils ont régionalisé, c'était une excellente chose, mais les postes cadres des régions sont encore vides. C'est toujours les mêmes militants. Ce ne sont pas les officiers de la CSN qui nous donnent du trouble, ni les officiers des fédérations, ni les officiers du Conseil central et des syndicats, ce sont les membres qui ne veulent pas se battre, qui ne veulent pas asseoir et exercer leur force. On n'a pas idée de la force qu'on a. Mais on se laisse raconter des histoires jour et nuit. Et on pense toujours qu'on ne fait pas partie de la classe ouvrière... ou bien qu'on va s'en sortir.

Congrès du CCSNM, 1978.

COLLABORATION (OFFRE DE)

Nous sommes prêts à collaborer avec tous les mouvements contestataires, protestataires et révolutionnaires.

Congrès du CCSNM, 1970.

Nous refusons de participer au sommet économique convoqué par le Parti québécois, c'est une tentative de démobilisation. La gauche tente de nous faire croire qu'on a tort de ne pas vouloir collaborer. C'est collaborer que de faire croire à la classe ouvrière que l'on peut s'entendre avec des patrons capitalistes. Quand bien même qu'on irait là pour faire des revendications, des ci et des ça, ce serait un geste de collaboration. On n'a rien à faire avec eux autres. On est complètement en désaccord avec tout leur système. On est complètement en désaccord avec l'exploitation qu'ils font des travailleurs et des consommateurs. Au nom de la paix sociale, le PQ va contribuer à désarmer les travailleurs.

Une trêve. M. René Lévesque, du Parti de toutes les classes, dit qu'on a assez de maturité pour avoir la paix. «Laissez tomber vos armes, dit-il, on va vous botter le cul, on va vous cogner la gueule et puis, ça va être tranquille: vous ne crierez pas. Il n'y aura pas de rouspétage, on ne sera pas obligé d'aller devant les tribunaux. On va gagner du temps.» Ça veut dire: Arrêtez de vous défendre. Surtout, n'attaquez pas. Laissez-vous mutiler, empoisonner et voler comme producteurs et comme consommateurs. Mais ne rouspétez pas.

Congrès du CCSNM, 1977.

Michel Chartrand, en compagnie de l'écrivain
Pierre Vadeboncœur, devant les chantiers maritimes
de la Vickers, dans l'est de Montréal, en 1952.

Michel Chartrand, chef du Parti social-démocrate, en juin 1960.

Michel Chartrand au milieu d'un groupe de militants
à l'occasion du congrès de la CSN, en 1972.

Michel Chartrand en compagnie du leader palestinien
Yasser Arafat, en 1972, au cours du voyage d'un groupe
de Québécois au Moyen-Orient
(au Liban, en Irak, en Égypte et en Syrie).

Michel Chartrand en compagnie du prêtre ouvrier Jean Ménard,
à Valparaiso, au Chili, en janvier 1973, quelques mois avant
le coup d'État militaire.

Michel Chartrand en compagnie de ses trois frères:
Marius, Paul et Gabriel, aujourd'hui décédés.

Lors du spectacle *Automne (show) Chaud*, le 25 octobre 1974,
pour appuyer les travailleurs de la United Aircraft.
De gauche à droite: Raymond Lévesque, Yvon Charbonneau,
Simonne Monet Chartrand et Michel Chartrand.

Au congrès du Conseil central des syndicats nationaux
de Montréal, en 1976. À la gauche de Michel Chartrand,
on reconnaît Marcel Pepin.

Michel Chartrand en compagnie du syndicaliste Frank Diterlizzi
(à gauche) et du sociologue Jacques Dofny, au lancement
du premier tome de *Ma vie comme rivière*,
de Simonne Monet Chartrand, en 1981.

Michel Chartrand, Fernand Foisy et leurs épouses, à l'occasion
du 40ᵉ anniversaire de mariage de Michel Chartrand
et de Simonne Monet Chartrand, en 1982.

Lancement du film d'Alain Chartrand, *Un homme de parole*,
le 29 avril 1991. De gauche à droite : Alain Chartrand,
Simonne Monet Chartrand, Michel Chartrand, Gérald Larose et
Gilles Vigneault. (Photo : André Viau, *Le Journal de Montréal*.)

Michel Chartrand, membre de la Confrérie des chevaliers
du cidre, au Manoir Campbell au mont Saint-Hilaire,
le 21 septembre 1995.

Michel Chartrand au milieu d'un groupe d'amis et de collaborateurs de la FATA, à l'émission *Avis de recherche*, animée par Aline Desjardins et Gaston L'Heureux, en avril 1986, à la télé de Radio-Canada. (Photo: Jean-Pierre Karsenty.)

Michel Chartrand en compagnie de la militante syndicale Madeleine Parent, au Congrès de la CSN, en 1984.

CONDITION OUVRIÈRE (LA)

Plus de la moitié des travailleurs de la province de Québec se sont fait mutiler d'une façon ou d'une autre. S'il fallait qu'on prenne un patron, qu'on lui coupe une oreille pour le reconnaître, lui qui prend les deux oreilles de ses ouvriers, on passerait pour des barbares ou des terroristes. Ça, c'est la condition ouvrière dans notre pays, en 1978.

Congrès du CCSNM, 1978.

CONSCIENCE DE CLASSE (LA)

On ne veut pas nécessairement une fusion des trois centrales le plus vite possible. On ne croit pas que ce soit la panacée à nos maux. On pense qu'une conscience de classe, c'est beaucoup plus important que l'unité organique. Au Chili, ils ont une centrale unitaire, la CUT, avec des tendances à l'intérieur qui sont respectées, des tendances communistes, socialistes et de démocratie chrétienne. Mais une chose a conditionné tout ça et a donné naissance à cette unité organique : la conscience de classe. Ça fait deux ans qu'ils ont eu un nouveau gouvernement, ça fait deux ans que les patrons leur font manger de la marde, les manufacturiers, les grossistes, les détaillants. La *mas grande cola del mundo*, la plus grande queue au monde, au Chili, pas aux États-Unis, pour avoir de la pâte dentifrice, c'est du monde propre. Après deux ans de difficultés semblables pour les ménagères et pour la classe ouvrière, ils ont augmenté leur vote à 6 % et ils ont élu de nouveaux députés, ils ne se sont pas mêlés.

Congrès du CCSNM, 1973.

Peut-être qu'on a des reproches à se faire à nous-mêmes, peut-être que nos luttes étaient trop restreintes et trop sectorielles : la construction, la métallurgie, l'enseignement, les hôpitaux, etc. Mais les chômeurs, le salaire minimum, on ne s'en occupait pas. Les pensionnés, les assistés sociaux, même les accidentés du travail, nos confrères, ce n'était pas notre problème. Le gouvernement a réussi à gruger même les entreprises syndicales, les organisations syndicales.

Congrès spécial du CCSNM, 1975.

Nous sommes en train de bâtir les fondations du mouvement syndical au Québec, de faire prendre conscience aux travailleurs de la solidarité de classe et d'établir la conscience de classe. En 1972, cela n'a pas été le même phénomène : tout le monde a voté la grève, est sorti en grève, mais il y en a qui ne pensaient pas que le pouvoir était ce genre de pouvoir qu'on voit mieux en 1975-1976. Il y en a qui continuaient à croire que si le gouvernement n'était pas le promoteur du bien commun, le défenseur de la classe ouvrière, au moins il devait être un arbitre impartial, un gérant honnête. Mais gérant et honnêteté dans le Parti libéral et dans des gouvernements comme on a, ce sont des termes que nous ne devons pas utiliser.

Congrès du CCSNM, 1976.

CORONER (ENQUÊTES DU)

À toutes les enquêtes du coroner où je vais, je vois des charognards, des avocats qui essaient de faire toutes les niaiseries possibles pour écœurer le monde et les témoins, pour fourrer le coroner qui est généralement ignorant comme eux. Je ne les ai jamais vus chercher la vérité et voir à ce que les accidents mortels ne se reproduisent pas.

Congrès du CCSNM, 1976.

Quand je vais aux enquêtes du coroner, souvent le juge me dit : « M. Chartrand, pourquoi parlez-vous de ça tout le temps ? On vient au monde, on travaille, puis on meurt. » Tout d'abord, je dis que j'aimerais mieux que ce soit les avocats et les juges qui meurent de cette façon-là au lieu des ouvriers. Deuxièmement, je dis que si vous tuez tous les travailleurs, il ne restera plus personne pour me payer mon salaire. Alors là, il trouve que ç'a du bon sens. Quand je reviens chez nous, ma femme me demande si je deviens fou. Je ne comprends pas pourquoi elle est de mauvaise humeur ; le juge et l'avocat, ils ont trouvé ça correct. Parce que c'est un axiome de droit : l'intérêt est le mobile des actions. C'est pas capitaliste du tout, c'est très moral. Tu fais des affaires seulement quand ça te paie. C'est ça le capitalisme. Moi, j'aimerais qu'on prenne le temps de regarder les métiers, puis qu'on regarde comment on travaille et comment ils nous forcent à travailler.

Congrès du CCSNM, 1977.

COUPS DE PIED AU CUL (LES)

Je n'ai pas assez de corne aux fesses pour ne pas ressentir tous les coups de pied au cul que j'ai reçus du capitalisme. Et pour être certain de les sentir venir, je me fais décorner les fesses régulièrement.

La Presse, samedi 7 décembre 1963, par Gilles Pratte.

CULTURE (LA)

S i j'avais laissé tomber mes convictions, j'aurais eu l'impression d'être capable de faire n'importe quoi. Me faire vivre, par exemple. D'où vient l'idée de travailler? C'est fatigant. C'est de la folie furieuse. Alors, j'aurais fait en sorte de ne plus travailler. Je serais devenu clochard. Je me serais promené comme je le faisais dans mon enfance quand je n'avais pas à payer de pension à quiconque.

Mais il n'est pas question d'arrêter de travailler tant qu'il restera quelque chose à faire. Comment pourrais-je en outre manger mon pain sans avoir collaboré au moins indirectement à sa fabrication? Ce n'est pas en vain que je me révolte contre les enfants qui ont fait de grandes études et qui ne savent pas d'où vient le pain qu'ils mangent. On appelle cela une culture!

C'est pourquoi il m'apparaît extraordinaire qu'on puisse prétendre avoir de la culture quand on ignore ce qu'est la société dans laquelle on vit, l'humanité à laquelle on appartient.

ABDMA, 1968.

Je prends les œuvres d'artistes comme elles sont. Si je ne comprends pas tout d'un bouquin, eh bien, je le relis. La grande Marguerite Yourcenar faisait d'ailleurs de même. Après le visionnement d'un film, je réserve mon jugement. On peut dire: «Je l'aime» ou «Je l'aime pas». Mais on ne peut pas dire: «Il n'est pas bon» ou «Il est mauvais».

Le Lundi, 17 août 1991.

CULTURE FRANÇAISE (LA)

Il faut accepter le nationalisme pour ce qu'il est : une médiation vers l'universel. Et un universel qui se veut une libération totale de l'exploitation de l'homme par l'homme. Les mots doivent retrouver leur sens. Quand donc une certaine gauche et les intellectuels en général comprendront-ils qu'ils triturent la réalité ? Qui donc a inventé des expressions aussi incongrues que « progressiste-conservateur », « révolution tranquille », sinon les intellectuels ? L'éducation, ça n'échappe pas à l'idéologie pas plus que la culture en général. Et la culture française ne fait pas exception.

Les intellectuels prétendent que la culture française constitue un humanisme extraordinaire, une sorte de fleuron de l'humanité. Il n'y a rien de plus faux. La culture française porte les traces de ses origines : la culture latine et la culture grecque. Toutes les trois sont des cultures individualistes. Et, il n'y a rien de plus contre nature que ça, parce que l'homme est d'abord et avant tout un animal social, collectif. L'honnête homme de Pascal, ça me rend malade. Comme tout le système d'éducation, d'ailleurs, qui ne sert qu'à renforcer cette idée individualiste de la culture.

Zone libre, été 1977, propos recueillis par Guy Rochette.

DÉMOCRATIE POLITIQUE, ÉCONOMIQUE, SOCIALE ET INDUSTRIELLE (LA)

La démocratie politique : chacun a des droits égaux, sans aucune distinction, comme nous en jouissons actuellement, mais il faudrait y ajouter une représentation proportionnelle.

La démocratie économique: les représentants du peuple (non des compagnies à responsabilité limitée à quelques actionnaires) dirigent l'économie.

La démocratie sociale: les bénéficiaires participent aux décisions, pas seulement les *smarts* et les technocrates.

La démocratie industrielle: les travailleuses et les travailleurs qui engagent leur vie et non seulement leur force de travail doivent participer aux décisions.

Congrès de la CSN, mai 1982.

ÉGLISE (L')

L'Évangile est faite pour les hommes. Or des théologiens très sérieux admettent que, depuis deux siècles au moins, on assiste à une décadence de l'esprit chrétien au profit des institutions cléricales. Rien d'étonnant à cela. Nous avons eu quelques excellents théologiens (Y. Congar, o.p.) mais l'Église tenait-elle compte de ce qui se passait dans le monde réel, temporel? Le Concile a essayé.

[...]

L'Église s'est dit: «Les gens s'éloignent.» Elle se croit obligée de revenir à l'Évangile. Quand elle aura elle-même connu les difficultés que vivent les gens, elle saura considérer leurs problèmes et les aider à les régler. Et alors seulement, les gens reconnaîtront l'Évangile, l'Église du Christ, le message du Christ.

ABDMA, 1968.

Quel rôle l'Église a joué dans l'histoire du monde ouvrier québécois? C'est un rôle bien ambigu! Comme dit Racine au sujet de Louis XIV: «Il a fait trop de bien pour que j'en dise du mal, et trop de mal pour que j'en dise du bien. »

[…]

Si le syndicalisme est une entreprise de services, le christianisme devrait en être une de fraternité. Or l'Église a perdu le sens de la fraternité et s'est institution-nalisée sous l'Empire romain; depuis, elle n'a jamais réussi à s'en sortir. Il lui faudra aujourd'hui entrer dans le maquis et attendre qu'on l'appelle.

Quand on est une force morale, il faut attendre que les gens nous invitent. La dernière lettre des évêques sur le chômeur est apeurante: vouloir changer le cœur de l'ouvrier en même temps que le cœur du patron. Comme si l'exploiteur et l'exploité avaient tous deux le même cœur.

Vie ouvrière, dossiers « Vie de militants », vol. XXVIII, n° 128, octobre 1978.

ÉGLISE ET LE CAPITALISME (L')

L'Église chez nous n'a jamais eu le courage de dénon-cer ouvertement les violences du capitalisme envers l'homme. Dans son message à l'occasion de la fête du Travail [septembre 1971], elle énumère seulement des formes de violence, sans plus. Aujourd'hui, aux USA, l'Église ne dénonce pas la guerre du Viêt-nam; chez nous, elle ne dénonce pas les gouvernants qui refusent d'exercer un contrôle sur les normes de sécurité des chantiers de construction où chaque année des tra-vailleurs perdent la vie... une vie qui vaut bien celle d'un ministre du Travail.

Autrefois, à l'époque du « petit patronage », les évê-ques ne dénonçaient pas l'injustice, la calomnie, le parjure, le vol et le viol des consciences qui faisaient partie de nos mœurs politiques (seuls deux clercs l'ont fait à titre personnel, les abbés Gérard Dion et Louis O'Neill dans une brochure intitulée *L'immoralité politique dans la province de Québec*, en août 1956), parce qu'ils avaient peur de perdre leurs petites subventions pour leurs collèges et leurs hospices. Ils n'ont pas voulu non plus dénoncer le système économique capitaliste, parce que les grandes communautés religieuses l'appliquaient elles-mêmes pour construire leurs institutions. Non pas que les communautés et les curés aient appauvri le peuple québécois: ce n'est pas le 25 cents de la messe du dimanche qui changeait grand-chose au budget familial! Les curés parlaient plutôt d'adultère et disaient combien c'est mal de voler son patron. Quand les gens en ont eu assez, après un certain temps, sans qu'il y ait eu de campagne contre la religion, les églises se sont vidées d'elles-mêmes, parce que ces milliers de catholiques n'avaient jamais commencé seulement par être d'abord des chrétiens: on ne leur avait jamais appris. Aujourd'hui, il y en a quelques-uns qui commencent à dire des choses sensées par rapport à l'Évangile, mais l'ennui c'est qu'il n'y a plus personne intéressé à les écouter. Alors je pense que si leur engagement est sérieux, au lieu de parler, il faudrait qu'ils commencent à faire des choses qui parlent par elles-mêmes en faveur de l'homme exploité et que le peuple puisse comprendre.

Maintenant, n° 109, octobre 1971.

ENFANTS (LES)

C e n'est évidemment pas difficile de faire des enfants. Ce qui est difficile, c'est de les garder chez soi, de les laisser vivre selon leur personnalité. C'est compliqué mais intéressant.

ABDMA, 1968.

Les enfants, ça s'élève comme des arbres. Il faut les laisser pousser et surtout ne pas trop émonder.

Guide Ressources, janvier-février 1992, par Monique de Gramont.

ENSEIGNANTS (LES)

L es gens les plus importants dans la société sont les enseignants, car c'est à eux que nous confions nos enfants, la prunelle de nos yeux.

Congrès du CCSNM, 1974.

Les recteurs d'université ont obligé les professeurs de Laval à chômer, à faire la grève pendant 15 semaines avant de leur reconnaître le droit d'association. Et pourtant, s'il y a des gars qui étaient capables de faire des mémoires! C'est seulement ça qu'ils savent faire. À Montréal aussi, 15 semaines de grève. Puis là, le gouvernement, par M. Jacques-Yvan Morin qui siège au tribunal international de La Haye, a dit: «Eh bien, si vous voulez avoir une convention collective, si vous voulez vous conduire comme des pouilleux de syndiqués, il ne faudrait pas que vous ayez autre chose dans votre convention que ce que les pouilleux de syndiqués ont d'habitude. N'allez pas mettre des éléments de cogestion et dire ce que vous voulez enseigner, puis comment vous voulez l'enseigner. Ça ne vous regarde pas.» C'est là-dessus que s'est faite la grève.

Ça ne regarde pas les professeurs d'université, ce qu'ils vont enseigner et comment ils vont l'enseigner? C'est assez fort!

Congrès du CCSNM, 1977.

ÉTUDIANTS (LES)

Il y a plus de 5000 groupes communautaires au Québec qui se battent et qui s'acharnent à essayer d'améliorer les conditions de vie des plus mal pris de la société. Vous autres, la haute poutine de la société, vous n'êtes pas là! *Get moving!* Y a des tas de trucs à faire.

Il y a des banques qui ont fait 3 milliards de profit par année et qui ont le culot de demander au gouvernement 3 millions pour faire de la recherche. C'est un non-sens qui ressemble à l'histoire du gars qui te botte le cul et qui te demande après de l'argent pour s'acheter une meilleure paire de bottes.

Vous [les étudiants] avez une *job* à faire, une seule: vous organiser pour que la société permette aux gens de s'épanouir et de satisfaire leurs besoins. Tous, qui que nous soyons, génétiquement avantagés ou pas, handicapés ou non, pauvres ou riches, devons avoir une chance égale de manger, de travailler et de se faire soigner. Toute ma vie j'ai travaillé pour ça. À votre tour maintenant.

Aux étudiants de l'Université du Québec à Montréal, le jeudi 28 septembre 1995.

FAMILLE (LA)

La cellule familiale peut être considérée comme la cellule sociale par excellence: si elle apprend à vivre en société.

Par contre, si on répète au foyer: «Prête pas tes affaires au p'tit gars! Laisse-toi pas marcher sur les pieds, joue du coude», on y forme plutôt la jungle sociale de demain; si les parents disent: «À l'école, il faut arriver le premier, fais-nous honneur»; si les professeurs ajoutent: «Vos parents font des sacrifices et dépensent beaucoup d'argent pour vous garder à l'école », ils préparent la société matérialiste de demain. Même proposées dans des écoles catholiques de frères et de sœurs, de telles motivations n'en demeurent pas moins essentiellement matérialistes. Les socialistes en ont trouvé d'autres et de plus valables.

Quant à moi, à cette époque je n'étais pas socialiste mais j'en ai trouvé d'autres également. J'ai appris à mes enfants à se respecter mutuellement, à collaborer au sein de la famille. Ils ont lavé la vaisselle et balayé le plancher.

ABDMA, 1968.

FEMMES (LES)

Tu sais fort bien que je ne m'arrête pas à croire, comme certains, que les femmes ne sont pas aptes tout comme les hommes à scruter et à résoudre des questions difficiles. Toutefois, j'ai la conviction que c'est surtout par amour que la femme convainc, qu'elle trouve des réponses aux questions posées. Peut-être en est-il ainsi pour les hommes ? Probablement pour certains. Ceux qui sont en « affaires », au fond, sont motivés et réussissent par amour du gain et de ce qu'il procure, par un amour égoïste : celui de la recherche de biens matériels.

Mais au risque de me tromper, je suis enclin à croire que chez l'homme et la femme développés normalement, ce qu'il y a de particulier à chacun, c'est le niveau de sensibilité. Celle-ci, en tout cas, doit être renforcée et servir de guide dans la recherche de la Vérité, du Bonheur que l'on veut approfondir.

La sensibilité féminine, cet apanage et cette force particulière de la création doit, il me semble, engendrer

raisonnablement le soulagement des peines et la crois-
sance du bonheur humain. Surtout quand cette sensibilité est celle d'une petite et grande fille qui consume et
traduit si bien l'amour d'ici-bas, prémisse ineffable de
l'Autre.

Lettre à Simonne, Montréal, le 6 août 1941. Dans *Ma vie comme rivière*, autobiographie de Simonne Monet Chartrand, Montréal, Éditions du remue-
ménage, t. II, 1982, p. 97.

Des femmes au gouvernement? C'est l'idéal! Les
femmes sont plus humaines et meilleures juges que les
hommes. Les hommes agissent comme s'ils avaient des
œillères. Et puis, les femmes connaissent ce que c'est que
la grève; ce sont elles qui en portent le coup. La seule
femme que nous ayons au Parlement, c'est malheureuse-
ment une petite politicienne de faubourg. Je vous dirai
qu'en 1958, au moment des élections du Parti socialiste
démocratique, j'ai reçu 8000 votes de femmes. Et on parlera encore de la logique masculine; on méprisera l'in-
tuition des femmes!

Le Nouveau Samedi, 18 septembre 1971, par Denyse Monté.

Voilà qui se rajoute au mépris général des travailleurs, au mépris et à la discrimination vis-à-vis des
femmes. La femme qui travaille dans la cuisine n'est pas
payée le même salaire que le gars qui travaille dans la
cuisine. La femme qui travaille dans un bureau n'est pas
payée le même salaire que le gars qui travaille dans un
bureau.

À la Baie-James, ils vont un peu plus loin. Si tu es un
cadre, tu peux coucher avec ta femme. Si tu es un travailleur et que ta femme est à la Baie-James, tu n'as pas
le droit d'aller coucher dans sa chambre et elle n'a pas le
droit de venir coucher dans la tienne.

Congrès spécial du CCSNM, 1975.

Les femmes aussi sont exploitées plus que les Québécois. Non seulement sur les lieux de travail, mais en plus elles sont prises à faire deux *jobs* : s'occuper de la maison et s'occuper sur les lieux de travail. Faudrait se rendre compte un peu qu'on a été de travers pendant longtemps vis-à-vis des femmes. Elles s'organisent elles-mêmes. Elles ne nous demandent pas de faveurs. Mais, entre nous, les hommes, on peut se dire qu'il faudrait changer notre mentalité et aider à changer la mentalité de nos enfants vis-à-vis le travail des femmes.

Congrès du CCSNM, 1978.

Les femmes, ç'a jamais été un problème pour moi. J'avais six sœurs ; pis ma mère, c'était de l'or en barre. J'veux dire, j'ai toujours eu beaucoup d'affection pour les femmes.

[…]

Les hommes ont peur des femmes. Tout le monde a peur de ce qu'il connaît pas. C'est humain, ça. Ce qui inquiète les hommes, c'est que les femmes raisonnent autrement. C'est pour ça qu'ils ne peuvent pas les endurer sur les conseils d'administration. Les hommes, y sont plus gros, moins raffinés ; ils ont moins d'imagination. C'est ça le drame.

[…]

Les cibles du mouvement des femmes m'apparaissent bien convenables. Décider que vous voulez avoir des enfants quand vous voulez, ça vous regarde ! Mais décider que pour être féministe, faut être lesbienne — ma femme s'est fait dire ça — je trouve ça un peu fort. Baiser ou pas baiser ou avoir des relations sexuelles avec d'autres... c'est un choix personnel ! Remarque que quand on est lesbienne, on ne se fait pas emmerder. Ça c'est correct. Et puis ça fait réfléchir, les femmes qui se font achaler plus souvent qu'à leur tour, qui se font raconter des histoires, que le mariage pis l'amour, ça ne sert qu'à avoir des enfants... C'est pas vrai.

Baiser juste pour baiser, ça me paraît normal.

Extraits de « Les femmes », *La Vie en rose*, novembre 1985, propos recueillis par Francine Pelletier.

La meilleure partie de l'humanité du Québec, ce sont des femmes. Marie de l'Incarnation, la mère d'Youville ; les évêques les emmerdaient. La mère Gérin-Lajoie qui a fondé la communauté des sœurs du Bon-Conseil et sa mère qui s'est battue pour avoir le droit de vote avec Idola Saint-Jean. Mme Thérèse Casgrain. Madeleine Parent était une grande syndicaliste aussi. Les femmes françaises ont voté après les Québécoises. Les femmes étaient tellement avancées qu'à la Révolution, ils les ont mises de côté et les ont arrêtées. Marguerite Yourcenar, pour moi, c'est le plus grand philosophe du siècle, et George Sand est la grande femme de l'autre siècle. Sand était de gauche, féministe et d'avant-garde, elle a écrit de façon épouvantable, elle écrivait la nuit. Dans ses romans, elle a montré comment les femmes étaient en sujétion. Alors, cela a scandalisé beaucoup de gens. En sujétion, ça veut dire qu'elles étaient les sujets de leurs maris. Elle a dit que ça ne marcherait plus de même. Elle a fait exprès, elle a mis des pantalons et elle fumait, les gens trouvaient cela épouvantable mais c'était une femme raffinée. Les plus belles pièces que Chopin a composées, c'était quand il était avec elle. Elle ne l'a pas magané et elle ne l'a pas fait mourir, elle l'a inspiré.

Un homme de parole, film d'Alain Chartrand, avril 1991.

FONCTION PUBLIQUE (LA)

P our les employés de la fonction publique, il faut aller chercher le maximum de salaire et les meilleures conditions de travail possible pour forcer l'entreprise privée à s'en venir à ce niveau-là. Même si on faisait des sacrifices, les prix ne baisseront pas.

[...]

Les fonctionnaires ont obtenu des avantages considérables en venant se joindre au mouvement syndical, à la CSN, parce que des gars avaient ouvert le chemin et préparé des structures. Et si on n'aime pas les structures, on n'a qu'à les changer, ça peut se discuter de l'intérieur pour avoir plus d'autonomie, mais je pense que pour les fonctionnaires, il n'y a pas d'autre solution que de rester avec les travailleurs organisés. Les *boss* des fonctionnaires, ce ne sont pas les petits ministres de Québec et d'Ottawa. Leurs employeurs, c'est la population qui paye les taxes. Alors, je pense qu'il est élémentaire pour les travailleurs de la fonction publique ou parapublique d'avoir autant d'alliés qu'ils le peuvent dans la société.

Congrès du CCSNM, 1971.

Il y a au-delà de 200 000 chômeurs au Québec et le capitalisme est incapable de régler ça parce qu'il n'a pas changé de nature. Il est plus fort qu'il ne l'a jamais été.

La lutte des travailleurs de la fonction publique et parapublique, c'est la lutte des travailleurs qui offrent des services à la population. Ils ont déjà une autre mentalité que ceux de l'entreprise privée et puis, si nous réfléchissons avec eux pendant que la grève dure, ils sont assez nombreux, ont assez d'influence dans la société pour aider à sa transformation.

J'ai l'impression que c'est une évolution des mentalités au Québec qui a motivé la lutte des travailleurs de la fonction publique et parapublique, que ce soit les enseignants, les employés d'hôpitaux ou les fonctionnaires, qui les a motivés à aller sur les lignes de piquetage. On nous aurait prédit, il y a cinq ou dix ans, qu'on verrait les enseignants en grève, on aurait dit que c'était rêver en couleurs. Alors, on a vu des professeurs d'université en grève qui étaient supportés par des employés de soutien de l'université, et on a vu des employés de soutien de l'université qui étaient supportés par des professeurs d'université.

[...]

Je crois qu'à partir des événements que nous vivons présentement, nous avons le droit de penser que ce qui intéresse davantage les travailleurs syndiqués, c'est de participer aux décisions qui les impliquent, qui concernent l'ensemble de la société. Les syndicats sont bâtis pour rendre les gens libres, pour les libérer de l'arbitraire patronal et de l'exploitation capitaliste à l'intérieur et à l'extérieur de l'industrie. Alors, on est libre et on exerce notre liberté en autant qu'on puisse intervenir dans les décisions qui nous impliquent, ce que nous n'avons jamais obtenu, ni sur le plan politique et encore moins sur le plan économique. Nous vivons avec une façade de démocratie politique qui cache une dictature économique qui est de plus en plus forte. Les gouvernements dits démocratiques, quels qu'ils soient, servent de bouclier à la dictature économique de l'entreprise privée.

Congrès du CCSNM, 1972.

Comment se fait-il que les employés de la fonction publique et parapublique ne sont pas heureux ? Pourquoi sont-ils pressurés comme ça, comme des employés du dernier capitaliste, du dernier vulgaire fabricant ? Parce qu'ils ont la même mentalité. Cette mentalité-là, c'est celle du gouvernement aussi. Il ne faut pas que les services publics soient en avant du secteur privé. Alors, il faut comprendre l'importance de leur avance, s'il y en a une, ils doivent continuer d'avancer, non seulement pour leur propre bien-être mais pour celui de l'ensemble de la classe ouvrière et de la population du Québec.

Les employés d'hôpitaux et des commissions scolaires ont été admirables dans leur bataille. On est parti d'une tradition où c'était le mépris parfait et complet pour tous les travailleurs de la fonction publique. Duplessis se vantait du fait que lorsqu'il en avait besoin d'un, il s'en présentait trois ; il divisait le salaire en trois. Et une bonne partie de la population applaudissait ça, y compris les travailleurs. On essayait de négocier dans des industries de la ville de Québec et on leur disait qu'il y avait les mêmes salaires à Farnham, à Victoriaville, à Montréal pour la même occupation, dans le vêtement pour hommes par exemple ; ils n'osaient pas demander plus cher que les employés du gouvernement. C'était ça la mentalité. Pendant la Crise, la *job steady*, c'était au Parlement. Payé pas payé, tu avais une *job steady*.

On ne s'en sortira pas et les économistes non plus. Ni Adam Smith, ni Keynes, ni Galbraith ne nous en ont sortis. Quand ils viennent me dire que c'est une conjoncture universelle, je réponds « mon cul » pour les économistes universels. Et ils ne valent même pas ça.

Congrès du CCSNM, 1978.

J'ai toujours reconnu que les travailleurs de la fonction publique et parapublique sont les plus importants pour la société, pas parce qu'ils sont plus beaux, plus fins ou plus vaillants que les autres travailleurs, mais parce que les employés d'hôpitaux prennent soin de notre santé, parce que les employés des maisons d'enseignement s'occupent de nos enfants, parce que les employés des municipalités, du gouvernement et des

autres corporations parapubliques s'occupent des services et des intérêts de la population.

De plus, je pourrais avoir une raison personnelle de
respecter les employés de la fonction publique étant
donné que mon père a été fonctionnaire durant 44 ans
pour nourrir 14 enfants. Et lorsqu'il est mort, il ne rece-
vait que sa pension de vieillesse.

Congrès de la CSN, mai 1982.

FRATERNITÉ (LA)

Je n'aime pas ça quand mes compatriotes se font blesser ou insulter. Mais notre héritage vient de loin. Un
Canadien français, ça ne connaît pas la fraternité. Déjà,
dans sa famille, il ne pouvait pas parler : un enfant, c'est
fait pour être vu et non pas entendu. Le père pouvait être
un abruti, un ivrogne : « Tut, tut, tut ! Tu dois respect à
ton père. » À l'école c'était la même chose. On n'a jamais
vu quelqu'un se lever à l'église pour dire au curé qu'il
était dans les patates quand il parlait de la culture des
tomates. Ainsi de suite en politique où tout était cuisiné
par les vieux partis.

[...]

Comment se fait-il qu'aujourd'hui, quand on parle
de solidarité, on se fait regarder de travers ? Où est-elle
la fraternité chrétienne ? Le capitalisme serait marginal
s'il y avait de la fraternité dans le monde. Au contraire,
c'est la rentabilité du capitalisme qui règne. Le père
Lebret dans *Survie de l'Occident* affirmait déjà : « Ce matérialisme pratique de l'Occident est pire que le matérialisme de l'Est. »

Vie ouvrière, dossiers « Vie de militants », vol. XXVIII, n° 128, octobre 1978.

FRONT SCOLAIRE (LE)

Vous allez être invités à travailler encore pour le regroupement scolaire et dans le sens des travailleurs, des organisations d'enseignants et de la population de Montréal. Je ne pense pas que ce soit à M. Victor Goldbloom de décider de ce qui est bon pour la population de Montréal. Ce sera la première lutte à faire sur le front scolaire et il faudra la faire sérieusement parce qu'il s'agit de la survie de la culture française à Montréal et de la liberté d'adhésion à quelque religion que ce soit. C'est un problème qui paraît complexe mais qui ne l'est pas autant qu'on le dit, sauf qu'il y a des gens qui voudraient continuer à avoir une part disproportionnée du gâteau c'est-à-dire les parlant-anglais à Montréal.

Congrès du CCSNM, 1970.

HÔPITAUX (LES)

C'est grâce au mouvement syndical que la condition des patients s'est améliorée dans les hôpitaux. À Saint-Jean-de-Dieu en particulier. Au Conseil central, il y a 5, 10 et 15 ans, nous avons clamé contre le scandale de Saint-Jean-de-Dieu à Montréal comme d'autres le faisaient pour Saint-Michel-Archange à Québec, ou d'autres en Beauce et ainsi de suite dans des hôpitaux où il n'y avait même pas de psychiatres ou d'infirmières psychiatriques. À Saint-Jean-de-Dieu, il y avait un roulement de main-d'œuvre de 50 %. Dans les autres hôpitaux, cela variait entre 35 et 40 %. Il n'y avait personne de compétent là-dedans. J'ai négocié à Saint-Jean-de-Dieu où les médecins avaient 300 patients à voir par jour. Ça ne scandalisait pas les avocats qui étaient à Québec, ni le corps médical, ni l'ensemble de la population. Quand

une femme entrait à Saint-Jean-de-Dieu pour une dé-
pression nerveuse, elle y mourait.

Ce sont les travailleurs syndiqués des cuisines, de la
buanderie, de l'entretien et les infirmières qui ont
changé les conditions des patients dans les hôpitaux.
Aujourd'hui, on va avoir honte ?

Congrès du CCSNM, 1972.

Faut-il s'étonner que le gouvernement ait résisté ? Il
fallait être naïf pour penser qu'un gouvernement
d'abrutis comme ça ne résisterait pas. On l'a vu vider
des hôpitaux de 800 patients en dedans de huit jours ; j'ai
vu ça à Notre-Dame et à Sacré-Cœur. À l'hôpital d'Ar-
thabaska et à l'hôpital de Drummondville, c'est rien
pour eux, c'est pas de la moitié de leur force de vider les
hôpitaux de leurs patients ; même que, pendant toute
l'année, entre les grèves, il manque des services ordinaires et du personnel. À l'hôpital de Verdun, on a sorti un
dossier démontrant qu'il y avait de la contamination à la
salle d'opération, dans les laboratoires, dans la salle
d'autopsie, dans tous les ateliers et que le service d'incendie n'était pas adéquat. Il y a d'autres hôpitaux où
l'on a trouvé des « bibites » dans les salles d'opération.
Alors, il ne faut pas s'étonner que le gouvernement
ferme allègrement des hôpitaux et que les notes de service du ministère de l'Environnement du Dʳ Victor
Goldbloom qui s'occupe des chantiers des Jeux olympiques disent qu'on devrait cesser de mettre autant d'énergie dans les inspections des hôpitaux et des écoles. Ce ne
sont pas les grévistes qui disent qu'ils n'inspecteront
plus les hôpitaux et les écoles, c'est M. Bourdage, le
directeur du service de l'hygiène industrielle du ministère de l'Environnement. Ce ne sont pas les grévistes qui
ont pollué l'eau de 67 municipalités de la province de
Québec. On a un gouvernement qui est complètement
capitaliste et qui pollue l'air et l'eau.

[...]

Il y a du monde qui nous parle de la paix sociale. Ceux-là s'appellent Robert Cliche ou Jacques Normand qui tiennent à peu près ce raisonnement : « Faites donc une trêve, arrêtez de vous battre. » Cliche, lui, c'est particulièrement pour les hôpitaux psychiatriques. On n'a pas eu besoin de faire de dessins aux syndiqués de Louis-Hippolyte-Lafontaine hier ; aujourd'hui, les employés « lock-outés » de l'hôpital de Verdun ont téléphoné au Dr Lazure à Louis-Hippolyte-Lafontaine pour lui dire : « Notre hôpital est vide à Verdun ; si vous voulez y amener des patients, on va en prendre soin. Mais vous ne nous casserez pas en nous faisant peur avec des procédures judiciaires. » Ça, c'est la différence entre la conscience ouvrière et la conscience du juge Cliche. On n'a jamais eu besoin de faire de téléphones et de donner des ordres à des travailleurs quand ils voient du monde mal pris, que ce soit dans le métro ou ailleurs. On n'a jamais eu ces problèmes-là ni de la part des infirmières ni de la part du personnel de soutien. On n'a jamais vu de malades mentaux ni de vicieux chez les travailleurs. On voit cela chez les professionnels et au gouvernement.

Congrès du CCSNM, 1976.

Vous vous rappelez, dans les hôpitaux, ils sont arrivés avec des *smarts* de scientifiques. Ils ont dit qu'ils venaient de faire une enquête dans les hôpitaux. Ça va coûter 65, 70, 100 000 piastres, mais vous n'aurez rien à débourser. Ils ont dit : « Voilà une bonne affaire. » Dans les hôpitaux anglais surtout. L'Association des hôpitaux anglais : des *smarts. Smart people. The English hospitals.* Des gars de la *Scientific Organisation. Free of charge.* Excepté qu'au bout de la ligne, ils congédiaient sept ou huit personnes. L'économie sur les salaires, ça faisait

leur salaire. Ça, c'est tout ce qu'il y a de plus scientifique.
Le soin des patients, c'était une autre affaire.
Congrès du CCSNM, 1977.

Jusque dans les hôpitaux, on essaye de faire marcher les infirmières comme des robots. Plus personne ne
soigne dans les hôpitaux. C'est des «prescriveux». Des
gens qui entrent et qui sortent. Une infirmière à
Sherbrooke, la semaine dernière, me disait qu'un médecin passe au poste, signe des papiers, et ne va même pas
voir ses patients. Ils ne sont pas tous comme ça, mais...
Congrès du CCSNM, 1978.

INFIRMIÈRES (LES)

L es médecins ont toujours pris les infirmières pour
  des servantes. Encore aujourd'hui, 56 % d'entre elles
souffrent de maux de dos. Or jamais les médecins ne
s'en sont préoccupé!
Guide Ressources, janvier-février 1992.

JUGES (LES)

I l y a des juges qui ont fait de la politique, d'autres qui
  ont passé des «télégraphes», et il y a des juges qui ont
frayé avec la pègre.
En requête de cautionnement devant le juge Jacques Coderre, dans *La
Presse*, 13 novembre 1969, par Léopold Lizotte.

Il n'y a pas un seul juge, pas un seul gouvernement,
pas une seule loi qui va m'empêcher de dire ce que j'ai à
dire quand je voudrai le dire. Ma fonction, c'est de

prendre la part des travailleurs, de dénoncer les abus dont ils sont victimes. Comme toute dénonciation doit se faire publiquement, je parlerai donc à voix haute, même si je dois aller en prison. C'est le mandat que les travailleurs m'ont confié et ils me paient pour le remplir. Je le remplirai donc, que ça plaise aux juges ou non. Je ne veux pas vivre comme un rat dans mon pays.

Conférence de presse, 11 novembre 1969.

Il y a des juges honnêtes, compétents, consciencieux, impartiaux, et il y a les autres.

Conférence de presse, après cinq jours de détention pour sédition, le 18 novembre 1969.

Les juges violent le Code criminel à qui mieux mieux. Le droit de grève, le droit de piquetage, c'est dans le Code criminel depuis 1872. On dirait que les juges ne le savent pas. Ils accordent des injonctions qui obligent les travailleurs à se tenir à 500, à 2000 pieds de l'usine et on ne peut rien faire contre cela, sauf de ne pas les respecter.

Congrès du CCSNM, 1976.

JUSTICE (LA)

Ils ont gardé Vallières et Gagnon en prison[1]. Le 1er mars, ils ont laissé tomber toutes les vieilles accusations et ils en ont sorti de nouvelles. Le juge cite Molière et Vallières rétorque avec du Molière. Il lui dit bien poliment: «Vous devriez lire *Les précieuses ridicules*», et il le remet en dedans et lui rajoute des mois: c'est

---

1. À propos de la détention de Pierre Vallières et Charles Gagnon après le *nolle prosequi*.

de la folie furieuse. Il faut avoir été près de l'administration de la Justice pour voir comment elle est dégradée et
dégradante pour tous ceux qui l'approchent. Puis le Barreau en rajoute : ils ont arrêté l'avocat Robert Lemieux
pour l'empêcher de plaider pour ces gars-là et il n'y
avait plus d'avocats disponibles après ça. Ceux qui
étaient disponibles l'étaient pour des milliers de dollars
par jour. Ils ont volé les dossiers de Lemieux. Non seulement le Barreau n'a pas protesté, mais ils lui ont mis une
autre accusation par-dessus le marché ! Cette corporation, le Barreau, est pire que n'importe quelle union, la
plus corrompue que l'on puisse imaginer. À côté, les
teamsters sont des enfants de chœur, ce sont des anges,
des gars qui jettent le plus de roses. Vous savez ce qu'il
a dit le bâtonnier Saint-Mars à la télévision ? « Le Barreau n'a pas d'affaire dans l'administration de la Justice. » C'est comme si un professeur disait qu'il n'a pas
d'affaire dans l'éducation ou un médecin avec la santé.
Ils ont une loi spéciale et ils ont des privilèges. Puis, au
lieu de protester contre l'injustice, contre un loi illégale,
à leur dernier congrès, ils ont parlé de peut-être enlever
leur toge : ils vont arrêter de se déguiser pour nous
impressionner. Mais ils ne sont pas impressionnants. Ils
sont surtout ignorants et arrogants, à commencer par le
juge en chef de la Cour supérieure, juridiction criminelle, le juge Chawley, un vieux raciste. Et le juge en chef
de la Cour des sessions de la paix, le juge Fabien, un
ignorant bien payé.

Congrès du CCSNM, 1971.

La justice, c'est pas sérieux. Prenez mon cas. On m'a
arrêté le 16 octobre 1970, on m'a fait comparaître le 5 novembre et on m'a gardé en prison quatre mois et maintenant on a reporté mon procès en septembre. Si la Couronne n'est pas prête, on n'a qu'à renvoyer la plainte.
C'est une farce... qui n'est pas drôle.

Moi, on m'arrête en plein restaurant… la pègre, on l'avise par écrit.

Le Journal de Montréal, 2 juin 1971, par Claude Jodoin.

LIBERTÉS CIVILES (LES)

On n'a pas de félicitations à se faire : le mouvement ouvrier, le mouvement syndical dans la province de Québec est très faible. L'ensemble du mouvement syndical canadien a montré beaucoup plus d'énergie, beaucoup plus de vivacité… pour une fois, les Anglais, à travers tout le Canada… Les membres du Barreau de Vancouver, de Toronto et d'un peu partout dans le pays ont montré beaucoup plus de respect pour la liberté des individus, alors qu'ils sont contre les indépendantistes, contre les changements constitutionnels ; ils n'ont pas enduré que les libertés civiles soient brimées comme ça. Puis ici, au Québec, des gens disaient : « Bien, ils doivent être coupables s'ils ont été arrêtés. S'ils les gardent aussi longtemps que ça, ils doivent être coupables. » Bien, il arrive qu'après quatre mois en prison, ils ne nous ont pas trouvés coupables, parce qu'on n'était pas coupables, la première journée non plus. C'est aussi simple que ça. Puis alors, moi, je ne suis pas glorieux d'appartenir à un mouvement syndical comme ça. C'est clair ça !

Assemblée générale du CCSNM, 2 mars 1971.

LIRE

On n'a peut-être pas besoin de savoir lire pour être heureux mais c'est préférable de savoir lire pour être en contact avec les événements et l'humanité. Faire lire, c'est quand même mieux que de fabriquer des autos sport et des garages pour les abriter. Il y a tout de même une hiérarchie des valeurs à respecter quand on se respecte soi-même. Bref, voilà pourquoi j'aime l'imprimerie, le socialisme et les hommes.

ABDMA, 1968.

LOISIRS (LES)

Âme tendre et délicate, j'aime la musique de chambre. Âgé, je plante des arbres.

Congrès de la CSN, mai 1982.

MALADIES INDUSTRIELLES (LES)

Je n'avais jamais vu une entreprise qui fabrique des médicaments pour soigner les gens et qui empoisonne ses employés. Il pousse des seins aux hommes qui y travaillent.

Le 19 mars 1970, durant la grève des employés de la compagnie pharmaceutique Squibb.

Aujourd'hui, à Sorel, la CSN et son service du génie industriel, représenté par Claude Mainville, avec le syndicat militant des travailleurs de Fer et Titane, ont inauguré la clinique où seront examinés les 1200 travailleurs de Fer et Titane. Les 11 médecins ont été choisis par le syndicat, parce qu'il n'avait pas confiance aux médecins de la région. Les médecins n'ont jamais rien appris là-dessus, ni les ingénieurs. Dans aucune faculté de médecine, ni en Ontario ni au Québec, il n'est question de maladies industrielles. Tu vas voir ton docteur après avoir passé 30 ans dans la poussière de textile et il te dit que tu es bronchitique. Tu vas sortir d'une salle de cure de l'aluminium après 20 ans et il te dit que tu es bronchitique, que tu as des maux de gorge. Après avoir travaillé dans l'amiante, il va dire que tu fumes. Si tu réponds que tu ne fumes pas et que ton père n'a jamais fumé, c'est qu'alors tu es pris du cœur. Les gars meurent du cœur ou perdent le souffle.

Les certificats médicaux des médecins de la province de Québec, c'est l'équivalent des certificats d'un embaumeur ou d'un gars de corbillard : le patient a perdu le souffle et son cœur a cessé de battre. La santé, la sécurité au travail, une priorité au même titre que l'appui aux travailleurs en grève.

Ça veut dire que n'importe lequel d'entre vous est mieux placé que le médecin ou que l'ingénieur où vous travaillez pour savoir quelle maladie vous pouvez avoir ou en connaître les inconvénients et les symptômes.

Maintenant, il va falloir replacer notre fierté à la bonne place. Commencer par voir à rester en santé, veiller à notre intégrité physique, ne pas se laisser mutiler, ni les yeux, ni les oreilles, la gorge, les reins, le foie, la rate, ni nulle part. Il faudrait qu'on s'y mette sérieusement. Autrement, on va se faire jouer une patte. Ils vont s'arranger pour avoir l'air scientifique.

Congrès du CCSNM, 1977.

MARIAGE (LE)

Je n'aurais pas marié une femme uniquement pour le plaisir de vivre avec une femme. L'égoïsme, même à deux, ne m'a jamais intéressé. Encore là, le respect d'autrui me paraît un fondement essentiel sans lequel l'amour même devient impossible.

Simonne Monet, la femme que j'ai mariée, partageait sensiblement mes opinions. Mais elle savait également avoir les siennes. Nous avons choisi de vivre ensemble. L'amour est venu prolonger en quelque sorte notre amitié. L'instinct sexuel, qui fournit à la personne humaine son dynamisme, est venu apporter son complément essentiel, car les personnes matures savent que ni l'homme ni la femme ne possèdent isolément la plénitude de l'humanité.

Certains se marient, il est vrai, par manque de maturité, parce qu'ils croient que la vie leur sera plus facile. D'autres le font pour ne pas demeurer seuls. J'estime pour ma part que le mariage est intéressant, mais difficile. À plusieurs points de vue. J'entends pour ceux qui comptent demeurer fidèles à leur femme malgré les jours où ils ont envie de changer...

ABDMA, 1968.

MÉDECINS (LES)

Il ne faut jamais aller voir un médecin d'hôpital qui travaille pour l'hôpital. Ce n'est pas un médecin, c'est un employé de l'hôpital, et un cadre de l'hôpital. Il est du côté du patron, il est d'accord avec le profit et il n'est pas d'accord avec la maladie des employés quand ils en ont besoin.

Congrès du CCSNM, 1977.

Plutôt que d'avoir des médecins communistes, on va nous donner de bons médecins péquistes, libéraux, de l'Union nationale, des bons médecins sans politique et qui ne vous trouveront pas de maladies. Vous allez être contents. On va vous donner la sorte de médecins qui vous dira que vous n'êtes pas malades. Les médecins communistes trouvent des maladies. Ils sont cinq ou six toxicologues dans la province de Québec. Dr Lacasse, à Montréal, l'Ordre des médecins a fait enquête sur lui, pas parce qu'il volait, mais parce qu'il était un médecin tenace et consciencieux. Il cherchait des maladies. Il trouvait tout le temps des gars empoisonnés par le plomb. En 1975, une juge de la Cour supérieure, Réjeanne Colas, lui a dit : « Les gars ont du plomb dans le corps, mais moi, je ne suis pas là pour faire respecter la loi sur la sécurité et la santé dans les usines. »

Congrès du CCSNM, 1978.

MÉDIAS D'INFORMATION (LES)

Ils sont tous axés sur le profit et non sur la vraie information. Tous les grands journaux et les grands magazines sont contrôlés. Et c'est comme ça partout au Canada. Alfred Sauvy, dans son volume *La nature sociale, un essai de psychologie politique*, explique qu'un gars qui viendrait d'une autre planète et qui lirait tous nos périodiques conclurait que les Terriens sont très curieusement instruits de leurs besoins. Et qu'ils doivent être pas mal mêlés dans le choix des moyens à prendre pour régler leurs problèmes. Sauf qu'en continuant sa petite enquête, il s'apercevrait que les rédacteurs en chef sont les censeurs en chef. Puis les journalistes, ils passent par là ! Ils font de l'autocensure à 600, 700 $ par semaine.

Guide Ressources, janvier-février 1992.

MISÈRE (LA)

Je n'ai pas connu la hantise, la peur de la pauvreté. Mais il me semble normal de ne pas pouvoir endurer la misère chez les autres. Il me paraît donc normal de chercher à ce que les autres sortent de leur misère.

[...]

Une encyclique disait que les patrons et les ouvriers étaient faits pour manger à la même table. À quoi sert de le dire si l'ouvrier, une fois à table, reçoit un coup de couteau sur le bras sous prétexte qu'il a mis sa main dans le plat. Ce n'est pas le respect d'autrui, cela. Pour réaliser l'égalité, il faut que tous et chacun aient franchi le pont de la misère et se retrouvent sur la même rive.

ABDMA, 1968.

MOUVEMENT COOPÉRATIF (LE)

Les syndiqués sont respectables. Le mouvement coopératif l'est aussi. On est engagés dans les deux. On n'est pas objectifs ni pour l'un ni pour l'autre. On est pour les deux parce qu'ils sont nécessaires, utiles et qu'ils rendent des services à la population.

Congrès du CCSNM, 1973.

MOUVEMENTS POPULAIRES (LES)

Il y a un mouvement qui s'était organisé dans Montréal, le FRAP. Le Conseil central de Montréal l'a supporté parce que c'était un mouvement démocratique. Les seuls mouvements populaires que j'aie jamais vus dans Montréal, c'étaient des chemises brunes et des chemises noires pendant la crise. À part ça, je n'ai pas vu de mouvements démocratiques. Il y a eu la petite affaire de Drapeau pour la moralité, mais ça, les affaires de moralité, on sait ce que c'est : des gars qui veulent avoir l'air purs et qui volent en dessous de la couverture et qui se foutent du peuple. On a assez connu ça, ce n'est pas intéressant.

Congrès du CCSNM, 1971.

PATRONAT (LE)

Nos intérêts sont fondamentalement divergents, opposés ; il n'y a pas de dialogue possible à moins d'avoir de la force en arrière.

Congrès du CCSNM, 1973.

Actuellement, les travailleurs de l'entreprise privée disent que les patrons les appellent deux et même trois fois par jour. Il faut les énerver pour qu'ils nous énervent moins.

Tant que t'es pas sorti, il [le patron] ne sait pas si tu vas sortir. Quand tu es sorti, il sait où tu es. Cela me paraît une évidence.

Congrès du CCSNM, 1976.

Je n'ai pas envie de voir les membres de l'exécutif de la CSN avoir l'air de bouffons. Aller parler à des employeurs ! Le seul temps qu'ils nous écoutent, c'est pas quand on va leur présenter des mémoires, c'est quand les travailleurs disent : « Tu l'auras plus ta marchandise, mon ti-gars, tu vas t'en passer. »

Congrès du CCSNM, 1977.

PAUVRETÉ (LA)

Certains théologiens ne se gênent pas pour dire que l'Église, quand elle parle de principes sans tenir compte des contingences économiques, risque de passer à côté de la question. Qu'on dise aux riches de faire la charité ne me convient pas du tout. Je n'aime pas qu'on entretienne des pauvres pour avoir l'occasion de faire la charité en toute bonne conscience (Jacques Brel). Je ne peux être heureux dans une humanité dont les deux tiers manquent de tout, de l'essentiel.

ABDMA, 1968.

On mesure mal la pauvreté engendrée par le chômage, pauvreté physique aussi bien que psychologique. Durant la dernière guerre, on a noté qu'un soldat qui était blessé et qui, à cause de sa blessure, était rapatrié chez lui, sentait moins sa douleur. Il savait que c'en était fini pour lui des horreurs de la guerre et qu'il allait retrouver sa femme et ses enfants. Dans le cas du chômage, c'est exactement l'inverse. Non seulement l'ouvrier se retrouve sans travail, mais par les temps qui courent, il ne sait même pas quand il pourra travailler de nouveau, et cela, quel que soit le métier. De toute façon, tous les travailleurs aujourd'hui sont menacés de se retrouver devant rien du jour au lendemain. Durant la Crise, en 1939, les compagnies fermaient tranquillement. De nos jours, on ne voit même pas venir le coup. Je pense à de belles usines de produits chimiques à Shawinigan, où il y avait de bons syndicats, de bons salaires. Une fois j'étais là à une fermeture d'usine et j'ai demandé au gérant général : « Pourquoi est-ce que vous fermez ? À cause des salaires ? » Il m'a répondu : « Absolument pas. C'est parce que, dans les produits chimiques, on ne fait plus autant d'argent qu'on en faisait. On a de la concurrence. Alors on va s'installer ailleurs. »

C'est cela l'angoisse de la condition ouvrière. Ou, si l'on veut dire les choses autrement, la pauvreté ouvrière c'est aussi cela. Quand on parle des petits salariés, il faut tenir compte également des pressions de la société. Parce que si tu n'as pas le char de l'année, tu as l'air d'un cave. Et s'il n'y a pas dans la cuisine les derniers accessoires, on se fait demander ce qui arrive. Comme de raison, la plupart évitent de regarder la situation en face. Les dirigeants de la société préfèrent se fermer les yeux. Et même les travailleurs essaient d'oublier ; autrement, cela deviendrait intolérable pour eux.

Revue Notre-Dame, n° 7, juillet-août 1986.

PÈRE (MON)

M on père m'a donné un coup de pied au cul parce que je n'avais pas dit « monsieur » au gars qui ramassait le fumier.

Congrès du CCSNM, 1978.

Mon père était vérificateur dans les palais de justice pour la Société des alcools, la Commission des liqueurs qu'on appelait ça dans ce temps-là. Il allait voir si les avocats étaient payés, si les amendes étaient versées et si c'était déposé dans le compte de la Commission des liqueurs. Souvent, c'était déposé ailleurs, dans la poche d'un gars de là, ils s'étaient partagé ça. Mon père, qui était très catholique, en était scandalisé. Il allait à la messe tous les matins. Lorsqu'il était en dehors de la ville, au lieu d'aller à la pêche avec les gars, il allait dans les maisons de retraite. Son hobby, c'était d'acheter les nouveaux outils qui arrivaient sur le marché et c'était tout classé par tiroirs, les tournevis, les pinces. Il ne fallait pas que tu déranges trop cela, par exemple. Il ne fallait pas que tu te trompes deux fois en travaillant avec lui.

Un homme de parole, film d'Alain Chartrand, avril 1991.

POPULATIONS DES RÉGIONS

L es gens sont différents selon les régions. En 1958, je suis allé travailler en Gaspésie avec les Métallos. Pendant la grève de Murdochville, nous avons tenu 32 assemblées à l'intérieur de la péninsule. Les Gaspésiens, c'est des Gaspésiens. Ce ne sont pas des Québécois ou des Canadiens, ce sont des Gaspésiens. Ils font de l'argent quelque part et ils reviennent en Gaspésie. Ils ne font pas d'argent nulle part, ils reviennent en Gaspésie. C'est pour ça que la compagnie s'est fourrée. Elle a pensé que l'argent les intéressait ; chômage ou richesse, ça ne les dérange pas. Ils comprenaient ça, eux, la solidarité, et les affaires, ce n'était pas un problème pour eux. C'est pour ça que ç'a duré six mois, malgré les juges, Duplessis et toutes les turpitudes de la province, y compris celles du grand vicaire qui était là. Et le curé de Murdochville qui supportait la compagnie, il en était l'informateur !

Quand tu vas dans la Beauce, c'est une autre affaire. Je suis allé y faire des enquêtes du coroner, des assemblées syndicales. C'est une tout autre population. Ils sont fiers eux aussi. Ils font n'importe quoi, pourvu que ce soit fait par un Beauceron, c'est correct. Il y a un gars qui avait pris une espèce de char d'assaut et qui était rentré dans un centre d'achats. Ils ont dit que ça prenait un Beauceron pour faire ça, et ils sont allés rebâtir eux-mêmes.

Un homme de parole, film d'Alain Chartrand, avril 1991.

POUMONS (LES)

L es gars qui travaillent dans les meuneries sont pris avec les mêmes problèmes. Ils sont habillés en blanc mais ils ont un peu les poumons blancs aussi. Il ne faut pas avoir les poumons ni blancs, ni bruns, ni noirs, ni d'autre couleur que leur couleur naturelle, rose, comme l'intérieur d'un vagin de femme.

Congrès du CCSNM, 1977.

PRISON (LA)

J 'ai rencontré des voleurs, là[1] ; c'est du bon monde. Des voleurs, ce n'est rien à comparer aux vendeurs de lait, de pain, de viande, de toutes les nécessités vitales, qui nous exploitent.

Ce n'est rien à comparer aux constructeurs de routes, aux constructeurs du quartier général de la SQ, cet édifice qui a coûté 36 millions alors qu'il en vaut 22. Ils se sont passé un 14 millions.

Assemblée générale du CCSNM, 18 novembre 1969.

Les matraqueurs sont allés dans des collèges, les matraqueurs vont aller dans les universités, dans les syndicats, et la condition de détention des prisonniers, sans femmes, ça devrait préoccuper les militants syndicaux, parce qu'ils vont être les prochains à aller en prison, s'ils veulent défendre la liberté sérieusement. Si vous ne voulez pas plus la défendre que vous ne l'avez défendue pendant quatre mois, inquiétez-vous pas, vous n'irez jamais en prison.

Assemblée générale du CCSNM, 2 mars 1971.

---

1. À la suite de son séjour de cinq jours en prison.

Je souhaiterais que chaque ministre du Cabinet et chaque juge dans ce pays passe quatre mois en prison sans procès.

Presse canadienne, *Le Droit*, Ottawa, 26 mars 1971.

Je souhaite que tous les ministres soient enlevés et détenus pendant quatre mois, comme moi. Après ça, on parlera d'égal à égal.

Le Journal de Montréal, 24 mars 1971, par André Dalcourt.

On devrait savoir qu'il n'y a rien de commun entre le gouvernement des patrons et le mouvement syndical, il y en a qui sont en prison pour apprendre ça.

Congrès du CCSNM, 1973.

On ne passera pas à travers de ça [le gel des salaires par le fédéral] juste avec des manifestations, juste avec une grève générale de 24 heures. Comme l'a dit Marcel Pepin, la grève générale de 24 heures, c'est un signal d'alarme. Ça veut dire qu'après, les actions continuent pour ceux qui veulent en faire. Pas pour envoyer du monde à la boucherie, parce que, je pense, faire la grève générale permanente, ça serait un peu long pour bien du monde. Il y en a qui ne voudront pas ça. Sauf qu'on peut faire des batailles, la guérilla. Là, s'ils nous sortent des lois spéciales, il faudrait savoir que le dernier mur qu'on a, c'est le mur de la prison, et savoir si on est prêts à le franchir. Ne nous contons pas d'histoires, ça va être ça. Ne nous faisons pas accroire qu'on va être capables, avec le fonds de défense, de faire vivre ceux qui, à un moment donné, se feront lock-outer. Parce que le fonds de défense peut être saisi demain matin, il n'y a rien à leur épreuve.

[...]

Ça veut dire qu'à un moment donné, lorsque les amendes ne suffiront plus, il nous mettra en prison. La déclaration de Trudeau est claire et nette : « Nous mettrons quelques dirigeants syndicaux en prison durant trois ans, et les autres ne tarderont pas à comprendre. » [Déclaration de Trudeau sur les ondes de CFRB, à Toronto, le 26 octobre 1975.]

Congrès spécial du CCSNM, 1975.

Comme mon père disait : « La prison c'est pas pour les chiens. » Ça sert beaucoup sous tous les gouvernements aux représentants syndicaux. La prison et les amendes sont les arguments préférés du dialogue gouvernemental avec les représentants syndicaux.

Congrès de la CSN, 1982.

Avoir peur de quoi ? La police, les juges ? Ils ne peuvent pas faire plus que me battre ou me tuer. Je pense que c'est parce que ça adonnait de même, c'est une question de tempérament. Ta mère n'a jamais eu peur, les portes n'étaient presque jamais barrées chez nous. Je me dis qu'aller en prison, ce n'est pas la fin du monde. Mon père m'avait dit que la prison, ce n'était pas fait pour les chiens. Je n'ai pas trouvé cela humiliant, mais quand les mineurs d'Asbestos, en 1949, ont été mis en prison, il y en a qui ont été humiliés. J'allais leur porter des affaires à gruger, des chocolats, des biscuits, des gâteaux. Là, il y en a qui étaient humiliés. Le père Hamel disait : « Quand je me voyais en prison... », il se sentait coupable. La mentalité veut que si tu vas en prison, c'est parce que tu es coupable ! Moi, je ne me sentais pas coupable, je lisais tranquillement et je faisais une belle vie.

Un homme de parole, film d'Alain Chartrand, avril 1991.

PROBLÈMES COMMUNAUTAIRES (LES)

O u bien on fait ce qu'on peut à l'intérieur du syndicat dans les négociations et on ne s'occupe pas du problème des locataires, des taudis, ou du transport à Montréal ; on va laisser les chauffeurs de taxi se faire exploiter par la municipalité alors que c'est un service public. S'ils arrêtaient de travailler, on crierait au meurtre et au scandale ; des gens qui ne pourraient plus aller à l'aéroport ou en revenir, malgré que ce ne soit qu'une partie du problème ; la Murray Hill qui a un contrat avec l'aéroport et un contrat d'exclusivité avec les hôtels de Montréal : ce sont là des problèmes publics.

Le vol de la compagnie de téléphone, de la compagnie du gaz naturel, c'est quelque chose d'extraordinaire. Ce sont des dizaines, des centaines de milliers et des dizaines de millions de dollars qu'on pourrait économiser si on voyait à nos affaires d'un peu plus près. C'est la même chose pour l'assurance automobile : il n'y a pas de raison pour que l'assurance automobile ne baisse pas de 100 $ à 200 $ pour chacun. Si le reste de la province ne veut pas s'en occuper, on pourrait peut-être s'en préoccuper et économiser quelques millions de dollars. Si on commence à voir à nos taxes scolaires et municipales, il va falloir qu'ils changent quelque chose.

Congrès du CCSNM, 1969.

QUÉBEC (VILLE DE)

Q uébec, c'est une des plus belles villes du Canada. Vancouver, c'est beau, mais Québec, c'est beau. C'est beau au soleil, en été, en hiver. C'est une ville formidable. Quand tu vois le fleuve, toute la vue, la perspective du fleuve avec l'île d'Orléans, c'est l'infini. Il faudrait que tous les Québécois vivent le long du fleuve. Moi, je rêverais de mourir sur la côte de Lévis pour avoir une vue du fleuve avec l'île d'Orléans. C'est la vie en même temps que la perspective d'éternité.

Un homme de parole, film d'Alain Chartrand, avril 1991.

SALUBRITÉ (LA)

On a vu les hôpitaux. Claude Mainville est allé dans les hôpitaux. J'ai une lettre du directeur des Services de protection de l'environnement et d'hygiène industrielle quand notre camarade a fait la lutte à Verdun. Avec le chimiste qui a travaillé là, ils ont trouvé qu'il n'y avait pas de ventilation dans les salles d'opération, les salles de dissection, les salles d'autopsie, les laboratoires ; les microbes se promenaient. Ça, la merde, la poussière, les déficits, c'est socialisé. Il y en a pour tout le monde. Les compagnies en déficit, elles font payer ça au peuple. Les profits, ça c'est privatisé. Puis, la climatisation, c'est pour le bureau privé. L'usine, c'est de la merde.

Congrès du CCSNM, 1977.

SANTÉ (LA)

Le respect des hommes, ça commence par leur santé. On n'a pas le droit de se détruire physiquement dans une usine. C'est de l'incitation au suicide. Dans certaines usines, ce suicide est organisé régulièrement, systématiquement, avec la complicité des ingénieurs.

ABDMA, 1968.

Avant de se battre pour une augmentation de salaire, il faudrait commencer par se battre pour faire nettoyer l'usine. Si on n'est pas capables d'être solidaires pour faire respecter notre santé, ce n'est pas vrai qu'on aura la force morale pour aller chercher ce qu'on veut. On trouvera que les officiers et que la CSN ne font pas bien ça, que la publicité n'est pas bien faite et tous seront responsables sauf nous, les membres. Il faudrait qu'au même titre que les luttes ouvrières, dans les années à venir, à la CSN, au congrès, au Conseil confédéral, dans nos fédérations, puis à notre Conseil central, nous mettions toute notre énergie à protéger, à faire respecter la dignité et l'intégrité physique des travailleurs. Si on n'est pas capables de faire ça, c'est parce qu'on est un mouvement syndical qui bat de l'aile. On a un retard scandaleux. Quand je dis ça, je m'accuse, je n'accuse personne d'autre. Mais je dis que, maintenant qu'on connaît la situation, maintenant qu'on sait, on n'a pas à attendre après aucun ingénieur, parce qu'ils n'apprennent pas ça, ni à la Polytechnique ni à Laval. La dernière machine à papier qu'ils ont installée à la Consolidated Bathurst à Port Alfred produit 123 décibels, puis de la vapeur. Ça veut dire que c'est de nature à tuer un homme en peu de temps. Les ingénieurs ont conçu une machine qui sort du papier en maudit, qui le sort vite et bon à part ça. Mais ils n'ont pas pensé qu'il y avait des gars qui travaillaient autour.

Congrès du CCSNM, 1977.

Lorsque j'entends dire: «C'est épouvantable, les infirmières, les employés d'hôpitaux, ils prennent les patients en otage, les malades mentaux, les cardiaques, les enfants.» C'est drôle que ce même monde qui parle de cette façon, on ne les a pas vus faire campagne avec nous pour l'assurance-hospitalisation et l'assurance-santé. Je n'ai jamais vu le Collège des médecins et

l'Ordre des médecins ou un bureau médical d'un hôpital faire campagne pour avoir de meilleurs soins pour les
patients. Ils ne se sont jamais mis derrière les infirmières
quand celles-ci disent qu'elles ne sont pas capables, au
nombre qu'elles sont et avec la tâche qu'elles ont, de
faire leur métier et de le pratiquer convenablement. Ils
sont derrière elles pour leur tirer dans le dos. Je ne les ai
jamais entendus dire, avant l'avènement des syndicats,
quand il y avait un roulement de 60 à 75 %, que ça
n'avait pas de bon sens d'avoir un personnel constamment nouveau, pas entraîné et qui ne connaît pas ça. Un
employé d'entretien, c'est important; toutes les fonctions sont importantes dans un hôpital.

Congrès du CCSNM, 1978.

SÉCURITÉ AU TRAVAIL (LA)

Il n'y a pas de volonté politique de faire respecter l'intégrité physique des travailleurs dans la province de
Québec ni de la part des évêques, ni des notables, ni du
gouvernement. Quelle espèce de respect peux-tu avoir
pour ce monde-là?

La sécurité au travail, ce serait la mort des petites et
moyennes entreprises (*dixit* le rapport Beaudry). Alors
nos savants étudiants de Laval s'amusent avec de faux
dilemmes tels que: un imprimeur doit-il garder une
machine qui blesse un gars ou la remplacer au coût de
100 000 $ et être « hors commerce », car le rapport Beau-
dry l'a dit?

Vie ouvrière, dossiers « Vie de militants », vol. XXVIII, n° 128, octobre 1978.

SENS (LES)

L es choses matérielles n'ont que l'importance qu'on leur donne. Ce sont des instruments. C'est bon en soi. Aussi importe-t-il que certains continuent à les améliorer. Pour cela, il faut faire des recherches.

D'autres fouillent l'âme humaine, deviennent romanciers, poètes, sociologues ou psychiatres. Très bien! Plus nous nous connaîtrons, plus nous serons en possession de nos moyens, plus nous serons en mesure de nous comprendre, de nous respecter mutuellement, de forger la solidarité humaine, de pratiquer en somme sur cette base un christianisme incarné et non plus suspendu à je ne sais quel nuage.

Toutefois, pour se donner de la discipline, rien ne vaut un métier. Cela ne trompe pas.

[...]

Un ouvrier qui fabrique un cadrage de porte doit travailler avec précision. Cela implique du raisonnement, de l'application et une bonne coordination des sens.

Je déplore notamment que notre système d'enseignement, même depuis la réforme Parent, ne développe pas suffisamment la coordination des sens en vue de former un esprit discipliné. Pourtant les philosophes ont dit depuis longtemps que la compréhension doit passer par les sens. Or notre enseignement n'est qu'académique.

[...]

Au fond, il n'existe pas de vraie discipline autre que celle qu'on se donne à soi-même.

ABDMA, 1968.

SOCIÉTÉ (LA)

S i vous n'êtes pas satisfaits de la société qu'on vous a faite, n'allez pas récriminer pour rien. La société est transformable et doit être transformée. La condition : le vouloir et s'imposer les sacrifices nécessaires pour qu'elle le soit. Sans ces conditions, nous ne sommes que des bourgeois profiteurs de la société.

[...]

C'est pourquoi aussi je m'efforce de changer ce que je peux. Si le curé est d'accord, tant mieux. Si le curé n'est pas d'accord, tant pis. L'important c'est que ça change. Que son église se vide ou qu'elle se remplisse, que m'importe. Ce que je veux, c'est que ceux qui désirent aller à l'église puissent y aller ; que ceux qui veulent penser aient les moyens de le faire, c'est-à-dire l'instruction, des loisirs suffisants et qu'ils sachent au moins lire. Or il existe encore des pays dits chrétiens où 50 % de la population est analphabète. Au Mexique, par exemple. Moi, ça m'inquiète.

ABDMA, 1968.

Si on veut poser des gestes, faire des actions en accord avec nos principes, si on veut essayer de transformer la société, on ne convaincra pas tout le monde facilement. Vous aurez du mal à convaincre les membres de votre syndicat de faire une manifestation ou bien de poser un geste, d'assister à une réunion de comité, d'aller à une réunion de la commission scolaire, de signer une pétition. C'est entendu que ça ne sera pas facile. Ce n'est pas dans les mœurs, ce n'est pas dans les habitudes. Tous les problèmes sont réglés par la télévision.

Congrès du CCSNM, 1969.

Au Québec, il y a deux centrales. Alors il y a quand même un choix qui n'existe pas partout ailleurs. S'il y a un choix, il doit y avoir une liberté absolue d'adhérer au syndicalisme. C'est une lutte fondamentale pour aider les petits salariés, pour créer une coalition et la solidarité de la classe ouvrière, pour protéger d'abord les emplois et pour arriver à une formation qui va représenter l'ensemble des travailleurs, pour diriger l'économie en fonction de la satisfaction des besoins des hommes. Et alors, on vivra dans une société humaine, pas dans la société d'une minorité de dictateurs.

Congrès du CCSNM, 1970.

Que les « faiseux » de relations industrielles de Laval, de McGill et de Montréal nous parlent de dialogue, c'est parce que ce sont de parfaits assimilés qui ne sont pas au courant de la réalité. Ils vont jusqu'à nous dire, même un directeur de la faculté des relations industrielles, que si le mouvement syndical veut faire de la politique et bardasser le pouvoir actuel, on va lui ôter les privilèges que la société capitaliste lui a donnés, c'est fort! La société nous a donné des privilèges, le droit de nous regrouper, le droit de nous défendre physiquement et autrement. Vous avez entendu ça, dernièrement, pas rien que l'abbé Gérard Dion, les autres aussi ont dit cela.

Congrès du CCSNM, 1973.

Nous vivons en société. Nous sommes des êtres sociaux, des humains pris pour vivre ensemble. Alors, les services à la population, ce sont les premiers services de la société. Ça passe avant la fabrication ou l'extraction de n'importe quoi. Sans compter que, quand on crée des tendances de conditions de travail et de conditions de salaire convenables dans la fonction publique, il y a entraînement dans le secteur privé. C'est clair, c'est pour ça qu'ils chialent, les *smarts* du gouvernement.

Congrès du CCSNM, 1978.

SOCIOLOGUES (LES)

Les sociologues sont comme les historiens: capables de dire ce qui s'est passé, mais jamais ce qui va se passer et surtout ce qui se passe.

Guide Ressources, janvier-février 1992, par Monique de Gramont.

SYSTÈME D'ÉDUCATION (LE)

Il n'y a rien de national ni de social dans notre système scolaire. J'ai entendu Jacques-Yvan Morin en convenir devant des professeurs de l'Université de Montréal. Alors, j'ai bien hâte de voir ce qu'il va changer à notre système d'éducation, ce qu'il va y introduire de national et de social. Mais je doute fort que le PQ fasse de l'école un lieu où l'on apprend à apprendre: à apprendre qui l'on est, d'où l'on vient et où l'on va. Nos ministres vont plutôt continuer d'envoyer leurs enfants à Marie-de-France et à Stanislas, mon cher. Des enfants de ministres, ça ne doit pas fréquenter des enfants d'ouvriers ou de cultivateurs. Ils pourraient finir par comprendre à quoi ça ressemble, le peuple québécois.

Zone libre, été 1977, propos recueillis par Guy Rochette.

Détruire tout notre système d'éducation qui nous dit qu'il faut apprendre à jouer des coudes et ne pas se laisser piler sur les pieds. Un système de barbares qui était qualifié de catholique, de civilisé et descendant d'une grande culture. Je n'ai jamais rien vu dans ma vie d'aussi corrupteur que le système d'éducation que j'ai connu dans la province de Québec. Il existe encore et les travailleurs ont l'ambition d'y envoyer leurs enfants.

Allez voir dans n'importe quel cégep. Les étudiants ont de 15 à 18 ans. Ils ne savent même pas d'où vient

l'argent qui a payé leur bâtisse, qui paye leurs professeurs et qui paye le pain qu'ils ont sur la table. Ils sont de
parfaits ignorants de tout ce qui se passe dans la société.
C'est exactement le cas de Gilles Vigneault. Il a été
11 ans au Collège de Rimouski. Jamais, en 11 ans, ils ne
lui ont dit: « Si tu retournes à Natashquan, tu vas crever
comme un maudit rat sur la plage, parce que les pêcheurs ne sont plus capables de prendre du poisson. » Eh
bien, le système actuel est exactement comme ça. Il est
aussi pourri, aussi mauvais pour les travailleurs et il est
autant contre la classe ouvrière, le développement de
l'intelligence, le développement de la solidarité humaine
que l'était l'ancien système.

Nous allons alors demander à nos confrères, les
enseignants, de se préoccuper de changer ça. On va continuer de les supporter malgré la crise et toute la campagne actuelle qui sévit à tous les niveaux dans la classe
bourgeoise contre les travailleurs de la fonction publique.

Congrès du CCSNM, 1978.

TRAVAIL ET LA SANTÉ-SÉCURITÉ (LE)

C'est dans le milieu de travail qu'on réalise que le
mépris pour les femmes et les hommes est loin
d'être fini, parce que la plupart des milieux de travail
sont encore très dangereux: ils menacent l'intégrité physique et la santé mentale des gens. Rarement, dans les
milieux de travail, l'air qu'on y respire correspond à des
normes hygiéniques, que ce soit dans les hôpitaux, les
maisons d'enseignement, les laboratoires, les édifices
publics ou ailleurs. L'air est souvent vicié, le degré d'hu-
midité est inférieur à la norme, ou alors il s'agit de chaleur humide (le textile), de chaleur sèche (le papier, les
fonderies, etc.), de poussières ou de fumée. Dans l'en-

semble de l'industrie, les niveaux de bruit dépassent les normes sécuritaires (près de la moitié des travailleurs québécois sont affectés de surdité). Les problèmes toxiques sont en nombre indéfini, sans compter tous les risques de blessures à cause d'outils, de machines et de méthodes de travail inadéquats.

Ces conditions de travail dangereuses ne préoccupent pas le ministre responsable des inspections, ni le ministre chargé de faire respecter les lois, ni le ministre de la Santé. Aucun respect pour la vie humaine! Aujourd'hui, on ne meurt plus d'amiantose, de silicose, de sidérose [maladie des soudeurs] non, mais ça meurt du cœur et de cancers en masse, et tous les jours il y a des travailleurs et des travailleuses qui y laissent leur vie. En fait, les capitalistes et nos gouvernements complices insultent le travailleur jusque dans sa tombe.

Les travailleurs et les travailleuses demandent tout simplement de pouvoir évoluer dans un milieu hygiénique et sécuritaire qui ne menace pas leur santé. Cela s'appelle «gagner» sa vie et non la perdre. Et comme disait Brouat: «Un ouvrier ne devrait pas partir le soir plus fatigué qu'il ne l'était le matin.» Autrement, il brûle sa vie et s'il ne peut récupérer; il se suicide... lentement mais sûrement.

Puis on nous dit: «Tout ça va coûter trop cher.» Bien c'est pas vrai! C'est des maudits menteurs!

La vérité, c'est que les compagnies ont plus de respect pour leurs machines que pour les travailleurs et les travailleuses. C'est le mépris total de l'être humain. Et ce n'est pas fini, entre autres parce qu'il n'y a pas assez de solidarité dans la classe ouvrière et parce que les Canadiens français sont encore beaucoup trop patients, tolérants et peureux! Ils ont peur de leur force!

Mais là, ça prend de la solidarité et il faut apprendre à se tenir debout pour faire valoir nos droits et sauvegarder notre dignité! Et comme le disait la Pasionaria espagnole, Dolores Ibarruri [1895-1989] : « Vaux mieux manger son pain debout, qu'un steak à genoux. »

« Le travail », *Ciel variable*, propos recueillis par Jean-Pierre Boyer, 11 mai 1990.

UNIVERSITAIRES (LES)

L es universitaires, particulièrement les économistes, ont assommé le Québec à coups de discours creux et arrogants. Faudrait leur botter le cul à ces jeunes baveux là. Leur autorité a remplacé celle des curés. Quand les cultivateurs bâtissaient notre société, ça marchait fort. Bien mieux qu'aujourd'hui, en fait. Mais personne ne les écoute. Ç'a-t-y du bon sens que des partis politiques dirigés par des petits messieurs éduqués tout croche se permettent de parler au nom des mères nécessiteuses.

Le Devoir, 6 mai 1991, par Odile Tremblay.

VACANCES (LES)

J e pense que les vacances des Québécois devraient être mieux organisées. On devrait noliser des avions militaires et y faire monter des familles pauvres entières pour les promener autour de la péninsule gaspésienne, au Saguenay-Lac-Saint-Jean et ailleurs. Cela les ferait respirer un peu d'air et aiderait l'économie.

Le Lundi, 17 août 1991

VIE EN SOCIÉTÉ (LA)

E n dehors du travail, la vie en société. Eh bien, c'est la même chose pour les affaires de la cité, parce que la vraie démocratie politique et sociale, cela n'existe pas non plus ici. La preuve, c'est que nos partis politiques fonctionnent à peu près tous sur le modèle autoritaire. Tout le monde mange dans la main des Bourassa, des Mulroney. Leur arrogance est à l'image de leur ignorance quasi totale des conditions de vie et des problèmes réels auxquels font face les citoyens. C'est drôle, on ne demande jamais à des chômeurs de débattre de la question du chômage, ni aux plus démunis de discuter des problèmes liés à la pauvreté. On engage plutôt une poignée d'experts à 700 $ par jour, pour parler entre eux de ces questions-là… C'est ça aussi le capitalisme ! Un système qui n'a que très peu de respect pour les individus, les collectivités et leur environnement vital. Un système, une civilisation contre l'homme, coupés de la réalité et des besoins fondamentaux de l'être humain. Et dire qu'on est encore pris pour vivre dans un système comme ça. Mais on l'a vu, ça n'est pas très différent du communisme.

« Le travail », *Ciel variable*, propos recueillis par Jean-Pierre Boyer, 11 mai 1990.

SIXIÈME PARTIE

Syndicalisme

Mon action est mon seul bien,
mon action est mon seul héritage,
mon action est la matrice qui me
fait maître, mon action est ma
race, mon action est mon refuge.

BOUDDHA

ACTION (L')

Il faut travailler davantage sur le plan syndical à faire prendre conscience aux travailleurs que leur promotion, leur sécurité sur le plan du travail, là où ils engagent leur vie et leur responsabilité, là où ils fournissent des services, où ils collaborent à la prospérité et au profit, c'est de là que doit partir leur action ou bien il n'y en aura pas nulle part.

Congrès du CCSNM, 1973.

Le contrat de travail, c'est un contrat d'esclavage volontaire temporaire et il faut que ça le reste en pensant qu'il faut le modifier constamment. On va le modifier avec des militants, on ne le modifiera pas avec des théories. On les a essayées, ces formules-là au Conseil central aussi. On a eu des théoriciens qui pouvaient nommer tous les gars de la révolution russe et de la révolution maoïste, et ceux qui n'étaient pas connus nulle part dans le monde. Ils connaissaient les détails de ces histoires-là, mais ils étaient rarement disponibles pour faire du porte-à-porte. Il y a des gars de la gauche qui n'ont pas le temps de distribuer des circulaires ; ils ont juste le temps de diffuser des idées. Notre conviction, c'est que les idées, dans la classe ouvrière, ça s'apprend en travaillant. Et on adapte les grands principes, les grandes théories et les grandes philosophies en travaillant.

Congrès du CCSNM, 1974.

COLÈRE (LA)

J'ai 77 ans, je suis en colère et je n'ai surtout pas l'intention de me taire. *I am an angry old man...* je suis en crisse depuis un bon bout de temps.

Les travailleurs de l'État doivent prendre conscience que la «révolution radicale» de la mentalité élitiste qui s'installe au Québec passe par l'action syndicale. Personne d'autre ne peut changer cette mentalité. Ce ne sont surtout pas les petits députés qui marchent avec des sondages. Ce ne sont que des mouches à feu. Tu les mettrais tous dans un pot, ça n'éclairerait pas le dessous d'un escalier.

Le devoir du fonctionnaire, peu importe son serment, c'est de divulguer les scandales. Faites-vous serment de cacher n'importe quelle turpitude du gouvernement ?

S'adressant à des manifestants syndiqués de l'État du Québec au centre communautaire Lucien-Borne, à Québec, le 30 mars 1994.

COMPAGNIES (LES)

Aujourd'hui, on ne devrait pas laisser de compagnies gagner contre personne. On ne devrait surtout pas laisser des administrateurs publics gagner contre les travailleurs de la fonction publique. Il faudrait prendre les moyens d'y voir. C'est dans notre intérêt et dans celui de toute la population. On fait faire de l'argent aux Québécois quand on va en arracher aux *boss.* Les seuls gars qui sont allés chercher de l'argent pour la province de Québec, ce sont ceux qui travaillaient dans les mines, les moulins à papier et dans les usines, qui arrachaient de l'argent aux Américains. Au moins, c'est de l'argent qui restait au Québec et au Canada. Ce ne sont jamais les gouvernements qui sont allés chercher de l'argent chez les *boss*. Les gouvernements, Jean Marchand y compris, allaient plutôt porter l'argent de nos taxes en *cold cash*: 6 millions à IBM, dans les Cantons-de-l'Est, pour une petite usine de broche à foin. La compagnie a dit n'avoir jamais reçu de cadeau semblable d'un autre gouvernement.

Il fallait des caves comme au gouvernement fédéral pour donner de l'argent aux compagnies. Et le gouvernement du Québec fait pareil ; il a ses services aux industries qui leur fournissent de l'argent, des experts, des statistiques et ainsi de suite.

Congrès du CCSNM, 1978.

CONSCIENCE OUVRIÈRE (LA)

P our rendre les gens libres, indépendants et conscients, il n'y pas de solution autre que collective : la conscience ouvrière. Mais cette solution-là, l'élite, l'Église et les nationalistes inclus l'ont toujours combattue et continuent de la combattre.

Vie ouvrière, dossiers « Vie de militants », vol. XXVIII, n° 128, octobre 1978.

CONSCIENCE SYNDICALE (LA)

L a revue *Liberté* est née sous Duplessis. Or le pouvoir et « la réaction » ont aujourd'hui une âpreté qu'ils n'avaient pas au même degré en ce temps-là. Disons-nous bien que nous sommes incomparablement plus près du fascisme qu'à cette époque folklorique.

Disons encore ceci, puisque c'est à un syndicaliste que vous décernez cette année votre prix. Le mouvement syndical qui, malgré divers avatars, lutte depuis plus d'un siècle pour la liberté, n'a pas encore, en Amérique, mis un sens nouveau et tout contemporain dans ce vocable ; il n'a pas encore compris le sens nouveau du pouvoir. Le sens syndical de l'histoire sera peut-être en défaut pour quelque temps encore. Mais le devoir de l'heure, pour les syndicalistes, c'est d'aider la conscience syndicale à élargir à nouveau ses horizons aux dimensions de l'histoire, sans quoi le syndicalisme sera voué à cautionner le crépuscule de la démocratie.

Je reçois votre prix comme le signe d'une angoisse et d'une mission dont vous feriez part à tous les travailleurs, dans le sens que je viens d'évoquer. Au nom des travailleurs et au mien, je vous en remercie.

À la réception du prix Liberté, le 1ᵉʳ mai 1969, fête des Travailleurs.

CONSTRUCTION (LA)

Depuis le mois de décembre 1968, avec le *bill* 290, j'ai été devant la Commission parlementaire pour la construction. Pepin était là, j'y étais, Roger Perreault et le gros Dédé [Desjardins] n'étaient pas loin. Pepin a dit au gouvernement, à la fin : « Cette affaire-là, c'est une bonne affaire pour les centrales syndicales. On va avoir des cotisants, mais on n'a rien réglé. La chicane va recommencer parce que vous ne voulez pas la régler. » Ce qu'on avait offert, c'était des bureaux de placement conjoints sous la surveillance du gouvernement, s'il le voulait. Mais pas des bureaux du gouvernement qui placent les amis des députés qui ne sont pas compétents et envoient les gars se faire tuer sur les chantiers, comme les sept qui sont morts au mont Wright [dans le Nouveau-Québec]. Il y avait six gars qui n'avaient pas de carte de compétence, des excellents Gaspésiens ; personne ne savait ce que c'était que la sécurité sur un chantier. Ça n'a pas scandalisé le monde. Mais deux réservoirs éventrés, trois génératrices brisées, 2 millions de dommages, c'est pire qu'un travailleur qui se fait tuer et des centaines de travailleurs qui se font estropier à l'année longue ; incapacités totales permanentes, incapacités partielles temporaires, à part des morts : trois à Templeton, il y a eu un verdict de négligence criminelle et ça ne scandalise personne. C'est le gouvernement qui a entretenu la jungle dans l'industrie de la construction, avec les patrons, leurs amis et un bout de temps avec la FTQ à laquelle ils avaient offert illégalement le monopole à la Baie-James.

La FTQ n'a pas voulu prendre le monopole à la Baie-James, c'est-à-dire pas en contractant avec le gouvernement. Ils ont dit : « On veut continuer à se battre », et après, ils ont voulu prendre le monopole. Le gouvernement était au courant de ça. Duhamel et ses frasques, c'est pas ça, le drame. Le drame, c'est que le gouvernement, M. Cournoyer et M. Bourassa avec les employeurs ont toujours été de connivence pour laisser le problème de la construction comme ça. Ils ont supprimé les permis de travail pour amener les habitants sur les chantiers de construction et laisser chômer les hommes de métier.

Après, ils ont parlé de supprimer les cartes de compétence, puis, ils ont aboli le comité paritaire et nous ont volé à Montréal 3 à 5 millions de fonds qui appartenaient aux travailleurs. Ça n'a pas fait scandale. Ils ont pris tous les inspecteurs qu'on avait entraînés pour la sécurité et qu'on dispersait dans la province pour s'occuper du salaire minimum et ils les ont déplacés quand ils ont commencé à faire une *job* sur le salaire minimum.

Congrès du CCSNM, 1974.

DEUXIÈME FRONT (LE)

Ça fait longtemps qu'on le sait, que ce n'est pas sérieux, les vieux partis [politiques]. Mais seulement, nous au Conseil central de Montréal, comme nous n'avons pas à négocier avec l'entreprise — ce sont les fédérations qui le font —, on suit le programme de la CSN, puis les discours de Marcel Pepin de 1966 et de 1968: «Une cité bâtie pour l'Homme» et «Le deuxième front». «Le deuxième front» dénonce l'exploitation des gens, des locataires — on a organisé un service des locataires —, l'exploitation sur le plan de la consommation, des taxes, partout où est le deuxième front. Alors, ce qu'on dit, nous autres, c'est de bâtir une machine électorale.

Et pour cela, tout le monde le sait, on ne peut pas s'en tenir uniquement au premier front. On ne pourra pas faire régler par les employeurs les problèmes du logement et du transport ni le problème des taxes qui tombent sur le petit salarié ou la retraite des salariés. Tant que la classe ouvrière, que la majorité démocratique n'aura pas les rênes du pouvoir, nous continuerons de tourner en rond en augmentant plus ou moins notre standard de vie pour une période x. Chaque travailleur, chaque travailleuse est dans une prospérité relative, avec un standard de vie incertain, quel que soit son emploi, quelles que soient les conventions collectives ou les clauses de séparation.

Congrès du CCSNM, 1970.

DROIT D'ASSOCIATION (LE)

La situation des travailleurs dans l'ensemble du Québec est exactement ce qu'elle était il y a 20 et

30 ans au point de vue du droit d'association et du droit au travail. Ça n'a pas changé. Il n'y a pas de travailleurs qui peuvent risquer de s'organiser aujourd'hui sans risquer leur *job*.

Congrès du CCSNM, 1973.

FONDS DE DÉFENSE PROFESSIONNELLE (LE)

P our le fonds, une heure de salaire par mois par membre, ce n'est pas exagéré. On ne fait pas de syndicalisme de combat sans formation syndicale et sans se donner des armes. Le minimum que l'on puisse avoir, c'est ce petit fonds de défense. Deuxièmement, il nous faudrait une réserve d'au moins 4 millions. Ceux qui pensaient n'avoir jamais à s'en servir ont des surprises ces jours-ci, les travailleurs des hôpitaux et d'autres aussi.

Il n'y a plus de monde qui peut dire qu'il ne fera pas la grève, parce que le degré de militantisme, personne ne peut le mesurer. Les travailleurs écœurés se décident à sortir. Nous avançons à grands pas. Il faut donc créer une réserve pour augmenter le fonds de défense si cela devient nécessaire. S'il manque de l'argent dans l'administration, on doit aller le chercher ailleurs ou bien s'organiser autrement; pas changer les structures, mais améliorer les services, libérer plus de militants et moins de permanents s'il le faut, cela ferait un meilleur mouvement. Nous n'aurons jamais assez de permanents pour avoir soin de tout le monde de ce mouvement-là.

Congrès du CCSNM, 1976.

FORCE MATÉRIELLE (LA)

P our bâtir un syndicalisme de combat, il faut avoir de la force matérielle, beaucoup de syndiqués et de l'argent, une force matérielle contre les compagnies, pour influencer un grand nombre de travailleurs contre le capitalisme, contre les compagnies, contre le gouvernement et contre les professionnels qui sont les complices des compagnies et du gouvernement. Il y en a qui appellent cela la bourgeoisie, je n'ai pas d'objection.

Qu'est-ce que la force matérielle? On a perdu une soixantaine de mille membres à la CSN; cela a fait les manchettes. Combien a-t-on retrouvé de syndiqués depuis deux, trois ans? Est-ce mieux d'avoir 300 000 membres cotisants ou bien 150 000 membres qui commencent à être des militants? J'ai vu des travailleurs qui n'avaient pas fait la grève depuis 1949, qui payaient des cotisations syndicales depuis 24 ans et qui ne se sentaient pas encore l'âme de syndiqués. Vous avez dû en voir aussi dans vos syndicats des membres qui paient des cotisations, qui trouvent que c'est cher et qui ne sont pas sûrs que c'est utile.

Congrès du CCSNM, 1976.

FORCE MORALE (LA)

L 'important, ce n'est pas de syndiquer n'importe qui, n'importe comment, mais de bâtir la solidarité et de former des militants pour avancer vers la libération de l'ensemble de la classe ouvrière. De la force matérielle, il y en a dans le mouvement syndical: il y a le nombre et il y a l'argent. De la force intellectuelle, il y en a aussi. Dans chacune des centrales, on trouve plein de gens avec des connaissances économiques et scientifiques. On dispose donc d'une force matérielle et intellectuelle. Et de la force morale, il y en a plein le peuple aussi, sauf qu'on a peur de l'utiliser et on se laisse embarquer dans des schèmes de pensée capitaliste.

Congrès du CCSNM, 1973.

Pour bâtir un syndicalisme de combat, ça prend de la force morale. Il n'y a pas de solution facile, pas plus pour les Québécois que pour les autres. Les Espagnols sont encore sortis le 1er mai. Ils ont affronté les mitraillettes, les jets d'eau et d'acide et les matraques, et cela fait dix ans que ça dure. Les Vietnamiens, eux, ont battu l'empire français. Après cela, ils ont dit : « Amenez-en un meilleur régime », et ils l'ont battu encore. Et c'est grâce à leur force morale que les Algériens ont battu l'empire français.

Certains disent que c'est fatigant de sortir un jour et de rentrer le lendemain, convaincus que la solution est la grève générale illimitée. Peut-être qu'ils ont raison. Mais pour d'autres, ce n'est pas parce qu'ils sont convaincus que ce serait la solution, c'est parce qu'ils recherchent la facilité et qu'ils veulent en finir. Or la lutte ouvrière dans un régime capitaliste ne sera pas finie tant que le peuple ne sera pas au pouvoir.

Congrès du CCSNM, 1976.

Ça nous prend de la force morale, c'est cela qui a fait gagner les Vietnamiens. Durant 30 ans, ils se sont battus contre les Français. Puis, les Américains sont arrivés, et ils se sont encore battus. Pendant ce temps-là, ils se bâtissaient un pays convenable, pour eux autres, à leur goût.

Congrès du CCSNM, 1978.

FORMATION SYNDICALE (LA)

C'est peut-être une de nos erreurs. Peut-être qu'on a été suréquipés au point de vue de la force intellectuelle et sous-équipés au point de vue de la formation des syndicats, des syndiqués et des militants syndicaux. Ça prend aussi de la force intellectuelle pour faire un syndicalisme de combat. On n'en a pas manqué beaucoup. Le service d'éducation de la CSN a été chancelant pendant plusieurs années. Maintenant, il s'est remonté un peu. Mais les services d'éducation et de formation des fédérations ont été à peu près inexistants depuis plusieurs années. Au Conseil central, il y a deux ans, c'était devenu un excellent service, il y avait des centaines d'adhérents mais cela a baissé. Ce n'est pas la faute des officiers qui sont là mais c'est comme ça. On a négligé cette priorité-là.

La formation des travailleurs au moment où ils fondent leur syndicat est importante. On ne libère pas des travailleurs de la FTQ ou d'un syndicat de boutique comme les gars de Francon qui étaient là depuis 25 ans. Ils ne deviennent pas des syndiqués et une force en voie de libération juste parce qu'ils paient des cotisations ou parce qu'ils assistent à des réunions une fois de temps à autre à leur fédération, au Conseil central ou à la CSN. On n'a pas appris le syndicalisme sur les genoux de nos mères ni à l'école et encore moins à l'université. Alors, moi, je prétends avec de plus en plus de conviction qu'il est plus important de mettre plus d'argent sur la formation syndicale et politique que sur l'organisation, parce que la force des syndicats ne se calcule pas au nombre de cotisants. Pour que cette force fasse des syndicats le fer de lance de la classe ouvrière et du mouvement ouvrier, il faut des militants enracinés, pour ne pas avoir un *turn over* comme on avait dans les hôpitaux avant l'organisation syndicale. On n'est pas encore tout à fait rendu là.

On est en train de bâtir une relève partout au Québec, dans la fonction publique en particulier. Certains syndicats ont formé une relève et l'on voit que cela marche et ça continue. Ce ne sont pas de vieilles traditions mais au moins, il y a des gens qui sont attachés à cela et ça avance. Alors, je pense que c'est extrêmement important qu'on prépare des gens et qu'on dépense de l'énergie et du temps pour leur formation, à la fondation du syndicat et pendant les négociations; ce n'est pas du syndicalisme d'affaires que d'aller négocier des conditions de travail et des salaires convenables avec un objectif politique.

Congrès du CCSNM, 1976.

GRÈVE (LA)

C ertaines grèves, certaines réclamations d'augmentations de salaire ne constituent à vrai dire qu'un épiphénomène. Les travailleurs manifestent parfois un besoin de liberté caractéristique d'anciens pauvres. Vient un temps où ils disent : « Non, ça ne va pas. Si tu veux nous avoir pour joueur dans ta cour, tu vas accepter de discuter avec nous. Tu vas nous accorder des conditions convenables et nous laisser toucher à la balle, aller au bâton à notre tour. »

ABDMA, 1968.

Ce qu'il y a de plus extraordinaire et de plus encourageant actuellement, c'est de voir que ce sont les travailleurs qui offrent des services alors qu'ils sont en grève, les travailleurs les plus importants de la société : les enseignants, les employés d'hôpitaux et les fonctionnaires provinciaux et municipaux. Les travailleurs de l'industrie leur avaient ouvert la voie. Les travailleurs de l'industrie et les cols bleus sont ceux qui se sont battus pour la liberté au Québec, en Amérique du Nord et en Europe aussi.

[...]

Le peu de sécurité sociale que nous avons, le peu d'amélioration de nos conditions de travail et de nos salaires, ça vient de la lutte incessante des cols bleus. Mais aujourd'hui, ceux qui sont en grève, ce sont ceux qui offrent des services, ce ne sont pas ceux qui sont dans des entreprises capitalistes et qui, involontairement, collaborent à leur propre exploitation, à leur propre aliénation et à l'exploitation de leurs compatriotes. C'est pour cela que la grève actuelle est un phénomène syndical ordinaire selon les normes normales de la négociation, parce que dans notre société où tout est remis en cause, notre philosophie sociale avait très peu d'assises. On marchait sur une espèce d'erre d'aller. On est passé de la campagne à l'ère industrielle et on se pensait heureux à demeure. La presse, la radio et la télévision nous disaient qu'on ne pouvait pas être autrement qu'heureux.

Congrès du CCSNM, 1972.

Il va falloir qu'on se brasse un peu plus fort. Il faut se regrouper et se battre avec ceux qui sont prêts à le faire pour la période de temps qu'ils sont prêts à se battre. Il y en a pour qui c'est deux ans, d'autres, cinq et d'autres, dix. Dans une grève, tu en vois qui craquent au bout de trois jours, pour d'autres, c'est trois semaines, et d'autres, c'est trois mois. C'est parce qu'on est devenu très calculateur.

Congrès du CCSNM, 1975.

Il y a des militants qui sont tannés, qui disent que cela n'a rien rapporté — cela fait deux jours que l'on est sortis, rentrés et ensuite ressortis —, puis qui ont de la misère et des tiraillements: discuter avec la CEQ, puis avec les autres, puis avec une région, puis avec une autre région. Bien sûr, on n'est pas des robots, puis on n'est plus des catholiques, alors on n'est plus unanimes. On commence à avoir plus de maturité, alors on a plus d'opinions, et il faut harmoniser ces opinions-là.

Congrès du CCSNM, 1976.

C'est quoi la grève? C'est seulement une phase des négociations. Puis, on va aller vers les employeurs et vers le gouvernement avec quelle force? Est-ce qu'on va les menacer de faire la grève générale la semaine suivante s'ils ne nous donnent pas ce qu'on demande? Non, on n'est pas prêts à ça et on le sait à part ça.

[...]

Quand on sera capables de sortir en grève avec l'équivalent de l'assurance-chômage, je te garantis qu'il y en aura un peu moins et que ça parlera un peu plus poliment.

Congrès du CCSNM, 1977.

L'arme des travailleurs, ce n'est pas les conseillers techniques, c'est la lutte contre les patrons quand c'est nécessaire. Cela ne veut pas dire qu'il faut aller en grève tous les jours de la semaine. Il faut toujours être prêts à se battre et rester sur le qui-vive pour sauver notre peau et notre *job*.

Depuis que le service des grèves est au Conseil central, on a eu la collaboration d'à peu près tout le monde. Les grévistes se sont vus un peu plus. Avant, les gens qui étaient en grève étaient perdus de vue, ils se battaient tout seuls. Maintenant, ils se battent ensemble. Après, ils s'en vont tout seuls. Ça arrive, on ne les revoit plus... jusqu'à la prochaine grève. Il faut repartir de la base. Les travailleurs sont capables de trouver des solutions, comme le dit cette parole sensée de Jean-Paul Geoffroy : « Les travailleurs ont raison. » Alors, il faudrait se retenir de leur prêcher toutes sortes de théories et les laisser faire leur cheminement un peu. Ils le feront peut-être plus vite que si on les divise en sept factions. Y compris la mienne qui est l'anarchie.

Congrès du CCSNM, 1978.

Ces gars-là se battent pour tout le monde en même temps. Des grèves tournantes, ça va énerver les *boss* qui diront au gouvernement : *slack*, c… !

TDP, 1991.

Les grosses grèves, Murdochville, Arvida et partout, la grève de *La Presse* à Montréal, c'était pour faire reconnaître l'ancienneté ou le syndicat. Ç'a été ça, les grosses grèves dans la province, ce n'était pas pour de l'argent.

Un homme de parole, film d'Alain Chartrand, avril 1991.

GROS SYNDICATS (LES)

Il y a une façon de se défendre contre le capitalisme, à mon humble avis, c'est de former des syndicats forts, pas seulement pour négocier une convention collective et s'imaginer après qu'on est intelligents comme les professionnels du gouvernement ou les cols blancs de la Ville de Montréal qui se retirent de la classe ouvrière. Ils ont d'assez bons contrats.

Les gros syndicats se regardent et disent à un moment donné : « On est assez *smarts*, on n'a plus besoin du reste de la classe ouvrière. »

Congrès du CCSNM, 1978.

INJONCTIONS (LES)

D es employés de Saint-Jean-de-Dieu avaient une assemblée cet après-midi dans une salle voisine et ils ont pris un vote secret sur le respect ou non de l'injonction qui leur a été envoyée. À 85 %, les employés ont dit qu'ils ne la respecteraient pas et qu'ils étaient prêts à offrir des services essentiels comme ils les avaient offerts d'ailleurs. Alors, s'il n'y a pas de services essentiels à Saint-Jean-de-Dieu, c'est parce que les cons d'administrateurs sont des irresponsables qui ont refusé de discuter avec le syndicat. Ça donne la mesure de leur respect pour les employés, pour les syndiqués, pour les lois du pays.

Congrès du CCSNM, 1972.

Avant, quand des travailleurs essayaient de se battre, on les menaçait de leur enlever leur emploi ; ça se voit encore aujourd'hui. Maintenant, quand les travailleurs ont collectivement assez de résistance et qu'on n'est pas capable de les faucher un par un, on va chercher l'aide des pouvoirs judiciaires. C'est la nouvelle étape, on la connaissait un peu moins avant : les injonctions. On a eu beau les multiplier, parce qu'il y a des travailleurs qui ont eu le courage d'y résister, après les injonctions, on est passé à l'étape des lois spéciales. Tu as le droit de faire la grève aujourd'hui, tu n'as plus le droit de faire la grève demain. Ils ont appliqué ça pour les enseignants, pour les chauffeurs d'autobus, pour les travailleurs de la construction. En plein été, M. Laporte a réuni le Parlement et a renvoyé les gars de la construction travailler le lundi. On ne sait pas au nom de quelle urgence nationale il a fait ça. Parce qu'il n'y a pas moyen d'importer des routes et des bâtisses non plus. Alors, ce qu'on ne fait pas aujourd'hui, on va le faire demain. La majorité des travailleurs de la construction, à cette époque-là comme aujourd'hui, chômait trois, cinq et huit mois par année. Alors, quelle était l'urgence de les remettre à l'ouvrage? C'est parce que ça dérangeait les profits des entrepreneurs en construction qui souscrivent copieusement aux caisses électorales. Ce n'était pas autre chose que ça.

Quand ç'a été le tour de la fonction publique qui avait réclamé pendant longtemps le droit de faire la grève, ils ont obtenu ce droit. Mais leur *boss* était le juge, l'arbitre, le gouvernement et il s'est passé une loi pour dire : « Vous avez fini de faire la grève », après dix jours, parce que c'était des services essentiels et que la population était en danger.

Quand ç'a été aux travailleurs de la CTCUM pour l'entretien du métro et des autobus, au bout de neuf jours, leur grève n'était plus bonne. Le gouvernement venait de décider qu'ils n'avaient plus le droit de faire la grève.

Le mur auquel on se bute aujourd'hui, ce sont les lois spéciales. Là, il nous arrive une autre loi spéciale de MM. Trudeau et Bourassa pour dire qu'on n'a plus d'affaire à demander des augmentations de salaire. Une loi selon laquelle il est décidé que notre pouvoir d'achat va continuer de baisser. Les prix vont continuer de monter en ascenseur et on ne pourra même plus se battre pour négocier et monter par l'escalier ou par l'échelle pour les salaires.

Congrès spécial du CCSNM, 1975.

Le gouvernement du Parti québécois a continué des procédures pour maintenir dans les plus hauts tribunaux les mépris de cour envoyés aux travailleurs de la CTCUM et sur lesquels le juge en chef de la Cour supérieure de Montréal avait dit : « Ça n'a pas tout à fait de bon sens. » Pour une fois, un juge a eu du bon sens. Il ne comprenait pas une affaire incompréhensible.

Comme pour les meuniers. Ils reçoivent des injonctions, puis des poursuites qui leur disent : « On va vous mettre en prison si vous ne rentrez pas dans les meuneries. » Alors, s'ils vont en prison, ils ne rentreront pas dans les meuneries, c'est impossible ! C'est quoi ça, si ce n'est pas des menaces et du matraquage ?

Un jour, ils t'envoient une lettre pour te dire que tu es congédié parce que tu ne t'es pas présenté. Alors, tu ne te présentes pas. La compagnie te répond que, étant donné que tu ne t'es pas présenté, tu recevras une injonction pour t'obliger à rentrer. Finalement, tu ne rentres pas. Alors, on veut te mettre en prison.

Congrès du CCSNM, 1977.

C'est comme l'injonction du juge qui dit au président de la CSN de mettre tous les travailleurs au pas. Il faut être crétin pour dire une chose pareille. C'est de l'aberration mentale. Penser qu'un président de centrale en 1978 est capable de faire marcher tout le monde à l'œil. Moi, je serais prêt à obéir, mais j'en connais parmi vous qui ne voudront pas.

Congrès du CCSNM, 1978.

LIBERTÉ SYNDICALE (LA)

F aut-il encore que les travailleurs, à leurs risques et périls, comme ils ont fait dans le temps de Duplessis et avant, et après Duplessis, dans le temps de Lesage, risquent leur emploi pour avoir un peu de liberté et être reconnus comme syndiqués ? Ceux qui ne sont pas assez forts, aujourd'hui en 1972, qui n'ont pas de force économique dans le système capitaliste au Québec, qui n'ont pas de syndicat, la loi n'est pas très bonne pour eux.

Les gars de Rémi Carrier, ça fait cinq mois qu'ils sont dehors. Ils sont allés voir des juges qui ont dit à la compagnie de reprendre trois ou quatre gars, mais la compagnie a dit qu'elle irait en appel. Ça fait cinq mois que les gars sont dehors parce qu'ils n'avaient pas assez de force pour dire au patron de se tasser et qu'ils allaient en venir à bout.

Alors, la liberté syndicale, ça reste une farce dans ce système. Les conventions collectives que nous passons entre les compagnies et nous, les syndicats, c'est le syndicat d'une part et la compagnie d'autre part. Mais la compagnie, comme la Price Brother à Rive Bend, par exemple, a 45 personnes sur son *payroll*, 15 surintendants et 30 contremaîtres, pour surveiller les employés pour qu'ils remplissent bien la partie du contrat qu'ils ont signé. Le syndicat, qu'est-ce qu'il a dans l'usine? Des délégués de département qui sont obligés de se fendre le cul pour faire leur journée et à part de ça surveiller pour protéger leurs confrères ou leurs consœurs de travail. Alors, on voit bien que ce n'est pas égal.

Congrès du CCSNM, 1972.

Il faut continuer à se battre pour avoir le droit de se regrouper. Il faut continuer et risquer sa *job* quand on veut rester regroupés, quand on veut essayer d'avancer collectivement, et il n'y a pas d'autre moyen d'avancer pour les travailleurs. La promotion individuelle des travailleurs, ça n'existe pas, ce n'est pas vrai. C'est de la foutaise qu'on lit et qu'on entend à la radio et à la télévision capitaliste. La promotion individuelle des travailleurs au Québec, on a vu ça quand on a étudié le capitalisme, il y a deux ans au congrès: c'est de s'endetter pour avoir le char de l'année et le skidoo de l'année.

Congrès du CCSNM, 1973.

LUTTES OUVRIÈRES (LES)

S'il est question de luttes ouvrières, il va être question de luttes ouvrières pour vrai. Il va falloir voir si les membres sont d'accord avec ça. Comme c'est là, on ne sait pas. Vous autres, vous allez le savoir à la fin du congrès et, d'après les résolutions que vous allez adopter, ce que vous avez l'intention de faire. Par ailleurs, vos décisions vont être influencées par le fait que vous n'êtes pas sûrs d'être capables même d'en parler à vos membres. Personnellement, je pense qu'on ne pourra pas organiser une action efficace si on n'est pas capables d'amener les membres aux assemblées. Il va falloir arrêter de penser qu'on a des syndicats démocratiques si les travailleurs n'assistent pas aux assemblées. Vingt ans de contributions syndicales, ça ne fait pas un syndiqué, ça ne fait pas un militant de la classe ouvrière ni un militant syndical. On n'a pas appris ça à l'école, le syndicalisme. Ça ne s'enseigne pas encore à l'université, ni dans les cégeps, ni dans les écoles ; c'est tout le contraire qui est enseigné. On ne lit pas ça non plus dans les journaux, le syndicalisme et la solidarité ouvrière.

Congrès spécial du CCSNM, 1975.

MOUVEMENT SYNDICAL (LE)

Quand ça prend quatre mois à un mouvement syndical pour aller protester contre des arrestations illégales et garder des gars en prison sans procès, qu'ils soient syndiqués ou pas, qu'ils s'appellent Chartrand ou pas, qu'ils parlent ou pas, ça veut dire que c'est un mouvement syndical qui est asservi. C'est un mouvement syndical qui est non seulement discipliné, mais qui est facile à bâillonner. C'est exactement ce qu'on a vu dans la province de Québec et à Montréal. On se pensait avancés au point de vue politique, mais on ne l'était pas du tout. On s'est laissés prendre comme des enfants dans une souricière; les seuls gars qu'on a arrêtés, ce sont les gars qui parlaient et qu'on voulait démystifier.

Assemblée générale du CCSNM, 2 mars 1971.

Le mouvement syndical au Québec peut avoir beaucoup à se reprocher. S'il y en a qui veulent parler de ses défaillances, qu'ils viennent nous voir, on les connaît, mais ils devront reconnaître qu'on a toujours été à l'avant-garde de la lutte pour la liberté. La Révolution tranquille, ce ne sont pas les intellectuels qui l'ont faite, ce sont les travailleurs qui se sont battus contre Duplessis, qui ont été obligés de continuer à se battre contre le Parti libéral de Jean Lesage, puis contre le Parti libéral de M. Bourassa et ses technocrates et contre les *smarts* d'Ottawa.

Congrès du CCSNM, 1972.

Le mouvement syndical s'est laissé assimiler par la voie des conventions collectives, des clauses d'ancienneté, des clauses des fonds de pension et ainsi de suite. Il est resté stagnant, même au point de vue des salaires. On est loin en arrière de l'augmentation du coût de la vie; 37% d'augmentation des profits dans le premier quart de l'année, où elles sont les bonnes unions qui rejoignent ça? C'est aussi clair que ça dans mon esprit; j'ai vécu ça depuis 20 ans et ce n'est pas autre chose aujourd'hui.

Congrès du CCSNM, 1973.

Les seuls qui vont chercher de l'argent pour faire marcher les petits commerces et les petites industries de la province de Québec et payer des taxes, ce sont les travailleurs syndiqués qui vont arracher ça aux compagnies qui sont étrangères pour la plupart. On n'a pas à avoir honte de nous. On nous accuse de ne pas être démocrates, d'être des bourgeois capitalistes et des réformistes, pas des socialistes purs, marxistes-léninistes, mais à date je n'en connais pas qui forcent plus que les travailleurs syndiqués.

On est les seuls qui vont chercher de l'argent aux patrons pour le distribuer dans la province de Québec en taxes municipales et scolaires, dans le commerce et l'industrie

Congrès du CCSNM, 1974.

Il faut que ceux qui sont organisés fassent l'éducation des autres pour transformer les mentalités et se diriger vers le pouvoir politique, enlever le pouvoir politique des mains des capitalistes, faire la révolution complète, tout basculer. Il faut que le peuple soit au-dessus du pouvoir politique au lieu d'être soumis à la dictature économique, c'est pas mystérieux et c'est pas malin. On n'a pas besoin de connaître Marx pour faire ça.

[...]

Un mouvement syndical qui se bat dans un régime capitaliste, ça reste minoritaire. Ça doit se battre contre le courant constamment, il faut que ça s'aguerrisse toujours davantage, intellectuellement et physiquement. La force physique, on en a pas mal, la force intellectuelle aussi. On connaît la gamique et on est capables d'aller chercher les gars, les experts et les techniciens. Ce qu'il faut, c'est de ne pas penser qu'on est arrivés parce qu'on n'est pas arrivés.

Congrès du CCSNM, 1975.

Si le mouvement syndical ne sert pas à la libération des travailleurs, il est inutile, c'est de la foutaise dans un régime capitaliste. Quand les travailleurs décident de se

libérer, cela n'est plus un problème. Toutes les négociations que nous faisons dans le Front commun, ce n'est
pas le fond du problème ni le fond de la lutte ouvrière.
Ce qui est intéressant dans le Front commun, c'est
l'énergie et la solidarité qu'il engendre. Mais cela est
incomparable avec 1972, avec ce qui se passe dans le
reste de l'Amérique du Nord. On ne se donnera pas en
modèle parce qu'on est loin encore d'en être un. Nous
venons juste de sortir de la campagne et on pense qu'on
a un nombril bien plus beau qu'il ne l'est. On a pensé
durant trop longtemps que les techniques étaient importantes dans les négociations, mais c'est la mobilisation
des travailleurs qui l'est.

Congrès du CCSNM, 1976.

NÉGOCIATION (LA)

Il faudrait se battre davantage avec notre ventre si on
veut avoir des affaires claires, propres et bien ordonnées. On passe notre temps à faire des arbitrages et à
préparer des cahiers de négociation. On se dit qu'on se
fait voler. Qui ne sait pas qu'il se fait voler ? Il faut
qu'on arrête de se le dire et botter le cul des patrons.
Pour cela, il faut de la stratégie et autant que possible,
on ne les avertit pas trop d'avance. La stratégie qu'on
devrait avoir, ce n'est pas pour les négociations, c'est
pour la bataille, pour la vraie, tu bottes le cul du
patron. T'en prends un gros et tu l'écrases. C'est la
technique des Américains pour négocier qui est la
bonne. Tu prends la gang de gars qui veut se battre, tu
les braises comme il faut et tu couches les épaules du
boss à terre. Tu dis aux autres *boss* : « Tenez-vous-en là. »
Pas de folie de négociation sectorielle. Pas dans un
régime capitaliste.

C'est se faire des illusions de penser qu'on peut gagner ça avec un régime capitaliste. On a fait un bon bout dans les hôpitaux et dans les commissions scolaires. Un professeur, c'est important dans la société, ça éduque les enfants. Il enseignait le français, après on l'envoie en biologie. Interchangeables, polyvalents qu'ils sont, chez nous ou en Gaspésie, comme dans le bon vieux temps où les frères étaient compétents dans tout, qu'ils mettaient la main à tout.

Congrès du CCSNM, 1975.

Il ne faut pas s'étonner que le gouvernement ait décidé de ne rien régler et qu'il joue au fou. Moi, j'ai entendu dire à la CSN, au Conseil confédéral, par Marcel Pepin au congrès et par d'autres : « Il n'y aura pas de négociation, le gouvernement ne veut pas négocier. » On est rendus à 9, à 12 mois durant lesquels on a fait des pressions et il n'a pas encore négocié ! Eh non, on se doutait qu'il ne voudrait pas.

J'ai entendu dire que les négociations se feraient à la porte de la prison, que les travailleurs ou s'écraseraient, ou prendraient la porte de la prison, ou en briseraient le mur. On n'a pas encore pris la porte de la prison, le gouvernement a hésité et hésite encore à nous y envoyer. Les gars de la CTCUM lui ont donné une leçon. Ils lui ont dit : « Si tu nous mets tous en prison, le métro ne marchera pas. » Un juge s'est alors réveillé et a pensé que cela était vrai. Il les a donc laissés en liberté.

[...]

La syndicalisation ainsi que la négociation comme on les a connues ont été une vaste illusion. On pensait que nous étions égal à égal, comme le pape l'avait dit. On mange à la table des capitalistes, mais essaye-toi et tu vas voir quand tu vas avancer la main que tu vas te faire taper sur les doigts avec un couteau. C'est comme quand Mgr Grégoire et le ministre Bienvenue sont d'accord pour la catholicité dans les écoles. Grégoire, c'est un niaiseux, et Bienvenue, un bandit.

Congrès du CCSNM, 1976.

Tu as la liberté quand tu es assez fort pour la prendre et « knocker » ton *boss*. Et qu'est-ce qu'on va aller lui dire au *boss*, tranquillement? Pourriez-vous être gentil pour les travailleurs? C'est comme les syndiqués qui disent à leurs officiers et à leur comité de négociation: « Allez faire les demandes, mais ne nous parlez pas de grève. » Dans ce temps-là, je leur dis: « Pourriez-vous demander au secrétaire d'envoyer une lettre à la compagnie qui dira :

Monsieur le gérant ou Monsieur le président,

On sait que vous êtes en affaires pour rendre service au public. Vous nous demandez de faire un produit de bonne qualité ou de donner de bons services au public. Alors, on aimerait que vous essayiez, si c'était possible, sans trop vous demander, d'avoir un peu les mêmes égards pour nous.

Signé : Le syndicat des Niaiseux.

Congrès du CCSNM, 1977.

ORGANISATION (L')

On n'a pas l'intention de refuser de collaborer avec ceux qui veulent se syndiquer et de leur fournir de l'aide pour l'organisation. Mais au lieu de convaincre les gens de se syndiquer, on préfère qu'ils le fassent entre eux et lorsqu'ils seront convaincus, on leur demandera s'ils ont le goût de se battre. Je ne pense pas que c'est leur rendre service que de les coiffer d'un organisme qui s'appelle *syndicat* et qu'ils trouveront inefficace. Les syndicats sont bons lorsque les membres sont prêts à travailler pour avoir une bonne convention collective et à lutter pour la faire respecter.

[...]

Au lieu de demander aux gens de nous faire la faveur de faire partie de notre syndicat, on va leur dire : « On vous fait la faveur de vous accepter dans notre syndicat, si vous voulez vous battre. » On ne dépensera pas d'argent pour vous visiter de porte en porte en cachette. C'est entendu que les gens qui s'organisent dans le syndicalisme risquent de perdre leur emploi. Dans la construction, entre autres, on leur dit : « Si tu rentres dans l'union, tu risques de perdre ta *job*. » Et en effet, il y en a qui la perdent.

[...]

Quand on aura réussi à régler le problème de Bell Téléphone, de l'assurance automobile, une partie du problème du logement et du problème du Conseil municipal de Montréal et des conseils municipaux autour de Montréal, on aura presque changé la face de la province de Québec.

Congrès du CCSNM, 1969.

POSTIERS (LES)

Je n'ai jamais vu en 40 ans, depuis l'âge de 18 ans, les ministres fédéraux faire une campagne aussi basse, aussi vile, aussi dégueulasse que celle qu'ils mènent ouvertement contre les postiers actuellement. On a vu comment l'affaire de Lapalme a été travaillée, comment ils avaient soudoyé les gars à l'intérieur du mouvement comme l'ancien trésorier Jacques Dion, comme l'ancien vice-président Paul-Émile Dalpé, pour darder les gars de Lapalme dans le dos. Là, vous avez les postiers, une union respectable, tranquille, qui n'a jamais fait de sabotage, qui n'a jamais rien fait de grave et vous avez le ministre Mackasey qui dit au Congrès du travail du Canada : «Domptez-les, mettez-les à l'ordre ; l'union ment à ses membres, elle ne veut pas les réunir en assemblée», etc. À tous les jours, Mackasey fait des attaques. Il avait quitté le Cabinet, mais ils sont venus le chercher pour lui faire faire une *job* de cochon et il essaie de faire la *job* de cochon au vu et au su des trois millions de syndiqués du Canada. On a essayé d'inviter les postiers au congrès et on va réessayer pour qu'ils viennent demain, au moins. La lutte des postiers du Canada est partie de la province de Québec. Ça leur cause des inconvénients par-dessus le marché. Parot et Perreault viennent tous les deux de la province de Québec. C'est le gouvernement officiellement qui fait la même *job* que la United Aircraft. Pendant que la United Aircraft faisait la *job* avec le petit avocat Heenan, le gouvernement fédéral lui octroyait 73 millions. Mais là, il ne passe plus par l'intermédiaire des compagnies pour mépriser et briser les syndicats, c'est lui directement qui s'acharne à briser un syndicat.

Congrès spécial du CCSNM, 1975.

RECONNAISSANCE SYNDICALE (LA)

C'est rendu que le gouvernement fait des amendements sans même consulter les centrales syndicales. Alors, ça veut dire que les unités à la base, les syndicats locaux, leur certification, leur reconnaissance syndicale, c'est à peu près illusoire. Ça veut dire que toutes les luttes sont à recommencer d'une façon encore plus forte, qu'il doit y avoir encore plus de cohésion et plus de solidarité à travers le monde syndical et avec l'ensemble de la population.

Congrès du CCSNM, 1971.

SÉCURITÉ SOCIALE (LA)

Nous sommes les seuls qui rendent service à la société ; ce ne sont pas les chambres de commerce, ni les Chevaliers de Colomb, ni la Saint-Jean-Baptiste, ni le Richelieu ou les Kiwanis qui sont allés chercher les mesures de sécurité sociale, les pensions de vieillesse, les allocations familiales, l'assurance-santé et l'assurance-hospitalisation. Ce sont les travailleurs syndiqués qui se sont battus pour arracher ça, après les syndiqués d'Europe. Ce ne sont pas les gouvernements qui nous ont donné ça. Le Parti libéral l'avait promis en 1914 et on l'a obtenu en 1955. Il a fallu se battre longtemps.

Congrès du CCSNM, 1974.

Les travailleurs sont contre les syndicats précisément parce qu'ils en prennent juste ce qu'ils lisent dans les journaux et ce qu'ils entendent. Ils ne savent pas que le minimum de sécurité sociale, ç'a été obtenu par les syndiqués. Il y en a qui sont sur l'assistance sociale et qui pensent que c'est la faute des travailleurs. Le gouvernement joue là-dessus : les prix ont monté parce que les salaires ont monté, alors qu'il y a une foule de documents pour prouver que ce n'est pas vrai. Ce sont les profits qui ont augmenté considérablement.

Congrès spécial du CCSNM, 1975.

SOLIDARITÉ (LA)

On sera en mesure d'embrigader toute la nouvelle génération, lui fournir l'idéologie et les moyens pour bâtir la nouvelle société qu'on veut, ce que nos pères n'ont pas été en mesure de faire parce qu'ils étaient trop mal pris. On sera capable de résister à la répression actuelle qui est pire que celle qu'on avait connue. Voilà notre choix, du moins, ça m'apparaît comme ça.

On veut transformer la société, alors il ne faut pas l'attaquer tranquillement et de temps à autre et à peu près. Il faut d'abord établir de petits mécanismes primaires qui permettent de se rejoindre à tout moment. Quand un syndicat a besoin de l'aide des autres syndicats, il faut pouvoir joindre les officiers, pas en trois semaines, mais en 24 heures, et les membres également. Il faut créer des mécanismes aussi simples que ceux-là mais difficiles à organiser pour que la solidarité représente quelque chose.

[...]

Voilà notre problème fondamental de solidarité pour avoir une influence dans le milieu: on sait que toute la presse écrite, la presse parlée, la télévision sont systématiquement contre nous. Ce sont des intérêts privés et ils trouvent qu'on va contre les intérêts privés.

Congrès du CCSNM, 1969.

On n'apprend pas le syndicalisme à l'école, que je sache, on n'est pas encore assez civilisé pour ça, pour montrer aux travailleurs comment se défendre et comment avoir l'esprit de solidarité. On nous apprend plutôt à se battre les uns contre les autres.

[...]

Il y a une chose qui n'est pas facile à avaler et qu'on n'avalera pas. Moi, on peut me traiter de n'importe quoi, de communiste, de capitaliste même, de socialiste (ce qui serait un compliment), mais on ne peut pas dire du syndicat de la construction de Montréal qu'il a refusé de collaborer et qu'il n'y a pas eu de solidarité avec les travailleurs de la CSN. La solidarité qu'il a avec les autres travailleurs sur les chantiers de construction à Montréal, c'est de la solidarité ouvrière dans l'intérêt de la classe ouvrière.

[...]

S'il y en a qui sont trop obtus pour se rendre compte qu'il peut y avoir des différences de mentalité, des différences dans la façon de lutter, d'un bout à l'autre de la province de Québec, c'est bien dommage. On ne va pas créer la solidarité dans une espèce de nivellement par le bas, attendre ceux qui ne sont pas prêts ou qui ne veulent pas ; on va trouver cette solidarité en reconnaissant les goûts, les aptitudes de chacun. Ceux qui ne veulent pas marcher au même pas que nous, ça les regarde. On ne les traite de rien. Ceux qui veulent marcher plus vite, ça les regarde aussi. On a collaboré avec des mouvements de gauche qui ne croient plus en la démocratie ; ils ont des preuves que c'est un peu drôle cette démocratie-là. Seulement, on dit : « La CSN reste dans les cadres de la démocratie que nous connaissons tout en essayant de les changer. » On collabore quand même avec ce monde-là. Et des fois, ils veulent nous faire marcher plus vite. Parfois ils ont raison, mais on dit : « On a nos responsabilités et on va marcher au rythme des délégués. » On n'a jamais donné de leçons à qui que ce soit dans la province, mais on ne tient pas à se faire paralyser.

Congrès du CCSNM, 1970.

Je suis de plus en plus convaincu que notre priorité doit être d'aller chercher des militants dans les syndicats qu'on a présentement et de les encadrer : trouver une relève et créer un esprit de classe, une solidarité ouvrière. Ce n'est pas vrai qu'en dépensant de l'argent sous prétexte d'aller en libérer d'autres on va avancer. On va piétiner et avoir des payeurs de cotisations comme ceux qui sont partis en grand nombre. Une bonne partie de ceux qui restent sont des payeurs de contributions, ce ne sont pas des adhérents et encore moins des militants.

Congrès du CCSNM, 1975.

Tout est à la disposition des militants à la CSN pour se battre. Ce qui nous manque, c'est la volonté de diriger des affaires, de changer notre convention collective pour y mettre des éléments de participation aux décisions. Si on n'est pas capables de faire cela sur le plan syndical, on ne le fera pas sur le plan politique, ce n'est pas vrai, personne ne pourra m'en convaincre. On va s'en aller de bonne volonté dans un parti politique, comme il y a des bons militants qui ont adhéré au PQ pour se débarrasser de Bourassa. J'ai vu ça quand on s'est débarrassé de Duplessis, de Taschereau en 1936 et maintenant, je vais voir ça avec Bourassa. Mais cela ne fait pas un mouvement politique, ni une classe ouvrière, ni un peuple qui veut se mener. C'est de la foutaise cela tant qu'il n'y aura pas plus de solidarité entre nous.

Congrès du CCSNM, 1976.

SYNDICALISATION (LA)

On nous dit parfois : « Vous devriez organiser les employés de restaurants. » La CSN a déjà essayé de le faire, alors que j'étais là. Les serveuses ont souvent des conditions de travail inacceptables ; elles doivent payer leurs uniformes, se soumettre aux volontés du patron. Mais la plupart sont soutiens de famille, et si elles signent une carte de membre du syndicat, c'est le congédiement. Elles ne peuvent compter ni sur les cuisiniers ni sur les autres employés pour former un syndicat. C'est la même chose dans les petits commerces, les épiceries, les petits magasins.

À un moment donné, on avait 1200 membres pour 600 patrons ! Ça venait de coûter 250 000 $ à la CSN et on n'était même pas capables de défendre les employés. Dans d'autres secteurs, les problèmes sont différents. Par exemple, pour syndiquer les petits employés de la Banque de Montréal, il faudrait le faire de Halifax à Vancouver ! La loi est ainsi faite. De plus, il y a des bureaux d'avocats qui se spécialisent dans la lutte contre les syndicats. Dès que tu fais un pas de travers, tu as des procédures sur la gueule et la police sur le dos. Des lois vraiment faites pour les travailleurs, il n'y en aura jamais dans une société capitaliste. Tant que le mouvement syndical va marcher selon les règles du jeu du capitalisme, comme c'est le cas ici, il va se faire mettre des bâtons dans les roues.

Revue Notre-Dame, n° 7, juillet-août 1986.

SYNDICALISME D'AFFAIRES (LE)

C e n'est pas du syndicalisme d'affaires que d'aller négocier des conditions de travail et des salaires convenables avec un objectif politique. Le syndicalisme d'affaires, c'est quand on se laisse intégrer au système, comme cela arrive à des syndicats en Amérique du Nord. Ce sont presque les patrons qui ont donné des syndicats. La législation ouvrière, on l'a parce que les gouvernements et les patrons étaient d'accord pour nous la donner tant qu'on ne la défoncerait pas. Il y a des gens qui se sont habitués à cela.

Congrès du CCSNM, 1976.

SYNDICALISME ET SYNDICALISME DE COMBAT

J'ai déjà fait à la fois de la politique et du syndicalisme et je suis revenu au syndicalisme seulement. Mes idées sont bien simples. Je veux que les gars se rendent compte de ce qui se passe dans le milieu du travail, que le syndicalisme est important même s'ils sont d'accord avec le système capitaliste. On dit que le syndicalisme ne devrait pas être mêlé à la politique. C'est ridicule quand on sait que neuf de nos revendications sur dix sont d'ordre législatif.

Le Nouveau Samedi, 18 septembre 1971, par Denyse Monté.

C'est à l'envers sérieusement malgré qu'on soit mieux que nos pères. Voilà notre dilemme. Ou alors on est satisfaits, on s'occupe de nos affaires et on négocie, c'est ce qu'on appelle du syndicalisme américain : s'occuper de sa propre affaire et laisser faire les problèmes sociaux et économiques de ses membres.

Congrès du CCSNM, 1969.

Alors qu'ils étaient catholiques ou maintenant qu'ils le sont moins, les syndicats ont été à l'avant-garde de la lutte pour la liberté et de la lutte pour l'amélioration des conditions de travail et de salaire. Ils ont été à l'avant-garde de la lutte pour la sécurité sociale dont nous jouissons aujourd'hui, et c'est le mouvement syndical qui a lutté pour l'obtenir. Nous avons l'assurance-chômage, l'assurance-hospitalisation, l'assurance-maladie parce que d'autres, dans d'autres pays, des syndiqués, la classe ouvrière et le mouvement socialiste dans le monde entier, ont lutté pour la liberté et le respect de la dignité humaine. Nous essayons de conserver cette tradition-là, de nous libérer de la pression capitaliste qui s'exerce toujours dans notre pays depuis l'ère industrielle et qui est entretenue par les médias d'information qui sont contrôlés par le capitalisme.

Congrès du CCSNM, 1972.

Il n'y en a pas d'autres que les travailleurs syndiqués qui sont allés chercher de l'argent et qui ont amélioré le niveau de vie de la population du Québec et du Canada. Ce ne sont ni les curés, ni les évêques, ni les ministres, ni les députés, ni les intellectuels, ni les instruits. Ce sont les travailleurs d'usine qui ont fait « lâcher du lousse » aux capitalistes. C'est comme ça que les cols blancs ont amélioré leur sort. C'est une des raisons pour lesquelles on dit : « Le problème, ce n'est pas de mettre des agents d'affaires et des recruteurs sur la route, c'est de former des militants qui vont continuer d'être à l'avant-garde de la classe ouvrière. » Leur vie, leur exemple, leur mentalité, leur philosophie, leur militantisme vont faire tripler le nombre de syndiqués dans la province de Québec en dedans de cinq ans.

Congrès du CCSNM, 1973.

Le syndicalisme, on n'a pas tété ça avec le lait de notre mère et on n'a pas appris ça à l'école primaire, ni au secondaire, ni au cégep, ni à l'université. J'ai demandé à des étudiants du cégep, à Alma, s'ils avaient entendu parler du syndicalisme. Au primaire, jamais ; à la polyvalente, jamais ; au cégep, jamais. Je leur ai dit : « Vous allez arriver à 20 ans sans jamais avoir entendu parler de syndicalisme ; 99 % d'entre vous allez être des

employés et vous allez entendre n'importe quelle affaire,
excepté la façon dont on vit dans la société quand on est
salarié. »

Congrès du CCSNM, 1974.

Il faut se mettre dans la tête qu'on est une minorité
et qu'on va le rester tant que la classe ouvrière ne sera
pas au pouvoir. Il faut se mettre dans la tête qu'on est
une minorité qui est battue sur la tête 24 heures par jour
et qu'il faut aller contre ce courant-là. C'est ça le syndicalisme, c'est pas autre chose que ça.

Congrès du CCSNM, 1975.

Je suis parti du syndicalisme catholique et national
et cela était loin du socialisme et de la lutte des classes,
du syndicalisme tout court. On s'est rendus, étape par
étape, à la Confédération des syndicats nationaux, au
syndicalisme de lutte. Depuis trois, quatre ans ou plus,
c'est un syndicalisme de combat qu'on veut et ceux qui
veulent se battre, ils le peuvent. Depuis des années, on
se dit qu'on n'est plus des *law abiding unions*. On va
selon la force, le dynamisme, l'énergie, le militantisme
des membres, des sections, des syndicats, des fédérations, et pour les soutenir, on s'est donné un fonds de
défense ; on l'a vidé à deux reprises et on l'a rempli à
deux reprises.

C'est ça, un syndicalisme de combat, la conscience
des travailleurs orientée vers une conscience de classe
dans l'action. Cela dispose à une maturation politique
plus avancée que celle que l'on peut apprendre dans les
universités, dans les cégeps, dans les clubs fermés. C'est
toujours comme cela que j'ai compris l'action, l'information et l'éducation ouvrières dans l'action.

C'est certain qu'il faut avoir des principes et une
philosophie, mais il faut surtout avoir du monde qui se
bat, mobiliser des gens et avancer.

Nous avons avancé beaucoup depuis deux, trois ans. Cela prend beaucoup de moral pour entrer et sortir, sortir et rentrer ; cela prend bien plus de moral que de sortir et de rester à la barrière, quand le patron sait où on est et que c'est lui qui décide quand on va rentrer.

J'ai vu des grèves de trois mois et de six mois, j'ai vu les plus longues grèves de la province de Québec. J'ai été initié, baptisé, confirmé à Asbestos et par la suite à Louiseville et à Murdochville. Je n'ai pas lu beaucoup sur les grèves mais j'en ai beaucoup vécu.

[...]

Pour les employés d'hôpitaux, c'est pareil. Si le pouvoir les jette tous en prison, ils vont avoir une maison et une télévision et il n'y aura pas de personnel dans les hôpitaux ; c'est la même chose pour les enseignants. Mais le pouvoir peut se permettre de vider les écoles, les cégeps et les hôpitaux, cela n'est pas la moitié de sa force et on le sait.

Je trouve que l'on est sur la bonne voie d'un syndicalisme de combat et j'en suis heureux et très satisfait. Je rends hommage à la CSN et à ses différentes fédérations. Je les ai souvent engueulés mais je suis content d'eux aujourd'hui et je le leur dis. Camarade président, je suis très content de votre attitude depuis quelques années. Vous avez dit aux travailleurs : «Si vous voulez vous battre, on va se battre.» On n'était pas habitués à ce langage parce qu'on a toujours connu beaucoup de techniciens.

[...]

Je n'ai jamais vu de travailleurs sortir d'une grève, quel qu'en soit le résultat, comme ils y sont entrés. Même dans les grèves perdues, alors qu'ils s'étaient battus et qu'ils avaient décidé de rentrer, ce ne sont pas eux qui se démobilisent, ce sont ceux qui voudraient que tout se règle vite pour ne plus en entendre parler. Or le syndicalisme de combat, c'est autre chose que cela. C'est un syndicalisme à longue portée, orienté vers la destruction du capitalisme et de la classe bourgeoise et qui cherche à remettre le pouvoir aux travailleurs. C'est une longue lutte.

Congrès du CCSNM, 1976.

Le syndicalisme, ce n'est pas une patente, une compagnie comme IBM, une compagnie internationale ; c'est une façon de vivre de la classe ouvrière qui ne peut pas se défendre autrement qu'en étant solidaire. C'est une façon de vivre en société dans un régime capitaliste comme dans un régime socialiste.

Congrès du CCSNM, 1978.

SYNDICATS FORTS (DES)

On ne bâtira jamais un parti socialiste si on n'est pas capables de se bâtir des syndicats forts, si on n'est pas capables de régler nos problèmes et ceux de nos compatriotes et de nos confrères et consœurs de travail dans toutes les industries. Il faut sortir l'anarchie de là, faire respecter notre peau, le droit à la santé et à l'intégrité physique, sinon on n'ira pas plus loin et on va continuer de tourner en rond comme des *smarts*. On va faire de l'inflation intellectuelle et marxiste et on aura l'air de parvenus. Trop instruits pour ce qu'on est courageux dans la vie quotidienne. Trop influencés par la publicité, par les médias d'information pour s'apercevoir qu'on n'a pas d'autre chose à faire que de se replier sur nous-mêmes. Se retasser ensemble coude à coude et épaule à épaule.

Congrès du CCSNM, 1978.

TENDANCES (LES DIFFÉRENTES)

D ans une centrale syndicale, on est susceptible de trouver des militants qui, venant de différents milieux de travail, ont des conceptions diverses de la lutte et des revendications ouvrières sur le plan social, économique et politique, tout en se réclamant des politiques de la CSN. L'absence de tendance serait inquiétante, il ne s'agirait plus d'un mouvement populaire mais d'une secte doctrinaire.

Les tendances et les opinions minoritaires doivent être exprimées dans les différentes instances, même si cela risque de provoquer des affrontements. Une qualité de la démocratie, c'est le respect des minorités et des opinions minoritaires.

On doit tenter de trouver une harmonie entre les différentes tendances et en dégager des politiques selon les décisions de la majorité. Ces décisions des différentes instances, syndicats, conseils centraux, fédérations, Bureau, Conseil et congrès confédéral, relèvent de la responsabilité des élus pour ce qui est de leur interprétation et de leur exécution. Ces élus doivent tenir compte des opinions minoritaires parce qu'elles viennent de militants de bonne foi qu'on dit parfois « en avant de leur temps ».

Congrès de la CSN, mai 1982.

SEPTIÈME PARTIE

Réflexions

Du jour où j'ai compris quels étaient les gens que j'exaspérais, j'avoue que j'ai tout fait pour les exaspérer.

SACHA GUITRY

ACUPUNCTURE (L')

J e jouais au football avec d'autres prisonniers. L'espace était restreint et je me suis sonné sur les barreaux. J'ai commencé à avoir mal au dos. J'ai enduré. Plus tard, j'ai eu le genou fracturé à la suite d'un accident d'automobile. J'en ai profité pour expliquer à l'orthopédiste qui me soignait que j'avais mal dans le bas du dos et aussi à la colonne cervicale. Il a pris des radiographies et il m'a dit que c'était de la dégénérescence et que je ne devais plus faire d'exercice. Or j'ai toujours fait un peu de culture physique. J'ai suivi sa consigne et je me suis retrouvé avec la colonne cervicale prise dans un bloc. Je ne pouvais même plus tourner la tête. Sur les conseils du fils d'Oscar Wexu, j'ai abouti dans le bureau d'une acupunctrice, une ancienne infirmière, et d'un masseur. Ils m'ont littéralement refait une colonne cervicale. Aujourd'hui, je n'ai plus de douleur, je ne prends aucun médicament et je continue à recevoir des traitements d'acupuncture et des massages, par mesure de prévention !

Guide Ressources, janvier-février 1992.

BIGAMIE (LA)

L 'homme, dit-on, est naturellement bigame. Les chrétiens disent qu'il s'agit de tentations, les non-chrétiens, que cette chance agréable ne se présente pas facilement.

ABDMA, 1968.

BONHEUR (LE)

On ne vit pas caché, on doit vivre en société. L'homme est un animal social. On est né pour le bonheur et on ne peut pas le trouver autrement qu'avec l'ensemble de la société. Et on ne peut pas être heureux si l'on sait que certains de nos frères sont malheureux, qu'ils soient du Bangla Desh, d'Éthiopie, de la rue Saint-Denis, de la rue Sainte-Catherine, de l'Abitibi ou de l'Estrie.

[...]

Je ne suis pas un héros. Je fais partie du peuple et je me bats avec lui. Il en existe des dizaines de milliers qui se battent et qui ont plus de mérite que moi. Mon affaire a bien marché ; j'ai été heureux dans mon enfance, dans mon adolescence, dans mon mariage, avec ma famille et dans mon travail.

Le Lundi, 17 août 1991.

CANTIQUE DES CANTIQUES (LE)

Quand j'étais à Oka, de 16 à 18 ans, j'ai lu beaucoup de poésie. Les psaumes, c'était de la poésie. C'était extraordinaire et le Cantique des cantiques en latin...

« Fulchite me floribus et stipate me mallis quilla amore langueo. »

Mon bien-aimé, couche-moi sur un lit de roses, couvre-moi de fleurs de pommiers, parce que je meurs d'amour pour toi. Que ta main gauche soutienne ma tête! Que ta main droite presse ma taille.

Ou, dans une version plus populaire:

Couche-moi sur un lit de roses
Et couvre-moi de fleurs de pommier
Parce que je meurs d'amour
Mets ta gauche sous mes reins
Mets ta droite sous ma tête
Et donnes-y, baquet!

Ça continue comme ça pendant longtemps, le Cantique des cantiques, c'est très beau.

Un homme de parole, film d'Alain Chartrand, avril 1991.

CÉLIBAT (LE)

S euls les génies, capables de sublimer leur nature, peuvent demeurer célibataires. Or ceux-ci ne sont pas nombreux de sorte que, chez la plupart des célibataires, l'instinct sexuel cherche son exutoire du côté de l'instinct de domination.

ABDMA, 1968.

CHÊNE

J 'suis comme un chêne, je sème à tous vents. Le tronc... ça va... mais les glands!

La Presse, 17 juillet 1994.

DIEU

J e suis allé chez les Trappistes, à Oka, par désir de rencontrer Dieu parce que je savais que j'avais un tempérament... un peu agité! J'y suis resté 25 mois et j'y ai été heureux, même si la viande n'était pas mangeable. J'en suis sorti à cause d'une hernie hiatale qui m'empêchait de suivre l'horaire de la communauté. [...] Les psaumes, c'est de la poésie. Le Christ nous a montré comment vivre. Nous sommes nés pour le bonheur, pour vivre en société et pour rendre service aux autres. Ceux qui pensent être obligés d'aller chercher des affaires aux Indes ou qui s'embarquent dans des sectes me font rire... Pablo Neruda a écrit un poème sur les pierres du ciel et celles du Chili. Il dit : « Dans les pierres, il y a la vie des arbres, des racines, la vie de la pluie et du soleil, et nos cendres sont là. » Les promesses d'éternité sont là, elles sont dans la nature, et s'il y en a d'autres, tant mieux ! C'est comme ça que je vois la vie, la mort et l'éternité. Les Amérindiens aussi voient comme ça... On va être dans des paradis de chasse et de pêche. Dans la Bible, il est dit qu'on va nager dans des fleuves de volupté avec des torrents de délices !

Guide Ressources, janvier-février 1992.

DIPLÔMES (LES)

L a classe ouvrière subit une pression extraordinaire, autant les parents que les enfants. Autant les enfants qui ne sont pas allés à l'école que ceux qui y sont allés. Dans les 15 derniers jours, j'ai visité cinq ou six cégeps. Les étudiants sont là pour obtenir des diplômes qui ne leur serviront à rien. Ils auront une majeure en chômage et une mineure en bien-être social. C'est ça, la situation réelle.

Congrès du CCSNM, 1978.

DISCIPLINE INTELLECTUELLE (LA)

A u moment de la grève à l'Université Laval, qui avait duré assez longtemps pour qu'ils se décident à inviter un gars comme Chartrand, j'ai dit aux professeurs: «Je peux prendre n'importe quel homme de métier ordinaire et le comparer à un étudiant qui a 15 ou 16 ans de scolarité et à son professeur. Et je vous dis qu'il y a plus de discipline intellectuelle dans un métier manuel que dans toutes ces années de scolarité. Moi je crois que la compréhension entre par les sens; ce n'est pas juste un axiome philosophique.»

Vie ouvrière, dossiers «Vie de militants», vol. XXVIII, n° 128, octobre 1978.

DOMINATION AMÉRICAINE (LA)

Q ue ce soit des syndicats de la CSN, comme à Asbestos et à Arvida, qui sont allés chercher des dizaines de millions d'augmentation de salaire après des grèves de 5000 hommes durant des mois, ou que ce soit d'autres syndicats qui se battent dans leur coin ou des syndicats internationaux comme le mauvais (!) syndicat de notre ami Émile Boudreau, la United Steel Workers of America qui sont allés chercher des dizaines de millions sur la Côte-Nord, ce sont des millions qui sont restés dans la province de Québec et au Canada et qui, autrement, seraient partis aux États-Unis. Voilà la situation: la domination américaine. Pour toutes les ressources dominées par les États-Unis, les profits s'en vont de l'autre côté, comme ce qu'ils vont voler en Afrique, en Amérique latine et en Asie.

Congrès du CCSNM, 1971.

DROIT DE PAROLE (LE)

U n M. Lipton a écrit l'*Histoire du mouvement ouvrier*. En 1871, l'Angleterre nous a accordé le droit de coalition, et en 1872, les ouvriers canadiens avaient le droit d'arrêter de travailler pour se réunir et pour manifester. Aujourd'hui, c'est la suspicion partout et ils essaient de nous énerver avec la suspicion. Il faut crier, crier plus que jamais, à tort ou à raison, tout le temps, parce que, quand on est dans le trou, qu'on n'est pas à égalité, il faut crier plus fort et plus que jamais... Et leur dire : « Amenez-la, votre prison, on va en prendre, même s'il n'y a pas de femmes ; on sait que vous n'êtes pas civilisés, que vous voulez nous torturer, mais on va y aller pareil. »

Il n'y a pas d'autre chose à faire que ça. Ou bien on vivra comme des robots.

Assemblée générale du CCSNM, 2 mars 1971.

EMPOISONNEMENT

O n dit : « Les capitalistes peuvent nous faire manger de la merde pour faire de l'argent. » Ils nous ont prouvé cela, et pas juste aux Canadiens. Ils ont réparti cela pour que du monde d'un peu partout y goûte. Quand on disait que le gouvernement de Washington, c'était des bandits internationaux, il y en a qui pensaient que c'était juste des images, que ce n'était que de la théorie. Mais là, ce n'est pas de la théorie mais des faits.

Le capitaliste ne vit pas en théorie, lui. Il vit dans les faits. Cela fait mourir des travailleurs, ça les empoisonne, eux et les populations. Dans le lac à la Truite où la ville de Thetford prend son eau potable, il y a 183 millions de particules d'amiante par litre d'eau ;

dans le reste du Canada, cela varie entre 2 et 4 millions de particules par litre d'eau selon un chercheur de Polytechnique.

Congrès du CCSNM, 1976.

ÉPANOUISSEMENT (L')

L e Christ s'est incarné. Il n'a pas craint de donner à manger aux gens. Il lui suffisait de constater que des personnes avaient faim pour faire un petit miracle afin de les nourrir. J'aimerais qu'un politicien fasse des petits miracles pour faire surgir des logements, par-ci, par-là. Mais comme on ne peut pas faire de miracles, il faut bien se rabattre sur des moyens scientifiques pour arriver à un partage convenable et permettre à chacun de vivre humainement. Voilà le christianisme moderne. Il exige qu'on prenne tous les moyens disponibles pour faire en sorte que les hommes puissent s'épanouir, tous les hommes.

ABDMA, 1968.

ESCLAVES (LES)

L e capitalisme, c'est le marché des esclaves. J'ai déjà vu, par exemple, un contremaître de la CIP, à Gaspé, garrocher sa badge dans une foule de chômeurs et leur dire: «Celui qui me la ramènera, je l'engage.» Les gars se battaient entre eux. Ils avaient faim. Le plus fort avait la *job*. Les autres, rien. J'ai vu aussi un contremaître de la Johns Manville d'Asbestos inspecter les troupes de chômeurs qui se formaient chaque matin devant son usine et leur dire: «Celui devant qui mon chien aboiera, je l'engage.» Les gars revenaient quand même chaque matin. J'ai vu des femmes faire du piquetage à Asbestos parce que la compagnie refusait d'aérer ses mines et que leurs maris mouraient à 40 ans, les poumons pleins de poussières. Je les ai vues, ces mêmes femmes, s'armer d'aiguilles à chapeau pour piquer les fesses des policiers de Duplessis durant le couvre-feu décrété par le maire de la ville, qui était aussi député de l'Union nationale.

Montréal Flash, 29 novembre 1971, par André Dalcourt.

FAIRE L'AMOUR

Quand je suis sorti de prison, un gars de Radio-Canada, avec un microphone, m'a demandé : «Qu'est-ce que vous allez faire?» Je lui ai répondu : «Je m'en vais baiser.» Là, il dit : «On est à Radio-Canada!» J'ai dit : «Comment ça? C'est-tu défendu astheure?» J'avais été là quatre mois, pas de soleil, pas de femme, et à mon âge, les tours qu'on perd, on ne les reprend pas. C'est des bons tours, par exemple, les femmes apprécient cela parce qu'on pense toujours que c'est la dernière fois, on y met donc tout son cœur.

Un homme de parole, film d'Alain Chartrand, avril 1991.

FIERTÉ (LA)

On va en venir à bout, c'est certain. Les gens comprennent cela. On va bâtir un socialisme, pas à partir de la misère, mais à partir de la fierté et de la détermination à vivre convenablement, à jouir de la vie, dans un pays mené par nous autres.

Cela peut prendre 5, 10 ou 20 ans. Ce n'est pas long 20 ans dans la vie d'un peuple. C'est la grâce que je vous souhaite.

Congrès du CCSNM, 1978.

FOI (LA)

M a foi est un don de Dieu. Je n'ai pas à juger de la foi, de la croyance ou de la non-croyance des autres.

Certains agnostiques se montrent beaucoup plus consciencieux que moi. Ils ne craignent pas de s'imposer les sacrifices ou de faire les efforts nécessaires pour atteindre le but qu'ils se sont fixé alors que nous, catholiques, il nous arrive de croire notre succès assuré, par la foi, par l'adhésion à l'institution de l'Église. Ce qui nous sert de prétexte pour ne rien remettre en question.

La religion demeure valable. Toutes les religions, parce qu'elles favorisent la réflexion; c'est le propre de l'homme de réfléchir. Toutes les religions sont donc valables. Le yoga, par exemple, peut aussi nous aider à réfléchir. L'homme n'est pas une girouette ni une machine qu'il suffit de graisser. Il doit pouvoir se mouvoir par lui-même, se diriger selon ses propres intentions. Sans quoi, il est un robot.

Je n'ai jamais été d'accord avec l'axiome traditionnel, hors de l'Église, entendons Église catholique, point de salut. Si la foi est un don de Dieu, il y a sûrement des musulmans qui ont la foi, des bouddhistes, des protestants, des juifs et pourquoi pas des agnostiques. Il ne faut tout de même pas se placer à la place du Père éternel et juger les consciences.

Personnellement, je crois aux valeurs du christianisme. Je trouve le Christ sympathique. Je trouve sympathique qu'il soit un homme même s'il est Dieu. Mais même s'il n'y avait pas de dieu, je trouverais cela sympathique car que le Père ait envoyé son fils, qu'il l'ait fait s'incarner pour nous faire comprendre les choses invisibles et les mystères ne me choque aucunement. Il y a des mystères plein la vie.

Le Canadien français demeure un mystère pour l'Anglais. Donc, ce que je trouve sympathique chez le Christ, c'est l'homme. L'humain est accessible à ma compréhension. Et je suis prêt à servir la cause de l'homme, d'une façon active, dynamique.

ABDMA, 1968.

IMAGINATION (L')

À l'église, a-t-on déjà entendu quelqu'un dire à son curé : « Tu es dans les patates quand tu te prononces sur la culture des tomates. » Certes non ! Cela ne se faisait pas. De sorte que, quiconque avait de l'imagination et désirait s'exprimer, n'avait qu'à la boucler. Ainsi, on devenait mûr pour être député d'un vieux parti.

Je manque peut-être d'imagination. Je ne change peut-être pas assez souvent d'idée. Un sociologue n'a-t-il pas dit qu'il fallait se trahir au moins quatre fois au cours de sa vie pour être sérieux ? Mais certaines vérités méritent, à mes yeux, de demeurer vraies toute la vie. Le respect de l'homme, par exemple.

ABDMA, 1968.

INTÉRÊTS CONVERGENTS (LES)

M onsieur Martin, recteur de l'Université de Sherbrooke, me disait la semaine dernière: « Les universités, le gouvernement, les facultés de médecine, les patrons, les travailleurs ont tous des intérêts convergents. » Je lui ai demandé de m'expliquer ça parce que, nous autres, ce n'est pas ce qu'on pense.

Dans votre faculté de science économique et vos *smarts* de M.B.A., les professeurs leur disent-ils que les patrons ont les mêmes intérêts que les ouvriers? Vous parlez comme M. Desmarais. Vous n'avez pas besoin de le faire, il est capable de faire sa *job* tout seul, M. Desmarais et les petits patrons, les petites PME qui empoisonnent les travailleurs, qui les mutilent, les volent parfois plus que les grosses. Et ce n'est pas certain que l'on ait des intérêts convergents avec les médecins.

Les employés d'hôpitaux le savent qu'ils n'ont pas d'intérêts convergents avec les médecins, sur le plan du travail comme sur le plan de la santé. Les médecins sont là pour faire une piastre quand on est malades. Moi, je veux prévenir la maladie. Alors, on n'a pas d'intérêts convergents. Si on était comme dans l'ancienne Chine (je ne sais pas si c'est comme ça dans la nouvelle), tu payais ton médecin quand tu n'étais pas malade. Là, c'étaient des intérêts convergents. Mais quand tu paies parce que tu es malade, il n'y a plus d'intérêts convergents. Lui, son intérêt, c'est de te voir malade. Les sœurs de l'hôpital Vaillancourt, à Jonquière, demandaient aux visiteurs du dimanche de prier pour avoir des malades; elles ne voulaient pas avoir de lits vides parce qu'elles n'avaient pas d'octrois du gouvernement. Elles faisaient ça en toute simplicité. Elles souhaitaient guérir du monde. On ne peut les en blâmer.

Congrès du CCSNM, 1978.

JEUNESSE (LA)

J e suis d'accord avec la Ligue de défense du Canada. Je présume que toi aussi et tu comprendras et accepteras que j'y participe activement. Ça concerne surtout la jeunesse. Nous défendrons à la fois un principe et notre peau. Je me battrai pour notre survie comme individus, comme couple et comme peuple.

Lettre à Simonne, Montréal, le 22 janvier 1942. Voir *Ma vie comme rivière*, autobiographie de Simonne Monet Chartrand, Montréal, Éditions du remue-ménage, t. II, 1982, p. 134.

On a peut-être le goût de s'engager et de collaborer avec les groupes populaires, on veut faire ça pour s'aider nous-mêmes et aider l'ensemble de la classe ouvrière, et pour préparer les voies à la nouvelle génération qui, elle, est prête à partir d'un bond, mais ne trouve pas facilement son chemin. Ils ont du cœur, ils ont de l'énergie physique, morale, intellectuelle, ils ont de l'imagination ; c'est une nouvelle génération, c'est une nouvelle humanité. La moindre voie d'accès qu'on va leur donner pour la liberté, la démocratie et le pouvoir, ils vont la prendre.

Congrès du CCSNM, 1969.

JEUX OLYMPIQUES (LES)

O n va dépenser des milliards pour les Jeux olympiques et il n'y a pas une place à Montréal pour les enfants dont les parents ne peuvent pas s'occuper et les places qu'il y avait, c'était des trous. Le petit gars dont le père et la mère ne peuvent pas prendre soin était placé dans une manière de prison infecte de Montréal au moment où on se parle. Ils sont envoyés un peu partout.

Il n'y a pas de place pour les vieillards à Montréal. Demandez aux gars qui font le placement dans la ville. Avant, c'était des attentes de six, neuf mois, maintenant, ils ne savent plus combien ça va prendre de temps. Et on dépense des milliards pour les Jeux olympiques. Des équipes sont en train de nettoyer les panneaux qui cachent les taudis sur Dorchester, des gars y travaillent depuis quelques jours. Ils vont dépenser de l'argent pour nettoyer la façade parce que la visite arrive. Ils ne les amèneront pas dans la cuisine et en arrière, dans les toilettes. Ils vont voir le corridor, le boulevard Dorchester et la rue Sherbrooke.

Congrès du CCSNM, 1975.

LIBERTÉ (LA)

Le zèle pour la liberté a presque entièrement déserté les générations parvenues pleinement à l'âge d'homme. Que la liberté ne soit plus guère défendue que par les jeunes est un signe des temps. Presque tous ceux qui ont des intérêts personnels un peu marqués ont abandonné son service. Depuis trois ou quatre ans surtout, on a, à cet égard, assisté à la capitulation accélérée des hommes munis de quelque expérience, en même temps que l'on observait leur remplacement rapide par une force collective nouvelle et particulièrement impétueuse : celle de la jeunesse. Dans un temps très court, on a pu observer la faillite de ce qu'on appelle globalement la « vieille » génération et, d'autre part, la manifestation, la montée spectaculaire d'une conscience nouvelle de la liberté chez les jeunes.

Ce double mouvement, aussi accusé d'un côté que de l'autre, a polarisé les forces de la réaction et celles de la liberté. En très peu de temps, il est devenu impossible d'éviter de choisir. La Cité se divise en deux camps, de plus en plus nettement antagonistes. L'exacerbation, de part et d'autre, accentue les caractères du pouvoir et ceux de la résistance au pouvoir.

On est happé ou bien par le pouvoir, ou bien par la contestation. Les choses en sont à ce point que même des représentants traditionnellement militants de la liberté, c'est-à-dire les syndiqués, sont sommés de faire un choix plus défini entre le pouvoir en place et la contestation de ce dernier.

À la réception du prix Liberté, le 1er mai 1969, fête des Travailleurs.

On parle de pays comme la Russie où les gars sont pris pour s'en aller en Sibérie. Ils sont pris pour avoir parlé. Puis on parle de la Tchécoslovaquie qui a été dominée par l'armée. Mais qu'est-ce qui est arrivé dans la province de Québec ? Qu'est-ce que font les syndiqués qui s'en vont seulement chez eux, puis qui s'en vont seulement à l'usine et qui ne s'occupent de rien alentour ? Ils ne font pas différemment que dans les pays derrière le rideau de fer... Au contraire, ils sont bien loin des ouvriers de Pologne qui se sont révoltés et ç'a coûté des milliers de vies... Ce sont eux qui connaissent le prix de la liberté ; nous, on ne le connaît pas. Et c'est peut-être qu'on ne veut pas le connaître.

C'est peut-être qu'on a peur avant d'avoir mal.

Je pense qu'il faut se poser la question de savoir si on est intéressés à faire partie d'un mouvement syndical, si on est intéressés à vivre la solidarité syndicale, puis après ça, nos problèmes de cotisations, nos problèmes de négociations seront des problèmes secondaires.

On a un problème important, celui de la liberté... C'est un problème de liberté pour chacun des membres de chacun des syndicats. On est dans un syndicat pour avoir une plus grande marge de liberté, pour se libérer de l'arbitraire patronal. Un syndicat n'est pas là que pour des négociations de salaires, il est là pour promouvoir la liberté des individus : ce n'est pas autre chose que ça.

Assemblée générale du CCSNM, 2 mars 1971.

La liberté ! Il faut toute la prendre si on ne veut pas s'en faire ôter des bouts.

Le Journal de Montréal, 21 juillet 1984, par Monelle Saindon.

MANIFESTATIONS (LES)

Le règlement municipal qui nous empêche de marcher dans la rue, le 3926, on l'a contesté, et Gaétan Robert aussi. Ce règlement a été déclaré illégal par la Cour juvénile et par la Cour supérieure. C'est Gaétan Robert qui a plaidé ça pour Claire Dupont. Ça fait depuis 1969 qu'on attend la réponse pour savoir si on a le droit de faire des manifestations dans notre ville en vertu du droit des gens de se promener dans la rue.

Les vieux rats, les vieilles ratatouilles, les ordures de la Cour d'appel du Québec ne se sont pas encore prononcés là-dessus. Ils étaient pressés de condamner Lemieux, de condamner Pepin et Charbonneau.

Congrès du CCSNM, 1974.

NATION (LA)

La nation québécoise, c'est une réalité en Amérique du Nord. Ça ne date pas d'aujourd'hui. C'est inscrit dans toute l'histoire politique de la province. Des velléités et des tentatives d'autodétermination, tu en retrouves autant sous le régime français que sous le régime anglais. La prise du pouvoir de Duplessis s'explique également par cette poussée nationaliste. Ce qui n'est d'ailleurs pas étranger au fait que les Québécois ont pardonné beaucoup de choses à Duplessis. Ce phénomène est d'ailleurs en train de se reproduire avec le Parti québécois. Les nationalistes pardonneront les pires turpitudes au PQ. Ils sont prêts à oublier qu'il existe une différence énorme entre le nationalisme et une véritable libération nationale. Raison pour laquelle j'ai toujours été contre les «nationaleux» qui voulaient sauver la langue et laisser crever ceux qui la parlent.

Zone libre, été 1977, propos recueillis par Guy Rochette.

Ça, ce sont les lois de M. Trudeau, le *smart* qui nous traite de tribu. Quand on dit qu'on est fiers d'être ce qu'on est, il nous dit qu'on a des réactions tribalistes. Comme d'autres marxistes arriérés qui prétendent qu'on n'a pas le droit d'avoir une nationalité et d'en être fiers. Il y a des fois où l'extrême droite et l'extrême gauche se rejoignent.

Congrès du CCSNM, 1978.

NOMBRIL (LE)

Il y a un problème dans le monde: c'est le nombril! C'est trivial un nombril, mais c'est individuel et tout passe par là. Quand tu viens au monde, t'as rien dans la tête. C'est une invention des seuls fous, et des jésuites, de penser qu'on est mené par la tête. Ils ont d'ailleurs réussi comme ça à vider le christianisme de sa substance et à promouvoir une civilisation d'égoïstes, d'individualistes. Le code de Napoléon, par exemple, c'est un code de célibataires, contre les femmes, les groupes, la société, alors que l'homme est essentiellement un être social. Et ça c'est notre héritage culturel.

Vie ouvrière, dossiers « Vie de militants », vol. XXVIII, n° 128, octobre 1978.

PAROLE (LA)

C ommençons par libérer la parole... au nom de la justice? Mon père a travaillé durant 44 ans pour le gouvernement, sans pouvoir parler publiquement. Moi, j'ai décidé de parler. Et quand je parle aux travailleuses et aux travailleurs, je leur expose des problèmes qu'ils connaissent déjà. Et si je le fais, c'est pour qu'ils se rendent compte qu'ils ont raison de penser que ça va de travers, que ça n'a plus de maudit bon sens, et surtout, que ça pourrait être autrement. Souvent ils me disent: « Ah, si tout le monde comprenait! »

Et je leur réponds que tout le monde comprend; si nous nous donnions seulement la peine de nous mettre ensemble et de nous organiser politiquement.

Mais on est encore trop inconscient. Faut dire qu'à l'école, puis dans nos médias, on ne parle à peu près pas de la réalité du travail, des travailleurs et des travailleuses. En fait, tu passes 20 ans de ta vie le cul sur un banc d'école sans savoir vraiment d'où vient le pain qui est sur la table! Puis dans nos journaux, à la radio, à la télévision, tous contrôlés par des Power, par des Péladeau... on ne peut pas dire que c'est de l'information libre mais plutôt de la désinformation au quotidien.

La bataille est donc toujours à refaire et nos acquis sont constamment menacés, parce que c'est encore le règne de l'injustice, du désordre et du mépris. Mais il n'y aura pas de paix véritable tant que la justice ne sera pas rétablie. Commençons donc par nous tenir debout!

« Le travail », *Ciel variable*, propos recueillis par Jean-Pierre Boyer, 11 mai 1990.

PENSER (COMMENT)

L'hygiène mentale et l'hygiène physique consistent à réfléchir, à méditer. Mais pas nécessairement prendre la position du lotus, de chercher des affaires de midi à quatorze heures. On pense avec son ventre d'abord, pas avec sa tête. Les théologiens nous ont déformés. Se connaître soi-même, c'est savoir que le bonheur vient de notre vie en société. Il y a des inconvénients, des difficultés, on ne fait pas toujours le métier qu'on voudrait, mais il suffit d'idéaliser son quotidien. Il y a moyen d'être heureux, même en étant astreint à des tâches ingrates.

Guide Ressources, janvier-février 1992, par Monique de Gramont.

PEUR (LA)

Les travailleurs, ils étaient dans les tavernes de l'est, ne nous contons pas d'histoires. Ils étaient dans des usines ordinaires et ils rentraient chez eux la tête basse. Ils avaient honte de dire qu'ils étaient membre du Conseil central ; ils n'avaient jamais vu Chartrand...

C'est ça qui est arrivé, pas besoin de me faire des dessins.

J'ai vu ça la peur, moi. J'ai vu ça pendant la guerre de 1939 quand tout le monde était poursuivi et pourchassé et qu'il avait peur de parler dans les tramways et les autobus. Parce que j'ai vu ça, ça ne m'énerve plus...

Quand tu leur dis : « Moi, je suis libre et je suis prêt à aller en prison », ils disent : « C'est emmerdant. On va le mettre en prison et après ? » Et je leur ai dit : « Votre armée, mettez-vous-la où vous voudrez, je n'y vais pas. » Je suis resté libre dans mon pays et j'ai parlé tout le temps de la guerre.

Assemblée générale du CCSNM, 2 mars 1971.

POUVOIR (LE)

L a « vieille » génération a pour sa part choisi le pouvoir, quel qu'il soit. On l'a vu non seulement chez les
politiciens et les hommes d'affaires de carrière, mais également chez nombre d'intellectuels, chez beaucoup de
professeurs d'université, d'hommes de plume et de spécialistes de toutes sortes. Maints syndicalistes ont eux-
mêmes brusquement fait le choix de se tourner vers le
pouvoir.

Le mouvement s'accélère encore. Le pouvoir rassemble tous ses serviteurs possibles. On le remarque à
un certain silence. Des gens qui hier encore contestaient
sont devenus muets. On observe un silence étrange,
semblable à celui qui régnait sous Duplessis. La liberté
subit des avanies de plus en plus nombreuses ; les pro-
testations, sauf chez les jeunes, se font de plus en plus
rares, la servilité, de plus en plus courante. Ce qui se
passe actuellement d'arbitraire et d'odieux au Québec se
passe dans le silence calculé ou apeuré de la « vieille »
génération.

Le pouvoir arbitraire et aliéné, qui s'était un peu
émoussé dans les premières années de la présente
décennie, se reconstitue et rassemble sa clientèle
ancienne, qui sort à nouveau de l'ombre, et sa clientèle
nouvelle, faite de tous les ambitieux et de tous les fati-
gués. De nouveau, les contestataires sont isolés. Seulement, ils sont nombreux. C'est la jeunesse. La honte des
générations qui la précèdent consiste à laisser seule la
jeunesse se battre pour la liberté, dans les cégeps et ailleurs.

À la réception du prix Liberté, le 1er mai 1969, fête des Travailleurs.

Si les syndiqués, compte tenu de leurs besoins et de
leurs demandes, ne sont pas d'accord pour renverser le
pouvoir, personne d'autre ne va le faire. Tant que les

syndiqués ne seront pas convaincus qu'ils sont capables de transformer les carcans que sont les conventions collectives, les contrats de travail d'esclavage volontaire et temporaire, tant que les travailleurs ne seront pas convaincus qu'ils sont capables de changer cela, on ne bâtira pas autre chose. Ne venez pas me raconter qu'on va prendre le pouvoir, pas plus le PQ. Ils ne sont pas convaincus qu'ils veulent le pouvoir, ils veulent avoir les sièges du pouvoir, c'est différent. J'ai vu un seul peuple qui était proche du pouvoir, le peuple chilien ; partout des gens assumaient leurs responsabilités et avaient appris à assumer des responsabilités.

Congrès du CCSNM, 1976.

On devrait mettre notre fierté et notre dignité de syndiqués et d'humains au profit de l'assainissement de nos lieux de travail et du mieux-être des travailleurs. Quand on aura le courage de faire respecter notre santé, les questions de salaire ne seront plus un gros problème. Puis après, on passera à peu près normalement vers les questions du pouvoir ouvrier. Si on n'est pas en mesure de faire respecter notre santé, ce n'est pas vrai qu'on va jamais venir au pouvoir. On va attendre que le pouvoir nous vienne d'un autre. D'ailleurs, il n'y a jamais personne qui donne le pouvoir. Quand tu l'as, tu le gardes. Ou bien, tu te fais battre aux élections. Ou encore, tu t'arranges pour gagner.

C'est ça l'affaire. Il faudrait que dans chaque syndicat, on s'engage à en faire une priorité, de même qu'on appuie ceux qui veulent se battre.

Congrès du CCSNM, 1977.

RAISONNEMENT (LE)

J e n'ai jamais joué d'autre rôle dans le mouvement syndical que celui du coryphée des tragédies grecques : le gars qui est dans le milieu de la place et qui dit tout haut ce que le monde pense.

Je disais ce que les gars pensaient, qu'ils aient été 5 ou 5000, pour qu'ils s'aperçoivent qu'ils avaient du bon sens et que c'était leur raisonnement qui était bon. Car dans notre société, toute l'élite s'est liguée pour écraser le travailleur. Et surtout on n'a jamais fait de distinction entre l'intelligence, l'instruction et le jugement, dans ce maudit pays.

Vie ouvrière, dossiers « Vie de militants », vol. XXVIII, n° 128, octobre 1978.

RESPECT (LE)

R especter les autres, c'est reconnaître qu'ils ont droit à leurs propres sentiments, à leurs ambitions, à leurs idées, à leurs susceptibilités. Les gens se trompent sur mon compte lorsque, à mon ton absolu, fanatique, si l'on veut, ils concluent que je ne respecte pas autrui.

Pourtant, lorsque je parle de politique ou de religion, je n'attaque pas tel ou tel individu. Je ne m'en prends pas à tel curé, tel évêque ou tel député en tant qu'individu. Je dis simplement que ma façon de concevoir l'Évangile ou de travailler au bien commun ne s'accorde pas avec la leur. Je dis simplement ce que j'ai à dire.

C'est une façon d'ailleurs de respecter les autres. En parlant fort, je ne fais que reconnaître leur capacité de se défendre et je leur attribue l'intelligence qu'il faut pour cela. Je n'agis pas avec eux comme avec des enfants. Je discute en adulte avec des adultes. Je manifeste ainsi le respect que j'ai pour eux en leur disant franchement ce que je pense, assuré qu'ils sauront me donner la réplique. J'expose ma vision des problèmes et les solutions que je leur trouve, d'homme à homme.

Ne confondons pas à ce propos les sentiments et la défense des idées.

[...]

Le respect des autres dont j'ai parlé m'oblige à respecter la liberté de leur conscience. Même entre époux, d'ailleurs, il faut savoir respecter cette liberté.

ABDMA, 1968.

Il faut voir, sur les lieux de travail, à faire respecter nos métiers. N'importe quelle occupation est respectable. Il faudrait voir à ne pas sortir de l'ouvrage plus fatigué que lorsqu'on y est entré le matin, pour être capable de jouir de la vie. Particulièrement chez les employés d'hôpitaux et chez les employés de l'enseignement et de la fonction publique. Ils sont à notre service. S'ils se font maltraiter, on en est responsable. Si les travailleurs du secteur privé se laissent embarquer dans la campagne actuelle contre les travailleurs de la fonction publique, c'est eux qui vont souffrir tout à l'heure davantage. Si les travailleurs du secteur public sont à se battre et qu'ils se battent comme il faut, avec une bonne stratégie, ils sont jeunes et vigoureux, si on ne les appuie pas moralement et par tous les moyens nécessaires, ils se feront casser et on va tous se faire casser. On sera un peuple écrasé sur ses propres lieux de travail. Notre ennemi, à ce moment-là, on va le chercher dans nos rangs. Chez les officiers de syndicat et à la CSN. Ça, c'est l'histoire du mouvement ouvrier. Quand les mineurs se battaient en 1925-1926, les gars du cuivre contre les compagnies, quand ils perdaient, ils se reviraient contre leurs officiers.

Congrès du CCSNM, 1978.

M. Rochon [ministre de la Santé du Québec], lui, était parti dans « les Europe » faire son métier de technocrate. Là, il revient et nous dit que ça se passe comme ça en Australie et en Alberta et que ça devrait se passer comme ça au Québec ! Nous disons qu'au Québec, nous voulons respecter les vieux, les malades et les employés les plus respectables de la société, les enseignants et les employés d'hôpitaux.

L'Aut' Journal, n° 139, été 1995, p. 2. Manifestation de 3000 personnes réunies par la CSN, le 12 juin 1995.

RIEN N'A CHANGÉ

L e pouvoir se conduit à nouveau comme un pouvoir. Depuis longtemps le pouvoir n'avait été aussi pesant et aussi scandaleux au Québec. Les forces du pouvoir ayant sonné leur rassemblement et un grand nombre ayant en effet répondu à cet appel lancé à son heure, il n'y a presque plus de résistance. Ce pouvoir ainsi reconstitué se sent fort et brûle d'agir comme un pouvoir — n'importe comment, mais comme un pouvoir !

L'un des signes de ce ralliement généralisé du pouvoir, c'est qu'il n'y a même plus d'opposition parlementaire, même plus d'opposition verbale et que, à cet égard, la situation est sans comparaison pire que dans les dernières années du régime Duplessis.

À une liberté réfugiée presque tout entière dans la jeunesse correspond un pouvoir d'hommes d'âge mûr, corrompus, implacables ou calculateurs, ou bien d'hommes faibles qui font le jeu des premiers. Le maître, qui est le capitalisme, a sans doute donné l'ordre du ralliement d'une manière péremptoire.

À la réception du prix Liberté, le 1er mai 1969, fête des Travailleurs.

La situation des travailleurs dans l'ensemble du Québec est exactement ce qu'elle était il y a 20 et 30 ans au point de vue du droit d'association et du droit au travail, ça n'a pas changé. Il n'y a pas de travailleurs qui peuvent risquer de s'organiser aujourd'hui sans risquer leur *job*. Quand c'est des syndicats, ils sont sûrs de se faire massacrer. On en a en grève à Joliette Gypsum, à Montréal Gypsum. Chaque fois que ces syndicats ont voulu une reconnaissance syndicale et s'associer selon le droit naturel, selon la loi, ils ont été obligés de faire des grèves et ils sont obligés d'en faire chaque fois qu'ils veulent négocier. Il n'y a rien de changé dans ce maudit pays ci depuis 1940 et depuis 1950.

[...]

Les ouvriers, en 1973, dans les usines de textile, mangent encore debout à côté de leurs machines comme en 1952 et en 1937 quand ils ont fait leurs premières grèves à Trois-Rivières sans même avoir de syndicat. Ça n'a pas changé.

Congrès du CCSNM, 1973.

C'est peut-être une impression de travers que j'ai, mais j'ai l'impression qu'on est comme au début du syndicalisme. Pas parce qu'on n'est pas avancés ou regroupés, pas parce qu'on n'a pas de force physique, intellectuelle et morale, mais parce qu'on se retrouve toujours devant les mêmes obstacles. En 1975, un travailleur qui veut entrer dans un syndicat rencontre les mêmes obstacles qu'en 1940 et en 1950. Il risque de perdre sa situation parce qu'il n'a pas assez de force économique dans l'entreprise ou dans le service où il est, il perd sa *job*. Tout comme quand il s'en va en grève. On a des exemples de ça encore en 1975.

[...]

On est à peu près où on en était, il y a 50 ans, dans le cas des gars de la construction à la Baie-James. Au chantier olympique, c'est pareil. C'est la police qui dit si tu peux travailler. À la Baie-James aussi. Si ton *boss* dit qu'il n'a plus besoin de toi, il faut que tu retournes à Montréal et chercher auprès d'autres employeurs pour essayer de remonter par là. Il n'y a même pas de bureau de placement pour le gars qui est mis à pied. Je ne parle pas de ceux qui veulent changer de compagnie; il n'en est pas question. La libre concurrence existe pour les compagnies mais pas pour les travailleurs. Pendant la guerre, tu n'avais pas le droit de changer de *job*. À la Baie-James, tu n'as pas le droit de changer de *job* non plus, en 1975. C'est le mépris parfait, le mépris optimum des travailleurs.

Congrès spécial du CCSNM, 1975.

Si on regarde la condition ouvrière dans son ensemble en 1978, on s'aperçoit que les travailleurs du Québec, ceux que nous connaissons le mieux, sont dans des conditions aussi pénibles que dans n'importe quelle période antérieure.

Philippe Girard a vécu la dernière crise et moi aussi. J'ai vécu la crise de 1929 à 1939. Je voyais les étudiants sortir du collège parce que leurs parents n'avaient plus d'emploi et ainsi pendant plusieurs années. Tout à coup, c'était un peu mieux, après la guerre, mais en 1950, tout retombait. Puis, ça remontait, puis, ça redescendait. En 1961, on tenait un congrès spécial à la CSN parce que le chômage augmentait considérablement. À présent, ça continue d'augmenter.

Congrès du CCSNM, 1978.

Rien n'a changé. Un petit gars au cégep Maisonneuve me disait: « Le seul temps qu'on a pour se parler, c'est quand on va pisser. » Tu ne t'aperçois pas qu'on est en train de s'abrutir ? « Oui… mais mon diplôme ? » « Tu vas faire quoi avec ? » Et c'est la salle qui lui a répondu : « Chômer. » On n'est pas sortis du bois.

Vie ouvrière, dossiers « Vie de militants », vol. XXVIII, n° 128, octobre 1978.

SACRÉ (LE)

Si la propriété privée est sacrée, l'habitacle de mon cœur et de mon âme l'est davantage.

Si le territoire de la patrie est sacré, si on doit mourir pour défendre le territoire de sa patrie, il est encore plus urgent et sacré de défendre son intégrité physique, sa peau.

Congrès de la CSN, mai 1982.

SCANDALE (LE)

Nos jeunes générations ont de la misère parce qu'il n'y a aucune espèce de planification du côté de nos gouvernements. La seule chose que ces « petits économistes » planifient, c'est comment aller chercher toujours plus d'argent dans les poches des citoyens ordinaires. On est taxé, c'est effrayant. Des taxes régressives… comme une épidémie de sauterelles dans nos potagers. Et pendant ce temps, les compagnies, elles, sont exemptées et même grassement subventionnées à même nos taxes. Elles font de l'argent comme du poil et nos gouvernements continuent de nous traiter comme des pouilleux.

Avant 1949, je ne connaissais pas vraiment la vie des travailleurs. Alors je me suis rendu à Asbestos, puis à Murdochville et ailleurs, et là… j'ai vu !

Dans des usines extrêmement prospères, les gens étaient moins bien traités que des chiens. Ça m'a révolté. J'ai vu la vraie condition des travailleurs et je peux dire que depuis 40 ans, ça n'a pas tellement changé.

Ça m'indigne et ça m'humilie toujours de voir des gens qui se font voler et massacrer dans mon pays, tout comme en Chine... parce que je n'endure pas ça l'injustice, ça me met littéralement en colère.

«Le travail», *Ciel variable*, propos recueillis par Jean-Pierre Boyer, 11 mai 1990.

SINCÉRITÉ (LA)

Je suis un homme droit. Je dis ce que je pense. Pourquoi mon interlocuteur serait-il inquiet? Il sait qu'il obtient une réponse précise, sans détour ni arrière-pensée. Au pire, si j'ai quelques arrière-pensées, il sait que je parlerai simplement un peu plus longtemps. La sincérité n'est jamais inquiétante. Du moins est-ce ainsi que j'en juge à mon aune, car j'aime les choses claires.

La simplicité demeure à mon avis une vertu importante. Elle me paraît une condition essentielle à toute compréhension véritable. Sans elle, on n'en finit plus de s'expliquer. Non, la sincérité n'est jamais inquiétante.

Ce qui est inquiétant, c'est de ne pas réussir à dire ce qu'on pense. Or la sincérité n'est pas facile, surtout pour le Canadien français à qui on n'a guère donné la chance de s'exprimer auparavant. Dans notre pays, les enfants ont été conçus pour être vus et non pour être entendus.

À l'école, on les obligeait à se taire sous prétexte qu'il y avait trop d'élèves en classe.

ABDMA, 1968.

TORTURE (LA)

Ils ne m'ont rien appris, le 16 octobre[1]. Je savais que c'étaient des fascistes, dans un gouvernement capitaliste. J'ai lu de la poésie, je me suis rattrapé. Et puis j'ai connu la torture. C'est écœurant: ne pas voir sa femme pendant quatre mois. Y a-t-il quelque chose de pire? Si vous n'appelez pas ça de la torture...

Le Nouveau Samedi, 18 septembre 1971, par Denyse Monté.

VOLEURS (DES)

Attachés à la même tâche et fouettés par tout le système. Des ingénieurs qui ne font pas autre chose que de trouver des systèmes parce qu'on part du principe que, dans l'ensemble, les travailleurs sont des voleurs. Alors, il faut leur trouver un système de rémunération qui va les empêcher de voler du temps et qui va les téter jusqu'à la dernière goutte de sang.

C'est comme ça dans les industries manufacturières, quelles qu'elles soient.

Congrès du CCSNM, 1978.

VOTER (COMMENT)

Aux prochaines élections fédérales, on va écrire « merde » sur nos bulletins de vote, comme Trudeau l'a dit aux « gars de Lapalme ». S'il y en a un million ou deux qui le font, les Anglais vont peut-être

---

1. En 1970, lorsqu'il a été emprisonné sous le coup de la Loi des mesures de guerre.

comprendre qu'on ne veut plus rien savoir du Canada.

Montréal Flash, 29 novembre 1971, par André Dalcourt.

Quand j'allais voter au fédéral, ma vieille mère me demandait: «Comment on vote, mon p'tit garçon?» Je lui disais: «Maman, tous ces Messieurs nous veulent du bien; on fait des croix partout.»

J'ai dit ça aux gars de Sorel, en 1982. Un gars m'a dit: «Tu vas perdre ton vote.» Je lui ai rétorqué: «Toi, t'as mis Bourassa dehors parce qu'il t'avait botté le cul; là, tu veux sortir le PQ, ça fait que tu vas faire revenir Bourassa! Il va te donner une double ration de coups de pied au cul. Tu sais pourquoi? Parce que t'aimes ça!» Bien, c'est exactement ce qui est arrivé...

Non? Je te dis, mon frère, ce sont tous des vendus. Prends l'autre, Ryan. Lui, je vais vivre jusqu'à 94 ans juste pour le voir crever. Je vais l'enterrer sur le ventre. Comme ça, s'il se réveille, il va creuser...»

Voir, du 25 avril au 1er mai 1991, par Richard Martineau.

La journée du parfait Québécois

L e Québécois se réveille dans des draps de la Dominion Textile — c'est la compagnie qui a exploité la
population un peu partout dans la province et qui a fait
des millions avec des subventions du gouvernement —
et il fait craquer un matelas Simmons — des matelas
réputés, fabriqués par une compagnie où les gars ont été
obligés de faire des grèves pour se faire respecter. Il met
les pieds sur la Dominion Oilcloth and Linoleum, le car-
tel international des couvre-planchers que les coopératives suédoises ont brisé comme elles avaient brisé le car-
tel des ampoules.

Il va au lavabo, et les chantepleures sont des Crane
ou des American Brass — aussi pourries les unes que les
autres — et ça rouille vite. Il se rase avec un rasoir élec-
trique de la Remington, propriété du gars qui a acheté la
compagnie. Après ça, il prend du savon Procter and
Gamble ou bien Lever Brothers, les gars qui contrôlent
les gras sur la surface de la Terre, c'est-à-dire les matières qui contiennent des protéines. Une semaine, ils
disent qu'il faut que ça fasse de la broue ; la semaine suivante, ils disent pas de broue et une serviette ; l'autre
semaine, ils disent pas de serviette, pas de broue... une
casserole. Puis, il va à la table, mange du pain d'Ogilvie
Flour Mills, au sujet duquel l'enquête McGregor à
Ottawa nous a révélé que, dans les entrepôts au Canada,

les parasites ne pouvaient vivre parce qu'on avait extrait le blé de la farine... M. Saint-Laurent, notre grand premier ministre, a gardé le rapport dans ses tiroirs pendant quinze mois. Durant cette période-là, les compagnies ont imprimé les nouveaux emballages où il était dit que le pain avait été enrichi de vitamines, c'est-à-dire qu'on avait remis un peu de blé dans la farine. Ça, c'est Ogilvie Flour Mills...

Il prend alors une petite boîte de jus Canadian Canners; c'est comme Stock Canners des États-Unis. Le lait, c'est du Borden de New York, généralement. Après ça, il mange du bacon, c'est du Wilsil ou du Withfield. Et puis les œufs, ils sont de la Canada Packers.

Les céréales sont de la General Foods: l'enquête Stewart nous a démontré que le contenant valait plus cher que le contenu. Le gars mange ses céréales le matin, puis dans le milieu de l'avant-midi il a faim, et c'est parce qu'il n'a pas avalé la «bébelle» qui était dans la boîte. Le sucre vient de la Acadia Sugar Refinery ou bien de la St. Lawrence Sugar, qui ont manipulé les prix jusqu'à 92 fois la même année et qui nous volent à la petite cuillère. C'est généralement du sucre volé en Amérique latine, sauf à Cuba. Le café vient de la General Foods, encore du café volé en Amérique latine où la production a doublé depuis 1959 et les revenus, baissé de moitié.

Là, il allume une cigarette de l'American Tobacco. Puis il passe par l'American Telephone and Telegraph pour appeler son ami qu'il doit aller prendre. Pour sortir, il tourne la poignée de porte de la General Steel Wares. Il ne la ferme pas trop fort pour ne pas briser la Dominion Glass. Il tombe sur la Canada Cement, puis monte dans une General Motors et part travailler pour un trust américain.

Le gars dans le fond de la mine, ou dans le fond de la forêt, c'est un Québécois, mais les produits s'en vont en jet aux États-Unis. Pendant sa pause-café, il boit un Coke en fumant une cigarette de l'American Tobacco.

Et le soir, il chante sa liberté devant une télévision Sony.

Chronologie

1916   Le 20 décembre, naissance de Michel Chartrand, fils de Marie-
        Joseph-Louis Chartrand (1867-1944) et Hélène Patenaude
        (1873-1962), à Outremont, au 97 de la rue McCulloch, angle du
        boulevard Mont-Royal. Il est le treizième d'une famille de
        14 enfants (septième garçon). Ses frères qui le précèdent sont
        Paul, Lionel, Gabriel, Gaétan, Gérard et Marius. Quant aux
        filles, la plus vieille, Lilianne (Lili) est suivie de : Adrienne,
        Stella, Lucienne, Myrielle, Yvette et la quatorzième, Jacqueline.
        Louis Chartrand est à l'emploi du gouvernement du Québec
        à titre de vérificateur au palais de justice de Montréal. Il
        assumera cette fonction durant 44 années. Ni bleu ni rouge
        (selon les partis politiques), il est… nationaliste !
1921   Michel vit quelques mois au centre-ville de Montréal, rue
        Labelle, et y rencontre des personnages un peu étranges
        pour lui vu son très jeune âge, en plein *Red Light*…
1922   Classe préparatoire à l'École Dollard, à Outremont, dirigée
        par les frères maristes qu'il apprécie beaucoup.
1925   Michel fait son entrée à l'Académie Querbes, à Outremont,
        dirigée par des clercs de Saint-Viateur : il est en 4ᵉ année et
        Pierre Elliott Trudeau, ex-premier ministre du Canada, par-
        rain de la Loi des mesures de guerre promulguée en octo-
        bre 1970, est inscrit, lui, aux classes de langue anglaise.
1926   Michel poursuit ses études à l'Académie Querbes.
1929   Entrée au Collège Brébeuf, en Éléments latins. Pierre Elliott
        Trudeau y est aussi inscrit… L'année suivante, il participe à
        la fondation du journal du collège, *L'Aiglon*.
        Il n'aime pas ce collège et trouve ses professeurs incompé-
        tents. Il y fait des études médiocres, demande à être changé
        de collège.

1931   Pensionnaire au Collège de Sainte-Thérèse où il ne trouve pas
        d'intérêt et se réfugie dans la lecture. Il lit beaucoup, habitude
        qu'il a toujours conservée. Il donne des cours de grec.
1933   5 septembre. Entrée à la Trappe d'Oka. Il est moine de
        chœur. Il effectue des travaux manuels, médite et prie. La
        vie qu'il y mène, lui, « un homme de parole », se déroule
        dans un silence de chaque instant.
1935   8 octobre. Il quitte la Trappe d'Oka.
1936   Il travaille bénévolement à Jeunesse indépendante catholi-
        que (JIC) du diocèse de Montréal.
        Il profite de ses soirs libres pour suivre différents cours,
        entre autres à l'École des métiers, dans le secteur de l'impri-
        merie (l'actuel Cégep Ahuntsic, rue Saint-Hubert, angle
        Legendre, à Montréal). Il apprend son métier de typogra-
        phe chez les frères des Écoles chrétiennes.
        Michel devient secrétaire des Jeunesses patriotes (groupe
        nationaliste). Il quitte ce mouvement lorsque celui-ci décide
        d'appuyer Maurice Duplessis aux élections suivantes.
1938   Voyage en Abitibi avec la colonie Dollard-des-Ormeaux à
        Saint-Dominique-de-Béarn, sous les auspices de l'ACJC
        (Action catholique de la jeunesse canadienne qui devien-
        dra plus tard la JIC ; l'ACJC était une sorte de fédération
        qui chapeautait les autres mouvements). Il voit de jeunes
        ex-chômeurs de la région de Montréal venus s'établir en ce
        pays de roches y mourir de fièvre thyphoïde, mort attri-
        buable à l'eau contaminée de la rivière, elle-même empoi-
        sonnée par le déversement de produits toxiques provenant
        des compagnies mêmes qui exploitent ces travailleurs.
        Prise de conscience : un gouvernement dit catholique et
        canadien-français, à cette époque, se permettait d'être com-
        plice de cela et laissait, sans mot dire, mourir ces jeunes tra-
        vailleurs.
        À son retour à Montréal, il adhère à l'Action libérale natio-
        nale (ALN) avec Paul Gouin, dissident du groupe dirigé par
        Maurice Duplessis.
1939   Inscrit à la Faculté des sciences sociales, économiques et
        politiques de l'Université de Montréal.
        Organisateur aux élections provinciales du Québec au sein
        du parti politique l'Action libérale nationale.
1940   Il devient dirigeant de la JIC, organisation chapeautée par
        des ecclésiastiques, et participe aussi aux Jeunesses patriotes.
        Avec ses parents, il déménage à Montréal, au 288, carré
        Saint-Louis.

Il lit Georges Duhamel, écrivain français.

Il fait la rencontre d'André Laurendeau, qui deviendra chef du Bloc populaire canadien (BPC).

Il suit des cours d'histoire de l'abbé Lionel Groulx à l'Université de Montréal, rue Saint-Denis, à Montréal, et fréquente l'École des sciences sociales du père Lévesque.

1941   Janvier. Un mois d'entraînement militaire à Huntingdon. Il a été renvoyé du Canadian Officer Training Corps (COTC) pour avoir refusé de remplir et de signer les formulaires d'engagement pour service actif imprimés uniquement en anglais. Le COTC l'a transféré comme *private* au régiment de Maisonneuve. Il est allé rejoindre les « hommes ».

Le 14 février, jour de la Saint-Valentin, fiançailles non officielles avec Simonne Monet, à Sainte-Adèle. Michel a 25 ans.

Président gérant fondateur de la coopérative La Bonne Coupe, avec son futur beau-frère Joachim Cornellier. Il se met à la recherche d'une manufacture à Sherbrooke pour les besoins de la coop.

Il se lie à Alfred Rouleau (qui deviendra président du Mouvement Desjardins), membre de la JIC, et au mois de juin, il voyage avec ce dernier dans la région du Saguenay–Lac Saint-Jean afin de parler de coopératisme et de tenter de fonder des coopératives de fabrique de vêtements.

Il participe à l'organisation de cours sur la coopération avec la revue *Action nation*.

Il milite au sein du mouvement coopératif « Maître chez nous ».

En juillet, il est conscrit dans le COTC, corps-école des officiers de l'Université de Montréal au camp militaire de Saint-Jean.

Octobre. Retraite spirituelle au monastère cistercien d'Oka pour réfléchir sur le mariage chrétien.

Il poursuit ses cours du soir à l'Institut canadien d'orientation professionnelle.

1942   17 février. Mariage de Simonne Monet et de Michel Chartrand à la chapelle de l'église Notre-Dame de Montréal. Le mariage est béni par le chanoine Lionel Groulx.

Septembre. Membre fondateur du Bloc populaire.

Dès la fondation de la Ligue de défense du Canada, il y milite activement et y prononce des discours.

Il travaille à un plébiscite contre la conscription, chez les étudiants, avec François-Albert Angers, André Laurendeau et Philippe Girard, organisateur à la CTCC (ancêtre de la CSN), la Confédération des travailleurs catholiques du Canada.

Quelque 10 000 personnes assistent à un rassemblement de la Ligue de défense du Canada, au marché Saint-Jacques, à Montréal. Il participe à l'organisation et prononce un discours.

Henri Bourassa, fondateur du journal *Le Devoir*, fait un discours à cette occasion ; le « vieux chef » nationaliste a 78 ans.

Organisateur, avec Marc Carrière (qui sera emprisonné quelques mois), de la campagne du candidat des conscrits, Jean Drapeau, jeune avocat, contre le général Laflèche dans la circonscription d'Outremont, à l'élection partielle du 30 novembre 1942. Ils obtiennent une victoire morale : 6920 voix pour Jean Drapeau, contre 12 288 pour le général Laflèche. Michel s'y fait remarquer par son style oratoire.

Durant des années, il sera membre de La Patente, l'Ordre de Jacques-Cartier, une société secrète nationaliste (1927-1963). Travail à plein temps comme typographe à la boutique de son père, l'imprimerie Stella, rue de Brésole, dans le Vieux-Montréal, jusqu'en 1949.

1943   11 mars. Naissance du premier enfant : Marie-Mance-Micheline.

1944   30 janvier. Naissance d'un deuxième enfant : Hélène.

Participe, en compagnie de Simonne, à l'École des parents en organisant des cours.

Michel fait la rencontre du chercheur Burton Ledoux, lequel s'intéresse aux maladies industrielles comme la silicose.

6 novembre. Le père de Michel, Louis Chartrand, meurt à l'âge de 77 ans.

8 décembre. Naissance d'un troisième enfant : Marie-Andrée.

Celle-ci mourra, le 3 mars 1971, à l'âge de 26 ans, atteinte d'une balle tirée accidentellement par son compagnon de vie. Michel venait alors tout juste d'être libéré, après une détention de quatre mois à Parthenais, le 16 février 1971, après avoir été emprisonné le 16 octobre 1970 en vertu de la Loi des mesures de guerre.

1945   Candidat du Bloc populaire canadien aux élections fédérales du 11 juin 1945, dans la circonscription de Chambly-Rouville. Il aborde les thèmes de la dépendance économique.

Michel recueille 2333 voix contre 12 723 pour le candidat libéral élu, Roch Pinard.

1946　Participe à la fondation de la Caisse populaire Desjardins de Montréal-Sud (Longueuil).

Le 1er février, naissance d'un quatrième enfant, le premier garçon : Louis-Lionel-Alain, Louis en l'honneur du père de Michel, Lionel en l'honneur du chanoine Lionel Groulx et d'un frère de Michel, décédé, et Alain en l'honneur du grand-père de Simonne

Michel suit des cours donnés par le chanoine Lionel Groulx à l'École sociale populaire.

1948　Par un article de Berton Ledoux, publié dans le numéro de *Relations* de mars 1948, il découvre l'horreur de « l'abattoir humain » de Saint-Rémi-d'Amherst (Laurentides) où des dizaines de mineurs de la mine de kaolin sont morts de silicose. Il prend de plus en plus conscience de l'absence de respect pour la santé et la sécurité des travailleurs.

3 janvier. Naissance d'un cinquième enfant : Suzanne-Geneviève.

1949　13 février. Début de la grève des 5000 travailleurs de l'amiante à Thetford-les-Mines et à Asbestos. Un jour, au printemps de 1949, des représentants de la CTCC, dont Gérard Pelletier, alors journaliste (ex-journaliste au *Devoir*, ex-rédacteur en chef à *La Presse* et ex-ministre dans le gouvernement Trudeau, lors de l'adoption de la Loi des mesures de guerre, en octobre 1970), Philippe Girard, organisateur, et Jean-Paul Geoffroy, négociateur, se présentent au domicile des Chartrand. Après avoir exposé le but de leur visite, ils convainquent Michel de les accompagner à Asbestos (au grand dam de Simonne qui, elle, doit rester à la maison avec cinq bouches à nourrir). Il doit être absent une journée, mais il y reste 15 jours. Il fait finalement plusieurs voyages à Asbestos pour parler aux grévistes. Il se documente sur le syndicalisme.

Assistant secrétaire-trésorier de la Commission scolaire Saint-Jean-Baptiste de Montréal-Sud (Longueuil).

1950　En septembre, il participe pour la première fois au congrès de la CTCC (la CSN) à Sherbrooke.

Il est organisateur pour la Fédération nationale du vêtement de la CTCC, d'août 1950 à décembre 1951.

1951　Il travaille dans la région de Victoriaville et de Shawinigan pour la Fédération nationale du vêtement de la CTCC et devient « agent d'affaires » au Conseil central de Shawinigan. Il assume cette fonction jusqu'en février 1952.

Il intervient dans la grève des travailleurs de l'Alcan de Shawinigan et est arrêté par la Police provinciale.

lle encore pour la Fédération nationale du vêtement
TCC à Victoriaville, à Sherbrooke (grève des em-
de la Classon).

able de la mobilisation des syndiqués de Shawinigan et de Grand-Mère pour les travailleurs et travailleuses
de la Wabasso qui n'avaient pas renouvelé leur convention
collective depuis trois ans (121 actions judiciaires, le 20
décembre, jour de son anniversaire). C'est le plus gros coup
d'argent qu'un huissier ait fait dans la province.
Il devient «agent d'affaires» pour le syndicat de Rubin à
Sherbrooke. Grève. Chroniques radiophoniques deux fois
par semaine. Arrestations, procès et incarcération de février
à juin.
En septembre, il participe au congrès de la CTCC à Shawinigan et il décline sa mise en nomination au poste de
deuxième vice-président de la CTCC.
2 mai. Début de la grève chez Dupuis et Frères. Grève
tumultueuse pour la reconnaissance du syndicat.
Après la grève, en juin, il devient «agent d'affaires» pour le
Syndicat du commerce (dont fait partie le Syndicat des
employés de Dupuis et Frères). Il occupera ce poste jusqu'en septembre 1953, puis y reviendra de façon intermit-
tente jusqu'en 1957.
Participe à l'organisation du syndicat des travailleurs du
textile de la Celanese à Sorel.
Organise des séances de formation syndicale pour la CTCC
avec le responsable, Fernand Jolicœur.
10 décembre. Proclamation de la Loi de l'émeute à Louiseville. Après la levée de la Loi de l'émeute, Michel revient au
local du syndicat des travailleurs et y voit les murs maculés
du sang des travailleurs battus par les policiers.

1953   Membre fondateur du Syndicat des permanents (employés)
de la CTCC, le 15 mai, et il est élu membre du premier
comité exécutif du syndicat.
Engagé comme propagandiste temporaire à la CTCC; il
remplira cette fonction du 1er novembre 1953 au 1er mai
1954 pour 75 $ par semaine. Son contrat ne sera pas renou-
velé. Cependant, il sera rétabli dans ses fonctions en
novembre 1954 à la suite de la décision du tribunal d'arbitrage présidé par Pierre Elliott Trudeau, en octobre 1954.
Jean Marchand, alors secrétaire général de la CTCC, s'était
opposé à sa réembauche, après quelques accrochages...
Marchand ne pouvait tolérer que Michel le conteste.

De 1954 à 1957, il sera deux fois remercié par la CTCC — disons plutôt par Marchand — et il gagnera ses deux arbitrages. La première décision arbitrale est signée par Pierre Elliott Trudeau et la seconde, par Mᵉ Théo L'Espérance. 21 avril. Naissance d'un sixième enfant : Madeleine.

1954   En septembre, il participe au congrès de la CTCC, à Montréal. Il se présente au poste de secrétaire général contre Jean Marchand. Marchand domine. Chartrand est battu. 9 juillet. Naissance du septième et dernier enfant : Dominique.

Tous les enfants de Simonne Monet et de Michel Chartrand ont été baptisés par le chanoine Lionel Groulx. 30 octobre. Il démissionne de son poste d'organisateur au sein de la CTCC.

1955   Travaille au Conseil central de Shawinigan comme conseiller technique. Il participe à la grève des travailleurs de la Consolidated Paper (division Belgo), la Belgo, dont le surintendant est le père de Jean Chrétien.

1955 et 1956 : Sept arrestations, sept incarcérations, trois condamnations, dont une rejetée par la Cour d'appel ; les deux autres condamnations attendent toujours une décision ; elles sont toujours pendantes.

1956   Conseiller technique du Conseil central de Shawinigan-Grand-mère pour les grévistes de Canadian Resins, Canadian Carborandum, Dupont.

À la radio, il anime une série de tribunes téléphoniques dans la région de la Mauricie.

De juillet à décembre, il décide d'aller travailler dans l'organisation-information pour les Métallos de la FTQ à Rouyn-Noranda. Il est responsable de l'éducation syndicale.

Sollicité par Jean-Paul Geoffroy, Gérard Pelletier et Pierre Trudeau, il adhère à la CCF (Cooperative Commonwealth Federation), chez Mᵐᵉ Thérèse Casgrain.

En août, il participe, à Winnipeg, au Conseil national de la CCF. Par la suite, la CCF devient au Québec le Parti social-démocrate (PSD). Michel en est le chef provincial.

Candidat aux élections provinciales pour le PSD dans la circonscriton de Chambly. Il récolte 877 voix contre 20 031 pour le candidat Robert Théberge du Parti libéral du Québec.

1957   Leader et non plus chef québécois du PSD.

Il participe à la grève des travailleurs de l'Alcan à Arvida. Revient au Syndicat des travailleuses et travailleurs de Dupuis et Frères comme « agent d'affaires ».

ᴀt dans Longueuil pour le CCF-PSD (coalition) à ᴨ fédérale du 10 juin. Il obtient 1758 voix. Il est battu.
Début de la grève de six mois des travailleurs de la ᴏpper Mines (Noranda) à Murdochville, membres ᴛallurgistes unis d'Amérique (FTQ), sous la présidence de Théo Gagné. Michel s'y rend durant ses vacances et soutient les grévistes. Il participe à 32 assemblées pour parler des conditions de travail et de la compagnie. Il fait une série d'émissions radiophoniques à Matane et à New Carlisle.

Il sera congédié à son retour à Montréal et il devient le «chauffeur» de Gérard Picard, président de la CTCC. Le permis de conduire de M. Picard lui a été retiré par une loi spéciale votée par Maurice Duplessis, chef de l'Union nationale et premier ministre du Québec.

7 septembre. Michel participe à la manifestation de solidarité avec les grévistes de Murdochville devant le parlement de Québec où Duplessis est toujours au pouvoir: 7000 manifestants.

1958   Candidat, en mars, à l'élection fédérale dans la circonscription de Lapointe (Arvida) pour le CCF-PSD. Victoire morale: 7042 voix.

Élu membre du conseil d'administration de la Caisse populaire des syndicats nationaux de Montréal.

29 décembre. Grève des 75 réalisateurs francophones de la télévision de Radio-Canada à Montréal. Plus de 2000 syndiqués de la société d'État respectent les piquets de grève, dont les membres de l'Union des artistes (FTQ). L'arrêt de travail mené par la CTCC prend fin le 9 mars 1959. Michel anime des soirées de solidarité.

1959   Participe au congrès national de la CCF à Regina.

Candidat à l'élection partielle provinciale pour le PSD au Lac–Saint-Jean: il recueille 3286 votes. Victoire du candidat de l'Union nationale (avec Duplessis au pouvoir) qui obtient 8489 voix.

Retourne à l'imprimerie.

1960   Aménage une imprimerie (les Presses sociales) dans le local du PSD à Montréal, puis en loue une dans le Vieux-Montréal, angle Saint-François-Xavier et Saint-Alexandre.

Voyage dans l'Ouest canadien, participe au congrès de la CCF à Winnipeg.

28 septembre. La CTCC devient la Confédération des syndicats nationaux (CSN).

1962   26 janvier. Mort de la mère de Michel, Mme Hélène Patenaude-Chartrand, à l'âge de 89 ans.

Il publiera Gilles Vigneault, Pierre Vadeboncœur, Claude Péloquin, la revue *Our Generation Against Nuclear War* de Dimitri Roussopoulos, la *Revue socialiste* et le journal *Le Peuple*, organe du Parti socialiste du Québec (le PSQ dont il sera président), des recueils de poésie (il lit beaucoup de poésie, surtout durant ses séjours en prison), dont le premier recueil de poésie de Denis Vanier, *Je*, et des conventions collectives de travail.

1963   Participe à la Marche pour la paix, depuis la ville de Québec jusqu'à l'extrême sud de la Floride.

Il est arrêté pour avoir distribué des tracts sur la voie publique, à Trois-Rivières, avec sa fille Marie-Andrée.

8 décembre. Membre fondateur du Parti socialiste du Québec (PSQ) après la rupture avec le NPD sur la question du Québec à l'intérieur du Canada et sur les armes nucléaires. Il devient le premier président du PSQ.

Assiste comme observateur au congrès du Rassemblement pour l'indépendance nationale (RIN).

En décembre, il passe par le Mexique pour aller à Cuba avec un groupe de sympathisants de la révolution cubaine.

1964   Il imprime *Socialisme 64*, revue à laquelle il collabore et qui deviendra *Socialisme québécois* en 1974.

Dissolution du PSQ. Michel n'a plus jamais adhéré à un parti politique.

1965   Participe à une assemblée publique, à Montréal, pour célébrer le 1er mai, fête des Travailleurs. Reprise d'une tradition internationale abandonnée en Amérique du Nord depuis la guerre.

Il intente une poursuite, avec les procureurs Me Gaétan Robert et Me Robert Burns (qui sera plus tard ministre dans le gouvernement du Parti québécois, dirigé par René Lévesque), contre le ministre de la Justice du moment, Claude Wagner. Aucun tribunal n'accepte d'entendre cette poursuite.

1966   Il participe aux assises préliminaires des États généraux du Canada français, les 25, 26 et 27 novembre, à Montréal.

1967   Il est engagé dans le mouvement Solidarité avec le Viêt-nam. Il participe aux premiers États généraux du Canada français, du 23 au 26 novembre, à Montréal.

1968   Au printemps, il participe à l'émission de télévision de Radio-Canada, *Au bout de mon âge*, animée par Pierre Paquette. Il y livre sa pensée et ses réflexions sur la vie.

Année charnière. Retour au syndicalisme, après une absence de près de dix ans. En janvier, il est embauché au syndicat de la construction de Montréal (CSN) par le directeur général, Florent Audette. Michel sera responsable de l'éducation syndicale et de la santé et de la sécurité au travail. Congrès biennal de la CSN à Québec. Il se présente au poste de vice-président contre Paul-Émile Dalpé (futur président de la Centrale des syndicats démocratiques [CSD], fondée après le *putsch* organisé par Dalpé, Dion et Daigle, les 3 D). Il est battu.

Alors qu'il assiste à une réunion de la Fédération nationale des syndicats du bâtiment et du bois (FNSBB) à Québec, au mois de décembre, après le Congrès de la CSN, les délégués du Conseil central de Montréal, réunis en assemblée générale ordinaire, élisent, *in abstentia* (il avait déposé une procuration au secrétaire de l'assemblée, attestant qu'il acceptait d'être mis en candidature), le camarade Michel Chartrand président du Conseil central des syndicats nationaux de Montréal (CCSNM). L'organisme représente 60 000 membres et est affilié à la CSN.

Michel occupera, contre vents et marées, ce poste de président pendant dix ans et ne posera pas sa candidature au congrès de 1978.

Il devient, alors qu'il est membre du conseil d'administration, président de la Caisse populaire des syndicats nationaux de Montréal. L'actif de la Caisse s'élève à 1 589 875,89 $. Il occupera ce poste jusqu'en 1978, mais il restera quand même membre du CA et sera par la suite employé cadre à titre de chargé des placements et du recrutement. Lorsqu'il quitte la Caisse, en 1987, l'actif a atteint les 40 millions.

Il se solidarise avec les Tchèques : les Soviets ont envahi Prague avec leurs chars d'assaut.

1969   Il participe aux assises générales des États généraux du Canada français. Il y prononce le discours d'ouverture de l'atelier sur le développement économique.

1er mai. Michel Chartrand reçoit le prix Liberté dans les locaux de la CSN.

1er au 4 mai. Onzième congrès annuel du CCSNM. Les participants adoptent une résolution exigeant l'unilinguisme français au Québec, à laquelle Marcel Pepin s'opposera au Conseil confédéral (instance suprême entre les congrès) qui suivra. La résolution du Conseil central sera quand même adoptée.

Michel Chartrand, président du CCSNM, ouvre la porte « à tous les contestataires, à tous les protestataires et à tous les révolutionnaires ».

Il est « reconfirmé » dans ses fonctions pour un mandat de deux ans. Le congrès continue de se tenir à tous les ans.

Le 24 septembre, le journal hebdomadaire *Québec-Presse* (La coopérative des publications populaires) est officiellement fondé. Cette fondation est rendue possible grâce à l'initiative de Michel Chartrand, président du CCSNM, qui fait débloquer 25 000 $ des fonds de l'organisme.

21 octobre 1969. Par ses interventions et en tant que représentant officiel du CCSNM, Michel Chartrand réussit à convaincre les délégués syndicaux de toutes les régions du Québec, réunis en assemblée délibérante au Conseil confédéral de la CSN au restaurant Le Sambo, à Montréal, d'adopter une résolution en faveur de l'unilinguisme au Québec, et cela même si le président de la CSN, Marcel Pepin, est totalement opposé à une telle prise de position de la centrale syndicale.

Il fait débloquer à même les fonds du CCSNM un autre 20 000 $ pour la production d'un film sur le monde du travail. Arthur Lamothe, cinéaste, réalise le film *Le mépris n'aura qu'un temps*.

10 juin. Il participe à l'ouverture, à Montréal, du premier supermarché coopératif alimentaire Cooprix. Il fait campagne auprès des syndicats affiliés pour qu'eux et leurs membres deviennent acheteurs chez Cooprix. Et ça marche.

La Caisse populaire des Syndicats nationaux de Montréal, dont Michel est le président, appuie cette initiative par un prêt de 2 millions. Ce prêt sera plus tard repris par la Fédération des caisses Desjardins de Montréal et de l'Ouest du Québec.

Sur les conseils de Michel, le CCSNM met sur pied un service-conseil pour la marche et l'application des différentes lois à portée sociale, telles que celles sur l'assurance-chômage, l'assistance sociale (le bonheur social, le BS), les accidents du travail, etc. Des brochures explicatives sont publiées en plusieurs langues : français, anglais, espagnol, italien, grec, etc.

À la suite de demandes répétées et pressantes de différentes associations de locataires de Montréal, Michel incite le CCSNM à mettre sur pied un service d'aide et d'information sur les droits des locataires. On embauche Pierre

Jauvin, travailleur social, qui aménagera ce service en étroite collaboration avec les associations de locataires de Montréal. Ce mouvement est l'initiateur du bail type. Et par la suite, sous les pressions du CCSNM, la date de fin des baux passera du 1er mai au 1er juillet.

Il collabore avec le groupe vietnamien pro-Hô Chi Minh.

En collaboration avec Cooprix, Michel Chartrand participe à l'organisation d'une campagne de boycottage des raisins de la Californie afin d'exprimer la solidarité des travailleurs du Québec avec ces travailleurs exploités, représentés par Cesar Chavez (dans les fermes de culture californiennes). La campagne s'étend à tout le Québec. Michel réussit à convaincre d'autres supermarchés, ainsi que les autres centrales syndicales, à participer au boycottage, et ça réussit! (Cesar Chavez, figure emblématique du syndicalisme américain, est mort à 66 ans à Yuma, en Arizona, sa ville d'origine.)

Parce que les locaux où loge le CCSNM, le rez-de-chaussée de l'immeuble de la CSN, sis au 1001, rue Saint-Denis, à Montréal, sont devenus trop exigus, Michel Chartrand recommande au CCSNM de louer des locaux dans un immeuble situé sur la rue Beaudry, au nord de la rue Sainte-Catherine. Les groupes populaires fréquenteront de plus en plus ces nouveaux locaux.

Il collabore à la fondation du FRAP, le Front d'action politique, parti politique municipal de Montréal.

Il participe à la fondation du Front du Québec français (FQF).

Il prononce des discours partout au Québec pour s'opposer au projet de loi 63 sur la langue, tel que le présente l'Union nationale.

10 novembre. Il est arrêté *manu militari* dans un restaurant et conduit au quartier général de la police de la CUM. Il est accusé, par le ministre de la Justice, Rémi Paul, d'avoir prononcé des paroles séditieuses, à Québec, le 29 octobre 1969. Il est remis en liberté par le juge Maurice Rousseau, moyennant certaines conditions : un cautionnement de 2000 $; aucune participation à des manifestations publiques ; s'abstenir de toute déclaration publique. « Il peut vaquer à ses occupations régulières, rien de plus. »

12 novembre. Arrestation pour outrage au tribunal.

13 novembre. Le juge Coderre lui refuse tout cautionnement.

14 novembre. Il est confiné à la prison de Parthenais, jusqu'au mardi 17 novembre.

18 novembre. Il est libéré moyennant deux cautionnements. Après une journée entière d'audition, à l'enquête préliminaire sous l'accusation de sédition, le juge remet sa décision au 2 décembre et accorde, entre-temps, à Michel Chartrand sa liberté provisoire moyennant un cautionnement de 2000 $. Le juge souligne que c'est le même cautionnement qu'avait exigé le juge Maurice Rousseau, mais il supprime les conditions qui muselaient Michel Chartrand. Immédiatement après cette libération, les avocats de Michel Chartrand, Robert Burns et Gaétan Robert, s'adressent au juge Ignace Deslauriers de la Cour supérieure, l'informent que le cautionnement était établi sous la première accusation de sédition et le prient d'accorder un autre cautionnement pour la deuxième accusation, celle d'outrage au tribunal (« Rousseau mon cul »). Le juge Deslauriers fixe le cautionnement à 500 $.

23 novembre. Il participe à une fête en souvenir de la victoire des Patriotes de 1837 à Saint-Denis-sur-Richelieu.

28 novembre. Adoption de la loi 63.

1970 : Il participe à la grève des travailleurs de la construction, mène la lutte contre la loi 38, puis contre le décret de la construction.

7 janvier. Sortie du manifeste de Marcel Pepin, la « Lettre aux militants », lancé à Québec par Marcel Pepin et Roland Tapin, président du Conseil central de Québec : attaque déguisée contre Michel Chartrand et le Conseil central de Montréal.

3 au 7 mars. Tournée dans l'ouest du Canada.

23 mars. À Ottawa, dépôt du mémoire annuel de la CSN. Michel déroule sa banderole « FÉDÉRAL MON CUL ». Altercation avec Trudeau dans le hall du Parlement...

15 avril. Il soutient le Comité Québec-Palestine.

23 avril. Il participe à une conférence de presse, avec André L'Heureux, sur l'assurance automobile.

Il soutient la lutte pour le démembrement des clubs privés de chasse et de pêche.

28 au 31 mai. Congrès annuel du CCSNM.

Adoption d'une Charte des droits et libertés au Québec.

3 au 5 juin. À Montréal, au Conseil confédéral de la CSN, expulsion de Michel Chartrand et de Florent Audette, « têtes de pont des unions américaines » !

30 juin. Il participe à la fondation du Mouvement pour la défense des prisonniers politiques québécois (MDPPQ).

23 septembre. Il participe à la manifestation organisée par le Mouvement de libération du taxi (MLT).

6 octobre. Participe à l'émission télévisée par la Société
Radio-Canada avec Dominique Michel et Denise Filiatrault,
Moi et l'autre.
15 octobre. Il participe à une assemblée de 3000 personnes
au centre Paul-Sauvé, à Montréal, alors que le FLQ a enlevé
le conseiller commercial de la Grande-Bretagne, James
Richard Cross, et le ministre québécois du Travail, Pierre
Laporte.
16 octobre. Promulgation de la Loi des mesures de guerre.
Michel Chartrand est arrêté, sans mandat, à 5 heures du
matin, à son domicile à Richelieu.
26 novembre. Comparution devant le juge Kenneth McKay.
Aucun cautionnement.
18 décembre. Il demande un cautionnement devant le juge
McKay.
20 décembre. 54ᵉ nniversaire de naissance de Michel Chartrand. Il festoie à « Parthenais Beach ».
23 décembre. Refus de la demande de cautionnement dépo-
sée le 18.
25 décembre. Manifestation devant Parthenais pour la libération des prisonniers politiques. « Joyeux Noël ! »
28 décembre. Comparutions de Pierre Vallières et de Michel
Chartrand. Ils demandent que Jean Marchand et Jérôme
Choquette comparaissent comme témoins. Demande refusée. Michel dépose aussi une demande d'*habeas corpus* qui
est également refusée.
1971   8 janvier. Il demande au juge Roger Ouimet de se récuser…
parce que « vous êtes partial, incompétent, préjugé et
influencé ». Il écope de trois mois de prison pour chacun
des quatre outrages au tribunal, donc de 12 mois.
1ᵉʳ février. Ouverture du procès des « cinq » : Michel
Chartrand, Charles Gagnon, Jacques Larue-Langlois,
Mᵉ Robert Lemieux et Pierre Vallières, devant le juge Roger
Ouimet. Les accusés se défendent eux-mêmes. Les procureurs de la poursuite sont : Fed Kaufman, Gabriel Lapointe,
Yves Fortier (ex-ambassadeur du Canada en France),
Jacques Ducros (décédé), Jean-Guy Boilard (maintenant
juge), Bruno Pateras, dit le colonel, dit le Grec.
12 février. Le juge Roger Ouimet rejette l'accusation de sédition et déclare un *nolle prosequi.*
16 février. Il comparaît devant le juge Lucien Tremblay de la
Cour d'appel, obtient un cautionnement de 200 $ et est
libéré après quatre mois de détention.

17 février. Il sort de prison le jour de son vingt-neuvième anniversaire de mariage à Simonne Monet.

24 février. Il a un grave accident d'automobile alors qu'il va reconduire sa fille Marie-Andrée et son petit-fils Philippe-Emmanuel. Les trois sont blessés.

2 mars. Assemblée générale du CCSNM. Il y a foule, c'est la première assemblée que Michel Chartrand préside depuis sa libération. Robert Lemieux et Jacques Larue-Langlois, « collègues » de détention, y assistent; Vallières et Gagnon sont toujours en prison.

3 mars. Marie-Andrée Chartrand est tuée d'une balle tirée accidentellement par son conjoint, à leur domicile de Sainte-Mélanie, dans la région de Lanaudière.

6 mars. Funérailles de Marie-Andrée. Michel, à la demande du célébrant, prononce l'homélie.

11 mars. Tournée dans les universités canadiennes où il est invité à expliquer la situation politique au Québec : Toronto, Saskatoon, Vancouver, Edmonton, Winnipeg, Kitchener, Waterloo, Hamilton, London, Montréal, Fredericton, Halifax et Ottawa.

3 mai. Début du procès pour outrage au tribunal devant le juge Maurice Cousineau et 12 jurés. Il est accusé d'avoir prononcé, le 11 novembre 1969, au cours d'une assemblée générale du Conseil central de Montréal, des paroles injurieuses, entre autres « la tirade du cul » : « Ils n'ont rien compris. Le chef Gilbert, mon cul. Rémi Paul, mon cul. Rousseau, mon cul... »

28 avril au 2 mai. Treizième congrès du CCSNM. Il donne sa version des événements d'octobre, concernant la Loi des mesures de guerre et son emprisonnement de quatre mois.

2 juin. Acquitté par le jury et le juge Maurice Cousineau de l'accusation d'outrage au tribunal sur « la tirade du cul ».

16 juin. Il accueille Charles Gagnon à sa sortie de la prison Parthenais. Gagnon et un groupe d'amis vont festoyer à la terrasse de l'Hôtel Iroquois sur la place Jacques-Cartier.

2 novembre. Assemblée générale mensuelle du CCSNM au Forum de Montréal. Il préside l'assemblée à laquelle assistent plus de 15 000 personnes. L'assemblée est diffusée en direct par la station de radio CKAC.

21 décembre. La Cour d'appel transforme la sentence d'un an de prison pour outrage au tribunal prononcée le 8 janvier 1971, par le juge Roger Ouimet, en une amende de 1000 $ ou un mois de prison.

1972   19 janvier. Il refuse de payer l'amende de 1 000 $ et se livre pour purger sa peine d'un mois de prison. Il demande qu'on verse l'argent recueilli pour son cautionnement à la femme de Vincent Meloche, accusé d'avoir abattu trois directeurs de la compagnie DuPont.

6 février. Il sort de prison. Le directeur l'a libéré parce que les gardiens de la prison de Bordeaux exercent des moyens de pression et que Michel est leur conseiller technique.

11 avril. Il participe aux différentes manifestations, dans le cadre de la grève générale des employés des services publics du Québec, organisées par le Front commun.

13 au 16 avril. Quatorzième congrès du CCSNM. Il y fait adopter une résolution d'appui à l'indépendance du Québec.

1er mai. Il préside l'assemblée de fondation du Comité régional intersyndical de Montréal, le CRIM.

9 mai. Il accompagne, avec des milliers de syndiqués et de symphatisants, les trois présidents des trois centrales syndicales — Pepin, Charbonneau, Laberge — à la prison d'Orsainville.

17 mai. Au Conseil confédéral, présidé par Paul-Émile Dalpé, futur président de la future CSD, il se fait frapper au visage, par trois fois. La réunion est ajournée dans le brouhaha le plus total. C'est le début de la scission à la CSN.

15 juillet. Il est arrêté à Portneuf pour avoir manifesté avec le Mouvement pour l'abolition des clubs privés de chasse et de pêche.

29 juillet. En compagnie de syndicalistes, il entreprend une tournée au Moyen-Orient. Il visite des camps de réfugiés palestiniens, le Liban, la Libye, l'Irak et l'Égypte. Il rencontre Yasser Arafat.

7 septembre. Retour de son voyage au Moyen-Orient. Il déclare que les Palestiniens membres du El Fatah abattus au cours des Jeux olympiques de Munich, en Allemagne, sont des héros.

10 septembre. Il fonde chez lui, à Richelieu, avec des partisans, le Comité Québec-Palestine.

1973   Janvier. Voyage au Chili. Il rencontre des Québécois installés là-bas. Il y voit une révolution pacifique en cours, dirigée par le président socialiste Salvador Allende, et menacée sans cesse par les forces capitalistes.

24 février. Il entre à la prison d'Orsainville pour avoir refusé de payer une amende de 10 $. Cette amende lui avait été imposée alors qu'il manifestait avec des membres du Mou-

vement pour l'abolition des clubs privés de chasse et de pêche, dans la région de Portneuf. Les trois présidents des trois centrales syndicales sont, à ce moment, eux aussi emprisonnés. Il ne réussit pas à les voir. Il sort de prison le 27 février.

Mars. Il rend public le dossier sur l'Hôpital Préville, centre d'accueil pour personnes en perte d'autonomie, dénonce les mauvais traitements qu'y subissent les pensionnaires.

Il dénonce le changement de vocation de l'Hôpital de la Miséricorde, centre d'obstétrique réputé, en un centre d'accueil pour personnes handicapées.

Il collabore avec Le Croissant rouge, l'équivalent de la Croix-Rouge au Moyen-Orient arabe.

1er mai. Il participe à l'organisation de la manifestation pour la fête des Travailleurs ; 30 000 personnes répondent à l'appel pour demander la libération des trois présidents des trois centrales.

10 au 13 mai. Quinzième congrès annuel du CCSNM. Il fait adopter l'idée de participation à l'organisation du Congrès international de solidarité ouvrière, maintenant devenu le Centre international de solidarité ouvrière (CISO).

24 juin. Il participe à l'organisation de la fête nationale des Québécois. Grand succès dans le Vieux-Montréal, malgré le « pétard mouillé » posé par la police. Les policiers en profitent pour vider la place Jacques-Cartier, avec matraques et motards.

18 août. Il participe aux cours donnés au futurs ou actuels officiers des syndicats : président, secrétaire, trésorier, agents de griefs. Ces cours sont offerts depuis plusieurs semaines sur les terrains et au domicile de Michel, à Richelieu.

19 août. Pique-nique à Richelieu, chez Michel, pour les syndiqués de Fry Cadbury. Le thème : « Barre Cadbury ».

Septembre. Nouvelle tournée au Moyen-Orient.

11 septembre. Assassinat de Salvador Allende, président socialiste élu démocratiquement au Chili.

17 septembre. Il collabore à la fondation du Comité Québec-Chili.

30 novembre. Il rencontre, à Montréal, Mme Allende, veuve du président assassiné.

1er décembre. Il organise une assemblée populaire au Forum de Montréal. Solidarité avec les travailleurs du raisin de la Californie, discours de chefs amérindiens et de

Mme Allende. Plus de 12 000 personnes assistent à l'assemblée.

5 décembre. Départ pour un voyage à Cuba, toujours en passant par le Mexique. Il est invité au premier congrès de la Centrale des travailleurs cubains (CTC).

19 décembre. Il part pour l'Espagne afin d'assister au procès des 20 de Carabamchelle. Il fait partie d'une commission internationale formée de syndicalistes venus du monde entier. Franco, président d'extrême droite, est au pouvoir. Toute réunion ou assemblée publique est interdite. Des syndiqués sont traduits devant les tribunaux comme des criminels de droit commun.

1974   21 janvier. Il participe à la semaine d'information sur la Palestine.

5 février. Départ pour une tournée dans l'ouest du Canada. Il prendra la parole à Winnipeg, Edmonton, Calgary et Regina.

28 février. Il est mandataire du Syndicat des employés d'entretien de la STCUM, de la Fédération des employés des Services publics (CSN) et du CCSNM à la Commission d'enquête sur l'incendie dans le métro de Montréal, où il y a eu mort d'homme. La Commission est présidée par le juge Roger Lagarde.

18 au 21 avril. Seizième congrès annuel du CCSNM. Michel Chartrand reste seul en selle comme président du CCSNM. Toute son équipe est battue et remplacée par de nouveaux venus. Cette rebuffade l'afflige fortement.

1975   12 au 15 juin. Il préside, au cégep Maisonneuve, à Montréal, le congrès de la Conférence internationale de solidarité ouvrière. Des centaines de délégués du Québec, des pays arabes, de l'Amérique latine, des Caraïbes et de l'Afrique du Nord, du Sud et de l'Ouest assistent au congrès. Par la suite, la CISO devient le Centre international de solidarité ouvrière

Septembre. Il collabore avec l'IRAT, l'Institut de recherche appliquée au travail.

15 et 16 novembre. Préside un congrès extraordinaire du CCSNM. « Non à Trudeau pour le gel des salaires. Résistons à l'agression capitaliste. »

1976   23 avril. Il participe au débrayage des travailleurs du Front commun, et ce malgré une loi spéciale ; 20 000 travailleurs du secteur privé débrayent en appui aux employés du secteur public.

5 au 9 mai. Dix-huitième congrès du CCSNM, sous la présidence de Michel Chartrand. «Construisons un syndicalisme de combat par la solidarité de classe.»

14 octobre. Sixième anniversaire de la Loi des mesures de guerre. Il participe à une journée de protestation contre les mesures Trudeau. C'est la première grève générale au Canada, un million deux cent mille travailleurs débrayent contre le gel des salaires imposé par Ottawa.

Octobre. Congrès de la CSN. Il pose sa candidature au poste de président. Il est battu par Norbert Rodrigue.

1977   Mai. Il préside le dix-neuvième congrès du CCSNM qui a pour thème : Mobilisons-nous dans nos syndicats contre la crise du capitalisme.

Il est trésorier de Cooprix de 1977 à 1979.

1978   Il intervient lors de la fermeture du magasin Dupuis et Frères. Membre du Comité santé-sécurité de la CSN, il défend le service du génie industriel dirigé par Claude Mainville.

19 au 23 avril. Il préside son dernier au congrès au CCSNM. Il ne se représentera pas au poste de président.

Il quitte la présidence du conseil d'administration de la Caisse populaire des Syndicats nationaux de Montréal ; il y sera un employé, responsable du recrutement et du placement, jusqu'en 1987.

Il héberge le scuplteur Georges Bétournay, aveugle et gravement malade. Il prendra soin du sculpteur jusqu'à la mort de ce dernier.

1979   Il poursuit le débat contre le projet de loi 17 sur la santé et la sécurité au travail, à l'automne, au congrès de la CSN. Durant l'étude du projet de loi en commission parlementaire, il se querelle avec Louis Laberge, président de la FTQ et membre du conseil d'administration de la CSST.

19 novembre. Il est arrêté sur les lignes de piquetage alors qu'il manifeste avec des employés de l'hôpital Notre-Dame, à Montréal. Il sera relâché sans acte d'accusation.

1980   En mars, il fait, avec Gérard Saint-Denis, un voyage culturel dans les vignobles européens.

28 mars. Grève illimitée des employés de la Caisse populaire des Syndicats nationaux de Montréal. Il doit, en compagnie des autres employés cadres, donner suite aux transactions des sociétaires dans un local autre que celui de la Caisse populaire. La grève se termine le 16 avril 1980.

6 mai. Déménagement de la Caisse populaire des Syndicats nationaux de Montréal dans le nouvel immeuble de la CSN,

au 1601, avenue De Lorimier, à Montréal. Il met la main à la pâte en compagnie de l'artiste Jean-Paul Mousseau et de Pierre Osterath et son groupe qui créeront la verrière.

9 mai au 28 juillet. Grève générale illimitée de tous les employés de la CSN et de ses instances. La Caisse populaire reste ouverte pour ses services.

1981 13 mai. Il assiste au lancement du premier livre autobiographique de sa femme, Simonne Monet Chartrand.

1982 17 février. Célébration du quarantième anniversaire de mariage de Michel Chartrand et de Simonne Monet.

29 mai. Il pose sa candidature au poste de premier vice-président de la CSN. L'autre candidat est Gérald Larose, alors président du CCSNM. Larose l'emportera facilement, même si les délégués ont beaucoup d'affection pour Michel.

1983 En février, en compagnie d'accidentés du travail et de leurs conseillers, en plus du Dr Roch Banville, il met sur pied la la Fondation pour l'aide aux travailleuses et travailleurs accidentés (FATA). Les services seront gratuits jusqu'en octobre 1987.

1984 Toujours employé cadre à la Caisse populaire des Syndicats nationaux de Montréal, il est nommé directeur général de la FATA.

1985 Il participe au congrès du CCSNM du 20 au 23 novembre.

1986 Avril. Il est invité durant une semaine à l'émission télévisée *Avis de recherche* animée par Gaston L'Heureux et Aline Desjardins à Radio-Canada.

26 avril. Il préside sa dernière assemblée générale de la FATA. Il aura bientôt 70 ans et demande de confier la présidence à une autre personne.

11 mai. Simonne et Michel partent pour la France.

3 juin. De retour d'Europe, il se fait attraper par Alain Stanké aux *Insolences d'une caméra*.

1987 Il quitte avec fracas son poste à la Caisse populaire des Syndicats nationaux de Montréal, en raison de divergences d'opinions avec le conseil d'administration.

3 octobre. Assemblée générale spéciale de la FATA. La gratuité des services est remise en question. Il s'oppose à toute facturation. L'assemblée décide quand même d'adopter le principe de la facturation pour éviter la fermeture. Il en garde un goût amer.

1988 Sans emploi et sans fonds de pension de la CSN ni d'ailleurs. Il est bénévole à la FATA. Il défend des dossiers devant la CSST, à la CAS et à la CALP... et son « record » est enviable. Cependant, il n'est pas à sa retraite, retraite qu'il ne prendra jamais...

1989   Il poursuit son militantisme à la FATA. Il soutient un groupe d'assistés sociaux du Lac-Saint-Jean qui met sur pied une maison pour les assistés sociaux à Alma.

1990   11 décembre. Lancement d'un troisième livre autobiographique de sa femme Simonne Monet Chartrand.

1991   6 mars. Inauguration d'une salle qui portera le nom de « Salle Michel-Chartrand » dans les locaux du CCSNM.

25 avril. Première du film *Un homme de parole*, à l'ONF, réalisé par Alain Chartrand et produit par Éric Michel. Le film sera diffusé à la télévision de Radio-Canada. Ce film est l'hommage d'un fils à son père. Par la suite, près de 1000 personnes assistent à deux projections du film au Théâtre Denise-Pelletier.

1992   1er juin. Il participe avec Tex Lecor à une soirée sur le choix de l'« hymne national du Québec ».

Le 23 août, on célèbre le cinquantième anniversaire de mariage de Michel et Simonne en même temps que le cinquantième anniversaire de mariage de son frère Marius, marié à Lucille Mulleur, et de sa sœur, Jacqueline, mariée à Joachim Cornellier.

Michel Chartrand collabore à *L'Aut' Journal* (avec une apostrophe pour apostropher), un bimensuel indépendandiste et progressiste, publié par un collectif de bénévoles.

4 novembre. Anniversaire de naissance de Simonne Monet Chartrand. Michel assiste au lancement du dernier livre autobiographique de sa femme. Ils iront ensemble au Salon du livre de Montréal, le 12 novembre, pour la présentation de l'autobiographie. Ce sera la dernière sortie publique de Simonne et Michel.

17 novembre. Simonne apprend à Michel qu'elle est atteinte d'un cancer du foie et du pancréas. Michel annule tous ses engagements et il restera à ses côtés jusqu'à la fin.

1993   18 janvier. À son domicile de Richelieu, Simonne Monet Chartrand décède, à l'âge de 73 ans. Le Québec perd une grande militante.

14 juin. Michel inaugure une salle de la bibliothèque municipale de Richelieu nommée « Simonne-Monet-Chartrand ».

15 juin. Il assiste au lancement d'un ouvrage de témoignages sur Simonne, recueillis par Diane Cailhier et Alain Chartrand, publié par les Éditions du Remue-ménage et Fides.

1994   9 mai. Il est invité à l'ouverture du congrès de la CSN à
        Montréal. Le discours d'ouverture du président Gérald
        Larose lui rappelle les points qui avaient été énoncés au
        Conseil central de Montréal dans les années soixante-dix.
1995   16 février. Michel Chartrand est « bien cuit ». Plus de 1500
        personnes se réunissent à l'invitation de *L'Aut' Journal* au
        Medley (l'ancien Vieux-Munich) pour passer un savon ami-
        cal à Michel. Le maître de cérémonie est Jean-Claude
        Germain suivi des rôtisseurs, Pierre Bourgault, Léo-Paul
        Lauzon (le fils spirituel de Michel), Émile Boudreau, Miche-
        line Sicotte, Gérald Larose et Jean-Guy Moreau, des chan-
        teuses Marie-Claire Séguin et Sylvie Legault, du groupe La
        Bottine souriante. Les profits de la soirée ont été remis à
        L'Aut' Journal.
        À Thetford-les-Mines, il assiste à une soirée « contre la pau-
        vreté » qui réunit 600 personnes à 6 $ le billet.
        Il fait également, en compagnie de Colette Legendre qui lui
        sert de chauffeur, une tournée en Gaspésie : Chandler,
        Rivière-au-Renard, Rimouski, Matane, Mont-Joli. Partout il
        est bien reçu. Il discute avec plusieurs jeunes. Il développe
        l'idée selon laquelle « le débat, la discussion, c'est l'exercice
        de la démocratie ». Il donne l'exemple du Syndicat des pro-
        fesseurs de l'Université de Montréal qui a refusé de prendre
        position sur la question référendaire, « parce que cela amè-
        nerait un débat ».
        30 octobre. Un jeune cinéaste du nom de Bouliane, lauréat
        du « Tour du monde » de la SRC, produit par l'ONF, fera
        avec quelques personnalités des entrevues, la veille, le jour
        et le lendemain du référendum. Michel sera un des invités
        et ses entrevues se feront à Richelieu.
        Chez lui, à Richelieu, son sous-sol est aménagé en local de
        service pour le camp du OUI.
        7 novembre. Il participe, au Club Soda, à la joute oratoire
        improvisée animée par Pauline Martin. Les autres partici-
        pants sont : Myra Cree, Françoise David, Gérald Larose,
        Léo-Paul Lauzon, Hélène Pedneault, Monique Simard et
        Armand Vaillancourt.
        13 novembre. Il effectue un voyage de trois semaines avec
        sa fille Hélène (Gilles Deslauriers), pour visiter sa fille
        Micheline, Jean Payen et leurs enfants, installés pour trois
        ans à La Paz en Bolivie
1996   Avril. Il retourne en Provence avec Jean, Lucette et Colette
        Legendre. Michel achète les meilleurs vins, à la caisse, dans

une coopérative : des Pommard, des Chambertin, des Châteaux… Il sort peu et peut rester trois, quatre jours d'affilée à la maison, à lire et à réfléchir.

Juillet. Il participe au *sit-in* des aînés dans les bureaux du ministre péquiste André Boisclair, et fait une déclaration d'appui qui est diffusée à la télévision.

Il est à plusieurs reprises invité à donner des conférences, par des groupes populaires et communautaires, politiques, syndicaux et étudiants en passant par la fonction publique, les professionnels, les pharmaciens, les policiers, etc.

27 octobre. Gérald Larose, président de la CSN, est nommé Patriote de l'année, titre que Michel n'a jamais obtenu !

Table

PREMIÈRE PARTIE
Économie et travail

DEUXIÈME PARTIE
Idéologies et mouvements politiques

CINQUIÈME PARTIE
Société

SIXIÈME PARTIE
Syndicalisme

SEPTIÈME PARTIE

Réflexions

CET OUVRAGE
COMPOSÉ EN PALATINO CORPS DOUZE SUR QUATORZE
A ÉTÉ ACHEVÉ D'IMPRIMER
LE VINGT-DEUX AVRIL MIL NEUF CENT QUATRE-VINGT-DIX-SEPT
— NEUF JOURS AVANT LA FÊTE DES TRAVAILLEURS —
SUR LES PRESSES DE MARC VEILLEUX
IMPRIMEUR À BOUCHERVILLE
POUR LE COMPTE DE
LANCTÔT ÉDITEUR.

IMPRIMÉ AU QUÉBEC (CANADA)